LA CONTRACTION DE TEXTE

Méthodes, exercices et épreuves

Concours d'entrée aux Grandes Écoles
Concours administratifs

LA CONTRACTION DE TEXTE

Méthodes, exercices et épreuves

Yves STALLONI

Professeur de Chaire supérieure

ellipses

Remerciements au journal *Le Monde*, aux Éditions Robert Laffont
et aux Éditions UNESCO pour les textes qu'ils nous ont permis
de reproduire à titre gracieux.

ISBN 2-7298-6706-6

Avant-propos

C'est vers la fin de l'année 1980 qu'est paru aux éditions Ellipses la première version du manuel intitulé *Méthode de contraction et de synthèse de textes*. L'auteur de l'ouvrage était loin d'imaginer alors que sa modeste production pût bénéficier d'une espérance de vie qui la conduirait jusqu'à la majorité légale. Cette longévité inattendue pour un livre de ce type a sans doute tenu, outre la rareté de la concurrence, à sa volonté affichée d'apporter un peu de rigueur et de clarté dans un domaine encore mal défini. On peut également supposer que l'ouvrage a réussi, en dépit de ses nombreuses imperfections, à rendre de petits service aux utilisateurs, élèves des Classes Préparatoires, étudiants, candidats à divers concours, professeurs chargés d'enseigner l'exercice.

Les jugements généralement bienveillants, voire louangeurs, qu'a pu recevoir l'auteur, de même que le durable succès de librairie, sont des encouragements à persévérer dans la voie de l'exploration du travail sur les textes en vue des concours, de façon à moderniser et améliorer le produit. Comme les hommes, les manuels vieillissent et méritent, après quelques lustres, une cure de rajeunissement — plus réalisable pour eux que pour les malheureux humains soumis à l'irréversibilité du temps.

Depuis la parution de cet ancien manuel, l'univers de la contraction de texte a évolué sans connaître toutefois de transformation spectaculaire. Certaines instances de sélection ont abandonné l'épreuve sous sa forme traditionnelle (Ecole polytechnique, Baccalauréat...), d'autres l'ont adopté (examens universitaires, concours administratifs...). Les procédures d'évaluation ont pu changer (réévaluation des coefficients, modification de la tolérance de dépassement, introduction de particularités nouvelles, comme le titre...). Pas assez pour changer en profondeur l'esprit de l'exercice, mais suffisamment pour que se fasse sentir la nécessité d'une mise à jour.

Un tel constat a présidé à l'actuelle refonte. En nous persuadant d'abord de la nécessité de consacrer un manuel complet à l'exercice de **contraction de textes**. Malgré les parentés que nous reconnaissons volontiers avec l'épreuve cousine de synthèse, il nous a paru préférable, pour la clarté et l'approfondissement de la préparation comme pour la « lisibilité » commerciale de l'ouvrage, de nous limiter ici à cet exercice dominant dans les concours universitaires ou administratifs. Sans oublier pour autant le travail de synthèse qui nous paraît mériter un traitement à part. Ainsi le même éditeur publie parallèlement un manuel complet consacré à la *Synthèse de textes* et inspiré de la deuxième partie de l'ouvrage antérieur auquel les lecteurs ont eu l'indulgence de trouver quelque intérêt.

Le manuel actuel se présente donc à la fois comme la reprise de son glorieux ancêtre, mais aussi comme un livre différent. Les grandes lignes du plan restent les mêmes ainsi que certains aspects qui ne paraissent pas soumis à l'usure, comme les règles méthodogiques (recentrées parfois, pourtant), ou les exercices d'entraînement. Les « gammes » précédant le récital personnel n'ont pas de réel besoin d'être indexées sur l'actualité. Cependant, il n'en est pas de même pour les textes d'épreuves qui eux datent, se fatiguent ou se démodent. C'est pourquoi nous avons procédé, dans ce domaine, à un très large renouvellement. Les possesseurs de l'ancienne édition pourront ainsi accroître leur stock d'exemples ; les nouveaux acquéreurs pourront se confronter à des épreuves de fraîche origine.

Encore un mot dans ce préambule pour esquisser quelques réflexions sur la perception générale de la contraction de texte aujourd'hui. Cet exercice, dans la panoplie des épreuves universitaires, jouit d'un statut paradoxal : très pratiqué et peu apprécié. Apparu en France il y a à peine un quart de siècle, il a semblé contenir suffisamment de vertus discriminantes pour qu'il s'impose dans de nombreux concours et examens. Mais, parallèlement à cette reconnaissance aussi large que rapide, des voix se sont élevées pour contester la pertinence et la validité d'un travail apparemment mécanique, jugé inapte à mesurer les attributs de créativité, de culture et de méthode liés aux exercices proprement *littéraires*, à commencer par le plus prestigieux d'entre eux, la dissertation.

Résoudre le paradoxe, c'est définir l'esprit de la contraction de texte. On peut le faire en donnant la parole aux réticents qui approuveraient la phrase de Gérard Genette : « Il va presque de soi que la pratique du résumé ne peut donner naissance à de véritables œuvres ou textes littéraires[1] ». Faiblesse insigne, car la *contraction de texte* — expression qui tend à prendre le pas, dans le paradigme de la réduction, sur les « condensé », abrégé », « résumé », « sommaire »,... — est un « palimpseste », c'est-à-dire une réécriture à partir d'un premier texte. Les qualités d'un tel exercice ne seront donc pas littéraires mais, ainsi que le dit le critique, « extralittéraires et métalittéraires ». Réduite à sa dimension didactique (« restituer la pensée d'un autre à des fins informatives »), l'activité de contraction perd en effet beaucoup de son intérêt.

Pourtant le « résumé » ne peut se limiter — et Genette en convient — à la simple et paresseuse retranscription d'un texte initial. Toute réécriture suppose des choix à la fois conceptuels et stylistiques. Il ne viendrait à l'idée de personne de discuter les mérites de la version de langue, ancienne ou moderne. On convient que s'y mesurent l'aptitude à comprendre (c'est-à-dire déchiffrer un message étranger) et la capacité de rédiger (c'est-à-dire sélectionner les outils linguistiques et rhétoriques les mieux adaptés). Or que fait d'autre la contraction de texte, qui propose une « version » originale fondée non sur le changement de

1. Gérard Genette, *Palimpsestes, la littérature au second degré*, Seuil, « Points », 1982, p. 342.

langue mais sur une modification de format ? On voit mal comment la miniaturisation — que les profanes privilégient abusivement dans le résumé — pourrait se passer d'une reformulation, comment le repérage d'un sens s'affranchirait d'une forme chargée de le transmettre

La contraction de texte ne mérite certainement pas d'honneur excessif car c'est un exercice d'humilité qui exige de soumettre sa pensée à la tyrannie d'un auteur et sa syntaxe à l'ascèse de la concision. Mais elle ne mérite pas non plus un surcroît d'indignité car s'y expriment des qualités de lecture et d'écriture, celles de l'entendement, de la finesse, de l'élégance. Elle a donc sa place, tout à fait honorable, à côté de l'estimable et très ancienne « composition française ». Et, comme elle, elle s'apprend. Ce que veut aider à faire ce livre.

Y.S.

Table des matières

Troisième partie
Les textes d'épreuves 89

Introduction

Cet ouvrage s'adresse en priorité aux élèves des classes préparatoires aux écoles de commerce et d'ingénieurs. En effet, la quasi totalité des concours permettant l'accès aux « Grandes Ecoles » comporte, sous des formes peu variées, une épreuve qui s'apparente au résumé d'un texte plus ou moins long. Or l'enseignement secondaire qu'ont reçu les élèves ne les a guère — ou pas, ou mal — préparés à ce genre d'exercice. Depuis que l'ancien premier sujet du Baccalauréat a été modifié, il n'est pas rare qu'un bachelier accède aux classes préparatoires sans avoir jamais — à la différence de ce qui se passe pour les autres exercices et en particulier pour la dissertation — pratiqué de contraction de texte.

L'année (ou les années) de préparation aux concours sont là, heureusement, pour combler cette lacune. L'expérience montre, hélas, que les conditions de travail dans ces classes ne le permettent pas toujours : l'année scolaire y est souvent brève ; la gamme des exercices à préparer (écrits ou oraux) très large et très variée ; les programmes des diverses matières supposent un rythme de travail soutenu et exigeant. Aussi n'est-il pas toujours possible aux professeurs d'intensifier l'entraînement, aux élèves d'acquérir patiemment les éléments d'une méthode solide. La pratique solitaire à partir d'un manuel peut alors devenir précieuse.

D'autant que dans le domaine du travail sur des textes l'amélioration individuelle est souvent spectaculaire. Dans des exercices où la technique le dispute à l'intelligence et l'emporte en tout cas sur l'imagination, on comprend qu'une pratique intensive et méthodique puisse conduire à des résultats rapides et encourageants. Le manuel peut difficilement — ailleurs que dans les domaines formels — faire progresser en dissertation ; il le peut bien davantage en contraction. Il n'est guère risqué d'assurer que tout pratiquant moyen est à peu près sûr, après une bonne acquisition des techniques et un minimum de tentatives, d'atteindre une note décente. La différence se fait ensuite sur des qualités individuelles que, faute de pouvoir réellement enseigner, on peut espérer au moins éveiller ou développer. On devine à ces remarques que le candidat isolé, celui qui a abandonné le système scolaire, qui se présente à un examen ou un concours (externe ou interne) dont les épreuves comportent un résumé pourra, lui aussi, et plus encore que ses concurrents scolarisés, tirer un grand profit d'un travail individuel à partir de ce manuel.

C'est pour répondre à ces objectifs que nous avons conçu un ouvrage essentiellement pratique, qui ne se contente pas d'être un simple recueil de conseils ni un répertoire d'épreuves. Nous croyons que le progrès — ici comme ailleurs — vient non de la répétition intensive et aveugle d'une série de recettes, mais plutôt de la réflexion consciente sur des mécanismes dont on aspire à la maîtrise. C'est pourquoi après une première partie (néanmoins indispensable) portant sur la nature de l'exercice et les grands lignes de son esprit, nous nous intéresserons, dans un second temps, à la résolution concrète de problèmes de résumé directement issus d'une longue expérience dans les classes préparatoires. Ces exercices méthodiques pourront conduire le candidat à se confronter en connaissance de cause aux épreuves de concours que nous proposons dans la troisième partie du livre.

Tous les exercices et toutes les épreuves sont suivies de « corrigés » (ou mieux... d'« exemples » !) destinés à faciliter le travail solitaire. Ces trois temps de la démarche correspondent à une logique interne difficilement contestable. Le candidat désireux de multiplier les exercices méthodologiques de la deuxième partie ou les similis d'épreuves de la troisième, peut fort bien se créer ses propres exercices ou se procurer des « annales » de concours à partir desquelles il pourra vérifier sa maîtrise. Tel qu'il est, l'ouvrage veut (et peut) répondre aux besoins les plus exigeants du candidat : à lui de savoir (et vouloir) en utiliser les ressources.

Première partie

Méthodologie

Chapitre 1
Nature de l'exercice

Après une période de rodage marquée par diverses hésitations portant notamment sur l'intitulé de l'exercice, sur sa présentation ou sur ses proportions, la contraction de texte est désormais parvenue à un degré suffisant de maturité pour que quelques règles canoniques puissent désormais être énoncées. Nous les avons récapitulées sous dix rubriques présentées ci-dessous dans l'ordre alphabétique ; l'artifice du procédé constitue un moyen mnémotechnique pour l'enregistrement de ces principes qu'on pourrait nommer : le résumé de A à Z.

1. A comme... Appellation

Deux termes entrent en concurrence pour désigner l'exercice : « contraction » ou « résumé » de texte. Le premier semble, par son sens plus large, englober le second ; en effet, « contracter » c'est « *réduire le volume (d'un corps) sans en réduire la masse* » (Dictionnaire Robert). « Résumer » serait plus étroitement « *reprendre en moins de mots, en plus court* » ce qui a été dit ou écrit (*ibid.*). L'un est général, l'autre est spécialisé ; l'un paraît insister sur le contenu, l'autre sur la forme. Le mot « résumé », le plus ancien, renvoie à une idée d'abrégé, de « digest » absolument fidèle ; il est préféré dans l'enseignement secondaire. Le mot « contraction » (si récent dans ce sens que le Robert, même dans son supplément, ne mentionne pas cette acception) semble s'attacher surtout à l'esprit de la restitution — et prévaut au-delà du baccalauréat. Le Avouons que la différence manque de pertinence et justifie que l'on considère comme synonymes deux vocables souvent employés indifféremment.

D'autres termes ont parfois servi à nommer encore notre exercice : analyse, condensé, réduction, note de synthèse, etc. Ces appellatifs sont le plus souvent en voie de disparition sauf quand ils définissent une épreuve de nature particulière qui mérite alors des indications précises et nécessite une préparation adaptée. Dans la plupart des cas, les mots « résumé » et « contraction » serviront à désigner de façon interchangeable l'exercice qui sera décrit ci-après.

2. B comme... But

La finalité de cet exercice est simple : *rendre en un nombre de mots limité et inférieur à l'original, l'essentiel de la pensée d'un texte pour un lecteur qui n'en connaîtrait pas la teneur.* On supposera, pour mieux le faire comprendre, que ce travail simule une application pratique et professionnelle grâce à laquelle un dirigeant, un patron peut prendre connaissance d'un document dont il n'aurait lu qu'un condensé rédigé par un collaborateur. Vous êtes ce collaborateur. Cette loi explique que le résumé doit posséder une parfaite « autonomie », c'est-à-dire se suffire à lui-même, ne jamais procéder par allusion ou renvoi. Il doit être parfaitement clair pour quelqu'un qui n'aurait pas lu l'énoncé (c'est ainsi qu'on nommera le texte original)[1].

3. D comme... Dimensions

La contraction de texte est toujours assortie d'un taux de réduction, c'est-à-dire d'un rapport de format évalué en mots, entre l'énoncé et son résumé. Dans ce domaine encore les règles, parfois encore lâches, ont gagné en rigueur par le recours qui se généralise au décompte des mots. En effet l'indication « Résumer ce texte en N mots » permet d'identifier clairement les exigences de l'épreuve. Nous indiquons plus loin les lois qui président à cette mesure du format. Signalons pour l'instant les pratiques en usage :

- au baccalauréat le taux de réduction était de 20 à 25 % soit, pour un texte d'environ 800 mots une réduction en 160 à 180 mots[2] ;
- les écoles d'ingénieurs proposent des épreuves et des formats plus variés. Certaines (Ponts) exigent des contractions très serrées (8 % environ), d'autres un format plus généreux (Ecole Centrale par exemple) ;
- les écoles de commerce et de gestion semblent opter pour un taux de 10 %, c'est-à-dire que des textes de 4000 mots sont à réduire en 400 mots. Pour le concours Ecricome, la contraction est la suivante : 2000 mots > 250 mots ;
- les concours universitaires et administratifs tendent à retenir la même loi du 1/10e.

Si l'on peut admettre que la densité du texte, inversement proportionnelle à sa longueur, suppose de naturelles variations dans le format du résumé, il est à regretter qu'on ne soit pas encore parvenu dans ce domaine à une uniformisation qui simplifierait singulièrement la tâche des candidats et des préparateurs-correcteurs.

4. F comme... Faculté de dépassement

L'usage tend à offrir aux candidats une tolérance de 10 % dans le nombre des mots du résumé. En règle générale, cette marge joue dans les deux sens et pour une contraction de 400 mots on ne sanctionnera pas les résumés allant de 360 à 440 mots. L'interprétation est toutefois revue à la baisse, et il est parfois précisé que ces 10 % éventuels constituent un total, soit un dépassement de plus ou moins 5 %. Pour éviter les déconvenues, on aura intérêt à lire et respecter scrupuleusement les recommandations du libellé.

---

1. Gérard Genette, dans l'ouvrage déjà cité, choisit d'appeler le texte original « hypotexte » ; le résumé, suivant cette nomenclature, deviendrait « hypertexte », *Palimpsestes*, op. cit., *passim*.

2. L'épreuve proprement dite de « résumé » n'existe plus à l'examen, mais on peut, dans le cadre du sujet n° 1 (étude d'un texte argumentatif), demander la réduction d'un passage. Les règles ici évoquées sont alors évidemment applicables.

Depuis quelques années, l'épreuve de H.E.C. n'annonce aucune tolérance de dépassement et se contente d'une mention du type : « *Résumez, au maximum en QUATRE CENTS MOTS (400 mots) le texte suivant* » — ce qui, on en conviendra, a de quoi déconcerter les candidats et expose à des initiatives risquées, comme des restitutions fantaisistes de 300, 200 voire 50 mots... De toute manière, il est toujours recommandé de s'approcher le plus possible du nombre attendu, même si l'idéal du compte exact paraît un raffinement un peu gratuit.

5. M comme... Mesure du format

Pour respecter les dimensions imposées, encore faut-il être parfaitement informé sur la manière de compter les mots. Là encore, en dépit de quelques incertitudes, des règles sont en train de se dégager. Il y a deux manières de considérer un mot : ou bien on l'envisage, dans sa face littéraire et grammaticale comme une partie du discours, investi d'un sens et d'une fonction. Ou bien on en fait une simple unité typographique. C'est cette seconde méthode qui est retenue pour la mesure du format.

Les instructions officielles en vue du baccalauréat nous donnaient une définition désormais admise du mot qui allait dans ce sens et qu'on retiendra : « On entendra par *mot* l'unité typographique limitée par deux blancs, par deux signes typographiques, par un signe typographique et un blanc ou l'inverse. Ainsi *l'* compte pour un mot et *c'est-à-dire* pour quatre. » Cette loi ne souffre pas, en principe, d'exception, sauf (et encore) pour le *t* dit euphonique dans l'interrogation *Y a-t-il...* (syntagme compté parfois, en dépit de la règle, pour trois mots). Mais les sigles (RMI, BTS...) comptent pour autant de mots qu'ils possèdent d'initiales — en économisant, il est vrai, les mots-outils absents du sigle.

L'usage est moins tranché sur les mots composés (doit-on compter le patronyme *Lévi-Strauss* pour un ou deux mots ? *Aujourd'hui* est le plus souvent compté pour un seul mot), pour les chiffres (93), les dates (1789), les pourcentages (25 %). En cas d'hésitation, la prudence voudrait que le candidat retienne la solution... la moins avantageuse pour lui.

Le décompte systématique des mots peut paraître un exercice fastidieux ; il est pourtant nécessaire et il est bon de procéder à des décomptes partiels à mesure que vous rédigez votre résumé. Eventuellement, pour gagner du temps, vous pouvez vous établir un « gabarit », c'est-à-dire, par exemple, un spécimen d'une ligne modèle dont le nombre de mots devra être celui de chaque ligne de votre contraction. L'habitude doit d'ailleurs vite vous apprendre à évaluer approximativement un nombre de mots par ligne. D'autres techniques sont possibles : quadriller largement vos feuilles de brouillon et n'écrire qu'un mot par case, aligner verticalement les mots d'une ligne sur l'autre, etc. Le mieux est d'apprendre à compter rapidement ses mots ! Et de façon exacte car les sanctions sont sévères.

6. P comme... Pénalisations

Qu'elles soient énoncées ou non avant l'épreuve, des sanctions pénalisent les résumés non conformes aux dimensions requises. En deçà ou au-delà de la tolérance (quand elle existe) la pénalisation couramment appliquée est d'enlever un point par tranche de 10 mots entamée. (Les tranches peuvent même être ramenées à 5 mots). Tout décompte erroné (en dehors de la tolérance) est forfaitairement pénalisé de 2 points ; ainsi que toute absence de format, ou l'oubli des décomptes intermédiaires (par tranches de 50 mots par exemple) quand ils sont exigés. Ce tableau résume le barème à travers deux illustrations :

Tableau n° 1

Enoncé	*Contraction demandée*	*Tolérance 5 %*	*Pénalisations*
2000 mots	200 mots	190 à 210 mots	189, 211 = - 1 179, 221 =-2
Enoncé	*Contraction demandée*	*Tolérance 10 %*	*Pénalisations*
4000 mots	400 mots	360 à 440 mots	359, 441 = -1 349, 451 = -2

Rappelons que toutes les écoles exigent des candidats qu'ils mentionnent en fin de copie le nombre de mots atteints. Certaines écoles demandent en outre des décomptes intermédiaires (à la fin de chaque paragraphe, tous les 50 mots, etc.). Il va de soi que les chiffres annoncés par vous doivent être scrupuleusement exacts ; tous les jurés mentionnent la naïve escroquerie qui consiste à annoncer des chiffres outrageusement truqués. Comme le rappelait (non sans humour) un examinateur : « les correcteurs aussi savent compter » (Rapport HEC 1975). Ce qui signifie que toute copie de concours est systématiquement recomptée. A la pénalisation du dépassement s'ajoute alors une sanction de la malhonnêteté qui suffit parfois à mettre le candidat hors-concours.

7. P comme... Prise en charge

Une des exigences majeures du résumé est de ne pas transformer le système d'énonciation de l'énoncé, c'est-à-dire le type de relation verbale établie entre l'émetteur et son destinataire. Ce qui, en clair, signifie que vous proscrirez des formules présentatives du type : « Dans ce texte on voit que... » ou encore, « L'auteur dit que... » Il s'agit pour vous de prendre en charge le propos du texte pour le restituer le plus fidèlement possible.

La règle peut paraître délicate lorsque le texte est rédigé à la première personne : on peut sentir de la gêne à utiliser un « je » en lieu et place d'un autre. En général, on se dispense d'utiliser la première personne quand il s'agit de la simple présentation d'arguments. Quand, en revanche, le système d'énonciation participe du sens énoncé (souvenirs, confession, interview, discours...) le recours au « je » s'impose et devient acceptable. Même si les examinateurs, hésitants sur la question, peuvent, éventuellement, laisser le choix au candidat.

Ainsi, dans l'épreuve donné par E.S.C. Lyon en 1980 qui portait sur le « Discours sur l'Histoire » prononcé par Paul Valéry le 13 Juillet 1932 au Lycée Janson de Sailly, les concepteurs ont jugé bon de préciser : « Compte tenu de la nature du texte, les candidats pourront rédiger leur contraction en utilisant soit la première personne du singulier (« Je vous dirai d'abord... ») soit la troisième personne du singulier (« Paul Valéry dit aux jeunes lycéens... ») ». Ce n'était pas le meilleur moyen de clarifier la question.

8. R comme... Respect

Quand nous réfléchirons sur l'esprit de l'exercice, nous aurons à revenir sur les impératifs de fidélité que suppose le résumé. Nous nous contentons de faire écho, ici, aux injonctions des examinateurs :

- La contraction doit respecter, dans ses grandes lignes, l'ordre du texte ; parfois (mais c'est plutôt exceptionnel) deux idées proches peuvent être regroupées pour éviter une redite. Mais chercher à « recomposer » le texte serait une atteinte à sa nature profonde et un risque d'en altérer le contenu.
- Pas d'introduction ni de conclusion générale au résumé, mais plutôt un grand souci pour rendre les grands mouvements de l'énoncé, les articulations du raisonnement. Le choix et le nombre des paragraphes a ici son importance.
- Le résumé doit rester objectif, neutre, dépourvu de toute paraphrase ou de tout commentaire parasites.

9. S comme... Synonymes

La contraction de texte est, tout le monde en convient, une épreuve de langue française. Aussi doit-elle prouver l'aptitude des candidats à écrire une langue correcte capable de restituer fidèlement la pensée d'autrui. Cette règle évidente exige donc que le résumé soit rédigé dans une forme personnelle qui proscrit les trop larges citations. Le résumé n'est pas un simple assemblage de morceaux choisis ou, par le montage de quelques pans de texte, une mosaïque plus ou moins disjointe. La citation, le plagiat, le servile recopiage des mots, des phrases de l'auteur sont des erreurs sévèrement sanctionnées (copie bloquée à 5 sur 20 à Ecricome).

Toutefois, l'auteur de la contraction a droit d'employer tous les mots du lexique, y compris ceux de l'énoncé. Il serait vain, voire absurde ou dangereux de soumettre le texte à une retranscription à partir de synonymes. On peut même concevoir qu'une expression particulièrement heureuse (et l'on aimerait dire « intraduisible ») inventée ou revendiquée par l'auteur du texte soit reprise, entre guillemets. Là comme ailleurs il s'agit de faire preuve de bon sens et de se défier des excès.

10. T comme... Ton, forme et orthographe

Le résumé n'a pas à imiter, à reprendre le style du texte original. On n'attend pas du candidat un exercice de pastiche, « à la manière de... », et on appréciera toujours un devoir qui démontrent des qualités d'expression personnelles — fussent-elles différentes de celles du modèle. Il paraît logique, pourtant, que soit respectée la « coloration générale » d'un texte quand celui-ci affiche un ton particulier : polémique, ironique, passionné, pathétique... Le respect de style procède alors d'un louable souci de fidélité.

La présentation du résumé doit éviter (comme pour tout devoir), les « copies-béton » sans un seul alinéa, aussi bien que les « copies-gruyères » — composées d'une succession de paragraphes de deux lignes. La mise en paragraphe est à la fois un souci de style et une preuve de l'intelligence du texte. Choisir d'aller à la ligne, de sauter une ligne, d'user d'astérisques pour séparer différentes parties, c'est distinguer dans le propos une rupture plus ou moins importante qui relève de la compréhension générale ; c'est donc un élément de jugement pour l'examinateur. Il est en conséquence conseillé d'user des paragraphes avec discernement : ni trop, ni trop peu ; ni au hasard, ni forcément autant qu'en compte l'énoncé.

Enfin, et on ne le répétera jamais assez, le résumé doit être écrit dans un français correct et bien orthographié. Pour une rédaction brève (les plus longs des résumés représentant à peine plus du tiers du format d'une dissertation), pour une épreuve à laquelle on reproche parfois son manque de sélectivité (parce que les textes seraient trop faciles et les candidats trop proches), son manque de portée littéraire, on comprend que les jurys s'attachent, plus que pour tout autre exercice, à une parfaite correction syntaxique et orthographique.

Ce n'est pas violer un secret que reproduire les recommandations des responsables du groupe Ecricome en cette matière : « *On confond les fautes de grammaire, de conjugaison, d'usage, d'omission et d'accent circonflexe. Pour les autres accents et la ponctuation, le correcteur diminue la note d'un à deux points en cas de négligence qualifiée. 3 fautes = -1 ; 5 fautes = -2 ; 6 fautes = -3, 7 fautes = -4 ; 8 fautes = -5, etc.* » Les autres écoles n'ont pas de raison de se montrer plus indulgentes. Et on comprend que certains copies soit finalement notées... 0 sur 20 !

On vient de se rendre compte, à l'énumération de ces dix points, que vouloir définir la nature de la contraction de texte, c'est en être réduit à énoncer une série de préceptes formels qui relèvent plus de l'observance d'une « règle du jeu » que de la mise en pratique de qualités intellectuelles. On aurait pourtant tort de ramener cette épreuve à l'application mécanique de quelques lois plus ou moins conventionnelles. On aurait également tort de mépriser ces principes fondamentaux qui constituent le B.A. BA de l'épreuve. Après tout, se plier à une discipline — aussi arbitraire soit-elle — est une bonne manière de prouver son sens de l'adaptation (sinon son intelligence), de confronter son interprétation avec des impératifs sévères.

Dans le cas du résumé surtout, ces directives de forme servent en même temps les qualités de justesse et de rigueur du fond. Faire plus court c'est souvent, l'expérience le prouve, faire mieux ; peser, choisir ses mots, ses tournures, sélectionner ses idées et la manière de les dire c'est s'imposer des règles salutaires qui rompent avec la vaine logorrhée pratiquée par les médias. Nous quittons ici la simple définition de l'exercice pour entrer, déjà, dans l'appréhension de son esprit, de sa « philosophie » même. Nous y reviendrons, après avoir récapitulé ces exigences élémentaires dans un tableau :

Tableau n° 2

Le résumé de A à Z en 10 points

1. *Appellation* : Résumé ou contraction. Termes interchangeables.
2. *But* : Restituer brièvement un énoncé pour un lecteur qui ne le connaîtrait pas.
3. *Dimensions* : – Textes de plus de 2 000 mots :1/10
– Textes de moins de 2 000 mots : de 1/5 à 1/8.
4. *Faculté de dépassement* : 5 à 10 % en plus ou en moins.
5. *Mesure du format* : Tous les mots comptent, même ceux formés d'une seule lettre.
6. *Pénalisations* : 1 point (sur 20) en moins pour tout mot au-delà ou en deçà de la tolérance accordée ; puis 1 point par tranche de 10 mots.
7. *Prise en charge* : Respectez le système énonciatif ; mettez-vous à la place de l'auteur et dites « je » si nécessaire.
8. *Respect* : Fidélité scrupuleuse au sens et à l'ordre du texte.
9. *Synonymes et citations* : Pas de citations de l'énoncé ; pas de recours systématique aux synonymes.
10. *Ton, forme, orthographe* : Ecrivez correctement, lisiblement, dans un français clair et sans faute d'orthographe.

Chapitre 2

L'esprit de l'exercice

Si la contraction de texte s'est imposée à côté de la sacro-sainte dissertation, si tant d'écoles, et parmi les plus prestigieuses, l'ont inscrite à leur programme de sélection, c'est vraisemblablement qu'il faut y voir autre chose qu'un exercice mécanique et étroit qui négligerait les traditionnelles qualités littéraires. Bien comprise, bien pratiquée, la contraction est un exercice d'intelligence et de finesse qui met en jeu des aptitudes de rigueur, de culture et d'écriture.

On ne saurait mieux la comparer à un autre test, tenu parfois à tort pour méprisable : la version de langue (ancienne ou moderne). Ici comme là le candidat est mis en face d'un texte dont il s'agit de rendre le sens dans une formulation nouvelle ; les deux exercices appellent un « colletage » avec la langue maternelle pour parvenir à la meilleure adéquation d'un signifié donné avec un signifiant libre. Chaque mot compte dans la version ; dans le résumé aussi ; contresens, impropriétés, solécismes ou simples lourdeurs sont, dans les deux cas, l'objet de graves sanctions.

Il suffit de lire quelques traductions réussies (celles de Baudelaire, de Gide, d'Elsa Triolet ou de Supervielle par exemple) pour mesurer le grand art que suppose toute restitution d'un texte original dans une langue étrangère. Sans prétendre rivaliser avec ces talentueux adaptateurs on peut espérer que vous parviendrez à vous imprégner de l'esprit véritable de l'épreuve pour rendre des résumés non trop indignes des exercices littéraires. C'est l'objectif des remarques qui suivent.

1. Les deux faces du problème

Tout résumé de texte (comme toute version encore !) suppose deux moments distincts bien qu'inséparables, deux démarches conjointes mais dissociables pour les besoins de l'analyse. D'une part, il s'agit d'une épreuve de **compréhension** — puisqu'il faut clairement identifier les idées du texte. Et d'autre part c'est une épreuve de **rédaction** puisqu'il est demandé de produire une version personnelle (et raccourcie) de cette lecture. C'est en fonction de ce distinguo fondamental que devra s'organiser toute préparation. Commençons par analyser les deux démarches.

a) La compréhension du texte met en jeu d'abord des qualités de lecture, dont le premier support reste la *culture personnelle.* Dans ce domaine, ni le manuel ni le professeur ne peuvent espérer modifier rapidement et profondément les données. Seul un travail patient et sérieux, commencé dès l'école, a pu, peut permettre d'élargir vos connaissances, d'améliorer votre vocabulaire, d'intensifier votre maîtrise des concepts abstraits, de vous procurer un large champ de références. L'entraînement à partir d'exercices ponctuels se limite (à condition encore de s'accompagner d'une réflexion sérieuse et si possible guidée), à former l'esprit à l'appréhension du discours philosophique et abstrait.

En revanche, un travail méthodique reste possible dans l'amélioration de ce que nous appellerons les « méthodes d'approche » du texte. Par exemple, au cours de la lecture de l'énoncé, on s'entraînera à repérer :

- les éléments de structure du texte (articulations logiques) ;
- les idées essentielles (argumentation) ;
- les mots-clés (formulation).

Mais, répétons-le, seule la fréquentation assidue d'auteurs exigeants, de lectures denses, de discours riches et rigoureux constituera une aide à la compréhension du propos des « maîtres-penseurs » d'aujourd'hui ou d'hier. Les textes à résumer, souvent puisés dans le réservoir des sciences humaines, ne sont pas toujours d'une lecture aisée ; là se situe le premier partage entre des candidats rompus aux nuances conceptuelles, à une langue codée, et d'autres, prisonniers d'une indigence culturelle exprimée en de banals lieux communs.

b) Mais comprendre le texte n'est pas tout. encore faut-il, dans un deuxième temps, être capable de le restituer correctement. C'est ici qu'intervient le deuxième volet de l'exercice, **la rédaction**, qui se ramène, comme son nom le dit, à un exercice d'écriture.

On jugera ici votre aptitude à vous exprimer dans une forme correcte (voire élégante), à faire preuve de qualités stylistiques qui s'ajoutent aux traditionnelles exigences de fidélité et de densité. Or la maîtrise de l'expression s'appuie sur ce que l'on doit bien appeler le *style personnel*, qui n'est que l'aboutissement d'une longue relation à l'écriture. Là encore, comme en matière de culture générale, vous ne pouvez, l'année du concours, espérer des miracles. Au mieux, si votre talent connaît d'étroites limites, parviendrez-vous à corriger, par la pratique, quelques défauts voyants.

Pourtant, le terrain de l'écriture ne doit pas être abandonné et l'on peut, dans la mise en forme du résumé, respecter quelques règles simples qui elles sont faciles à recenser. Le manuel — et le professeur — sont à même de fournir ce « savoir-faire » qui, en vous évitant de regrettables bévues, vous permettront de progresser.

Dans ce travail de la forme nous privilégierons trois recherches :

- la précision lexicale ;
- le sens de l'abstraction ;
- les qualités pratiques de reformulation.

Avant de détailler les diverses opérations de la lecture puis de rédaction — double direction que suivra ce manuel et que nous illustrerons au chapitre suivant par des exercices appropriés — nous avons cru bon de schématiser dans un tableau les diverses composantes du travail.

Tableau n° 3

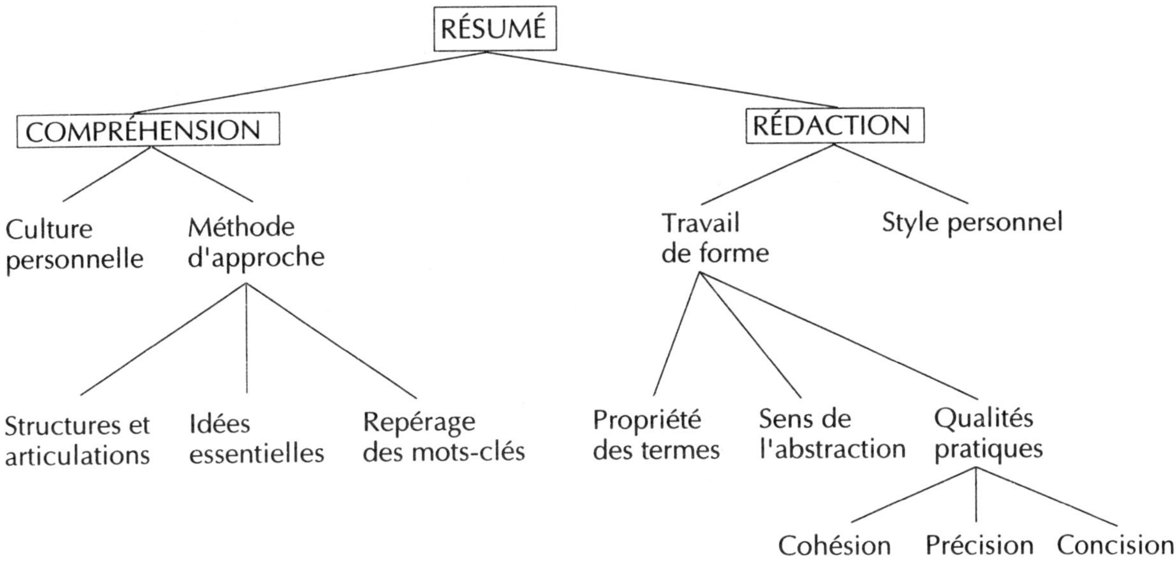

Revenons sur les deux moments du travail.

2. Lecture et compréhension

Il n'existe aucune méthode parfaite ou infaillible pour aborder un texte ; nous proposons quelques-unes des démarches possibles, mais la meilleure est sans aucun doute celle que vous créerez vous-même après confrontation personnelle avec les exercices. Vous vous apercevrez d'ailleurs qu'on peut être amené à s'y prendre différemment suivant la nature et la longueur du texte.

En matière de lecture on conviendra que sont nécessaires au moins deux lectures de l'énoncé :

a) La lecture cursive

C'est par là, logiquement, que vous devez commencer votre travail. Toutes vos études secondaires vous ont conseillé de lire *in extenso* un texte avant de lui faire subir un quelconque exercice. La lecture « cursive » (qui « court », ne s'arrête pas au détail et embrasse l'ensemble du texte) permettra une première découverte. On devrait être capable de donner, dès la fin de cette approche globale, un *titre* au texte (s'il n'en comporte pas déjà un), de percevoir sa problématique, de délimiter l'essentiel du message.

Cette lecture préalable, largement recommandée et évidemment souhaitable pour les textes courts (ceux qui n'excèdent pas 2000 mots) peut se révéler moins rentable pour des textes d'un format plus important. En effet, les textes de concours sont suffisamment riches et/ou complexes pour ne pas souffrir de survol rapide. Toute lecture, même « cursive » demande dès lors de lents efforts pour déchiffrer une pensée plus vite oubliée que comprise. A l'issue de cette lecture, qui aura pu prendre souvent 20 à 30 minutes, il ne vous reste souvent qu'un souvenir vague des idées particulières du texte. C'est pourquoi, en dépit des risques encourus, nous n'hésitons pas à conseiller, pour des textes longs et délicats, de faire l'économie de ce premier parcours du texte et de se lancer immédiatement, avec quelques précautions, dans la lecture active. A moins que vous soyez capables de lire cinq à huit pages en moins de dix minutes...

b) La lecture active

Pour bien rendre un texte, fût-ce en réduction, il faut au préalable avoir fait un grand effort pour pénétrer son sens et sa structure. C'est pourquoi il est indispensable de soumettre le texte à un déchiffrage détaillé qui fasse ressortir, de manière schématique mais précise, les étapes de l'argumentation, le rapport entre les idées, les illustrations. On obtient alors un canevas général, un « squelette » du texte, à partir duquel sera élaboré le résumé.

Ce travail, mené crayon à la main, qui doit donc s'attacher à faire ressortir une *structure* et un *contenu* se fondera sur des séquences de texte que nous appellerons « unités autonomes de lecture » (U.A.L). C'est-à-dire qu'auront été isolées diverses « parties » du texte qui constituent l'argumentation et entretiennent entre elles des liens de cohérence.

Ces unités de lecture ne se confondent pas nécessairement avec les paragraphes. Le plus souvent — et d'autant plus que le texte sera long — l'U.A.L. regroupera plusieurs paragraphes. D'autres fois, plus rares, pour des énoncés compacts, peu coupés d'alinéas, il faudra trouver une pause à l'intérieur d'un même grand paragraphe.

Ce repérage de la structure peut être facilité par la présence, dans l'énoncé, des signes rhétoriques de la démonstration. Les *conjonctions, adverbes, prépositions, adjectifs numéraux*, chargés de donner au texte sa trame logique, constituent les jalons d'une lecture active et permettent de repérer les articulations entre les diverses unités de lecture.

Parallèlement à ce travail sur la forme, doit être menée une opération de déchiffrage du fond. Chaque U.A.L. correspond théoriquement à une *idée* qu'on s'efforcera d'identifier, de nommer (en style télégraphique sur le brouillon), de décomposer en fonction des thèmes ou des exemples qui la constituent. Un jeu de titres et d'intertitres doit permettre de visualiser clairement les idées directrices, renforcées, éventuellement, par la reprise de quelques mots-clés. Les éléments illustratifs (exemples, références, citations...) seront disposés de façon à souligner la hiérarchie du discours.

L'ensemble de ce travail doit être aéré, facilement utilisable ; il constitue la radiographie schématique, mais fidèle et précise, du texte ; il devrait fournir à lui seul les éléments qui permettront de rédiger le résumé.

Deux questions méritent d'être analysées sur cette étape : le moment de la rédaction, les lois de la reformulation.

3. La rédaction

a) Le moment de la rédaction

Cette phase du travail nous offre une alternative. Le passage à la rédaction peut en effet, suivant les préférences de chacun — et plus encore en fonction du format des textes —, se faire de deux façons concurrentes.

• *La rédaction globale* : à partir des notes accumulées lors de la lecture active de l'*ensemble* du texte, on se lance dans la reformulation personnelle en prenant soin de respecter les idées, les liens logiques, les taux de réduction. Une telle entreprise est aisée sur des textes courts dont l'image conceptuelle et formelle peut être appréhendée comme un tout. Elle présente comme avantage de préserver l'unité de l'énoncé dont elle ne morcelle pas la restitution.

• *La rédaction partielle* : pour des textes d'un format égal ou supérieur à 2000 mots il est possible, sinon préférable, de procéder autrement. L'étendue matérielle du texte ne permettant guère, alors, une approche globale, nous préconisons une rédaction partielle qui suive immédiatement la lecture détaillée de chacune des unités autonomes de lecture. Les défauts du système sont importants et évidents : risque de mauvaise estimation du taux de réduction, perception insuffisante des liens logiques et des lignes de force du texte, émiettement des deux exercices, de lecture et d'écriture... Mais les intérêts sont réels : parfaite vision « microscopique » de l'énoncé ; gain de temps par l'économie des relectures (la rédaction s'opérant « à chaud »), confrontation non différée à l'acte de reformulation... A celui qui sait, par de la vigilance et de la souplesse, corriger les imperfections d'une telle pratique, nous n'hésitons pas à la recommander. Mais l'apprentissage de la contraction de texte s'accommode des tâtonnements : que chacun s'entraîne en éprouvant diverses formules avant de retenir, après expérience, celle qui est la mieux adaptée à ses goûts.

b) La reformulation

Deux objectifs principaux doivent guider la rédaction : la propriété lexicale, l'abstraction.

• *La propriété lexicale*

Pour parvenir à formuler brièvement une idée il est indispensable d'avoir sur le champ à sa disposition le terme approprié et précis. Un seul mot parfois hâtivement jeté dans la marge suffit à éclairer une idée diffusément répandue. Le vocabulaire, abstrait de préférence, doit être parfaitement maîtrisé. On saura mettre une étiquette lexicale sur les diverses catégories : points d'un raisonnement que l'on distingue (causes, conséquences, solutions, remèdes, hypothèses, etc.) : nature des arguments répertoriés dans une démonstration (matériel, social, moral, économique, humain, pratique, etc.).

Quand une idée est développée longuement à l'aide, parfois, d'exemples, un terme unique, judicieusement choisi, peut suffire à en exprimer la teneur exacte : « intégrité, compétence, stérilité, anarchie... » L'éventail verbal de l'abstraction doit être convoqué en permanence afin d'y sélectionner le mot ou la formule qui conviennent.

Être capable de puiser dans un lexique personnel pour rendre une idée, outre que c'est là un bon moyen d'éviter toute tentation de plagiat, est une preuve de bonne intelligence du texte. La reformulation verbale est la marque irréfutable d'une compréhension correcte. Ne pas savoir dire autrement, c'est ne pas savoir ce qui est dit. L'aptitude cérébrale à pénétrer la pensée d'autrui se double inévitablement d'une capacité à la redéfinir. Posséder un vocabulaire solide et disponible, c'est être capable de comprendre un message, mais aussi de le restituer.

• *Le recours à l'abstraction*

La meilleure façon de faire court, est, probablement, de faire abstrait. On ne résume pas des mots, pas même des phrases, on résume des *idées.* Ce sont elles qui constituent la trame essentielle du texte et dont on attend, prioritairement, la restitution. Seront considérés comme relevant de l'accessoire les exemples (le plus souvent sacrifiés, s'ils sont simplement destinés à illustrer fugitivement une pensée), les références culturelles ou érudites (une citation, une mention de titre à valeur de confirmation), les métaphores, qui relèvent du discours « diagonal », les échappées concrètes (à vrai dire peu nombreuses en ces lieux et chargées, quand elles existent, de transmettre une idée sous la forme de la parabole).

Pour illustrer cette exigence d'abstraction, nous emprunterons un exemple à la littérature. A la scène 2 de l'acte II du *Lorenzaccio* de Musset, le héros éponyme s'entretient avec le peintre Tébaldéo. Le jeune artiste en vient à définir en termes lyriques et imagés sa conception de l'art : « *Les nations paisibles et heureuses ont quelquefois brillé d'une clarté pure, mais faible. Il y a plusieurs cordes à la harpe des anges ; le zéphyr peut murmurer sur les plus faibles et tirer de leur accord une harmonie suave et délicieuse : mais la corde d'argent ne s'ébranle qu'au passage du vent du nord. C'est la plus belle et la plus noble ; et cependant le toucher d'une rude main lui est favorable. L'enthousiasme est frère de la souffrance.* » Avec une sécheresse ironique Lorenzo reformule le propos qu'il dépouille de toute afféterie : « *C'est-à-dire qu'un peuple malheureux fait les grands artistes.* » Sans le savoir le héros romantique vient de faire de la contraction de texte.

Si la contraction de texte devient une impitoyable épreuve de sélection c'est précisément parce qu'elle atteste une bonne maîtrise des concepts abstraits. Les esprits brouillons ou immatures répugnent à cet exercice ; le résumé n'est pas fait pour des élèves trop jeunes ou incapables d'aller à l'essentiel, de remonter à l'idée, de repenser un raisonnement. Un risque menace : à vouloir trop gommer le fond du texte pour n'en garder que les aspérités signifiantes, on peut devenir sec, schématique, oiseux. Il sera parfois bon de reprendre un exemple concret quand c'est là un moyen de clarifier le propos. Les rapports d'examinateurs signalent le défaut de devoirs froids, jargonnants, vidés de tout suc et de toute vie. Trop aveuglément pratiquée, la contraction peut se réduire à un enfilage de termes abstraits, d'arguments abscons, d'idées obscures. Ces défauts — qui proviennent de l'excès — devront être corrigés au moment de la rédaction.

c) Les trois qualités de la rédaction

Les différents conseils qui précèdent n'ont abordé que fugitivement ce qui, en définitive, entre pour une part importante dans l'épreuve de contraction de texte, à savoir la rédaction elle-même. Notre schéma montrait que si, dans ce domaine, le talent de plume de chacun compte pour beaucoup, certaines qualités individuelles peuvent être améliorées par une pratique méthodique. Aussi, plutôt que d'énumérer sur ce thème de nouvelles règles ou lois théoriques, nous pensons préférable de traiter les grandes principes de la rédaction à partir d'exemples précis. Ces applications pratiques formeront la deuxième partie de cet ouvrage Nous rappellerons simplement que, conformément à ce qu'annonçait le tableau n° 3, la rédaction du résumé doit répondre en gros à trois exigences intimement liées et qui serviront de classement à nos exercices : *la cohésion, la précision, la concision.* Nos exercices, qui appellent l'utilisation de certains procédés syntaxiques, devraient permettre de cultiver ces trois qualités.

Deuxième partie

L'apprentissage

Des pages qui précèdent se dégage peut-être l'idée que la contraction de texte est un exercice qui s'apprend méthodiquement, patiemment. Nous aimerions guider cet apprentissage en morcelant les difficultés, en les isolant, les nommant. Les plus pressés pourront sauter ce stade intermédiaire et se confronter directement aux épreuves que nous proposons dans un troisième temps. Mais si vous ne vous sentez pas pourvu d'un don inné pour le résumé de texte (existe-t-il ?), si votre réussite dans ce domaine est trop moyenne pour que vous vous contentiez de persister dans les mêmes erreurs, il peut être rentable de vous entraîner à résoudre les problèmes les uns après les autres. Les exercices qui suivent porteront successivement sur les qualités de compréhension (lecture et approche des textes), puis sur celles de la rédaction (écriture et mise en forme).

Chapitre 1

L'approche des textes

1. Les Mots-clés

La lecture de l'énoncé qui précède le passage au résumé doit être active ; le premier réflexe consistera à repérer dans le texte les mots essentiels, ceux qui en constituent la charpente conceptuelle. Nous proposons quelques exercices pour s'entraîner à cette pratique.

Exercice n° 1

Dans le texte suivant, vous soulignerez les mots ou les groupes de mots jugés fondamentaux (vous vous limiterez à une quinzaine).

Il est vrai que le fossé grandissant entre la culture scientifique moyenne de l'honnête homme et le niveau de connaissance atteint par le chercheur spécialiste a suscité un sentiment de méfiance vis-à-vis d'une science devenue inintelligible.

Jusqu'au début du XXe siècle, un homme cultivé pouvait comprendre les découvertes scientifiques de son temps. Aujourd'hui, les sciences se sont développées à une telle allure qu'avec une formation scolaire ou universitaire, on ne peut plus avoir accès à la science en développement, ou tout au moins, il faudrait pour y parvenir faire un effort considérable et chaque jour renouvelé.

D'une part, le rythme d'expansion des connaissances a été depuis 1900 sans cesse accéléré. Le nombre de publications scientifiques annuelles double environ tous les sept ans. La quantité de connaissances scientifiques a été multipliée par 1000 depuis le début du siècle. Chacune des grandes disciplines scientifiques s'est subdivisée en plusieurs disciplines dont chacune a, elle-même, donné naissance à de nouvelles sous-disciplines. Chaque année, se créent de nouvelles sociétés scientifiques correspondant à de nouvelles branches de la science. En 1950, il me suffisait de lire quatre ou cinq journaux médicaux ou scientifiques pour me tenir au courant. Actuellement, il faudrait que j'en lise plus d'une centaine pour parvenir au même résultat. Si je voulais assister à toutes les réunions, congrès, symposiums, concernant directement mon domaine de recherche, je n'aurais plus le temps matériel de me rendre à mon laboratoire. Cette vitesse de progression de la science explique qu'il devienne de plus en plus difficile de la suivre. Quelques semaines après la découverte par Roetgen des rayons X, toute l'Europe scientifique était au courant et dans tous les pays, des médecins, deux mois après sa découverte, commençaient à l'exploiter. Une telle rapidité est aujourd'hui inconcevable.

Maurice Tubiana, *Le Refus du réel*, © R. Laffont, 1975.

Réponse

On pourrait souligner : fossé, honnête homme, chercheur spécialiste, méfiance, science, inintelligible, allure, effort considérable, rythme, nombre de publications, quantité de connaissances, sous-disciplines, sociétés scientifiques, réunions, difficile de la suivre, aujourd'hui, inconcevable.

Exercice n° 2

Même travail pour le texte suivant.

Il faudra bien un jour dresser la carte de l'inexplicable contemporain, telle que se la représente, non la science, mais le sens commun ; il semble qu'en fait divers, l'inexplicable soit réduit à deux catégories de faits : les prodiges et les crimes. Ce qu'on appelait autrefois le prodige, et qui aurait sans doute occupé presque toute la place du fait divers, si la presse populaire avait existé alors, a toujours le ciel pour espace, mais dans les toutes dernières années, on dirait qu'il n'y a plus qu'une sorte de prodige : les soucoupes volantes ; bien qu'un rapport récent de l'armée américaine ait identifié sous forme d'objets naturels (avions, ballons, oiseaux) toutes les soucoupes volantes repérées, l'objet continue d'avoir une vie mythique : on l'assimile à un véhicule planétaire, d'ordinaire envoyé par les Martiens : la causalité est ainsi reculée dans l'espace, elle n'est pas abolie ; au reste, le thème Martien a été considérablement étouffé par les vols réels dans le cosmos : il n'est plus besoin de Martien pour venir dans la couche terrestre, puisque Gagarine, Titov et Glenn en sortent : toute une surnature disparaît. Quant au crime mystérieux, on sait sa fortune dans le roman populaire ; sa relation fondamentale est constituée par une causalité différée ; le travail policier consiste à combler à rebours le temps fascinant et insupportable qui sépare l'événement de sa cause ; le policier, émanation de la société tout entière sous sa forme bureaucratique, devient alors la figure moderne de l'antique déchiffreur d'énigme (Œdipe), qui fait cesser le terrible pourquoi des choses ; son activité, patiente et acharnée, est le symbole d'un désir profond : l'homme colmate fébrilement la brèche causale, il s'emploie à faire cesser une frustration et une angoisse.

Roland Barthes, *Essais critiques*, © Le seuil, 1964.

Réponse

On pourra souligner : inexplicable contemporain, sens commun, deux catégories, ciel, soucoupes volantes, vie mythique, causalité... reculée, surnature disparaît, causalité différée, policier, énigme, frustration, angoisse. (On notera dans ce passage la structuration binaire annoncée dès la première phrase par « deux catégories de faits » ; précieuse indication de plan !)

Il sera bon de répéter l'exercice le plus fréquemment possible, sur des extraits de presse ou sur des textes d'épreuves.

2. Les mots de liaison

Pour bien comprendre l'articulation d'un texte, il est indispensable de distinguer nettement les mots-outils qui signalent sa structure. En nous aidant de l'ouvrage de Grévisse, *Le Bon Usage* (Duculot-Gembloux), nous pouvons proposer un rapide classement de ces charnières essentielles :

- Prépositions et locutions prépositives
  - *la cause* : grâce à, à cause de, en raison de...
  - *le but* : afin de, pour, envers...
  - *l'opposition* : malgré, en dépit de, quant à, au lieu de...
  - *la séparation, l'exclusion* : sauf, excepté, hors...
  - *l'ordre, le rang* : devant, derrière, après, outre, par delà...
- Conjonctions et locutions conjonctives

  a) Coordination
  - *union, liaison* : et, ni, ensuite, ainsi que, en outre...
  - *cause* : car, en effet, effectivement...
  - *transition* : or...
  - *opposition, restriction, concession* : mais, au contraire, par contre, cependant, néanmoins, pourtant, quoique, d'ailleurs, en revanche...
  - *conséquence* : donc, ainsi, aussi, c'est pourquoi...

  b) Subordination
  - *cause* : parce que, vu que, c'est que...
  - *but* : afin que, pour que, de peur que...
  - *conséquence* : si bien que, tellement que, de sorte que...
  - *concession, opposition* : bien que, quoique, encore que, alors que, tandis que, sans que...
  - *condition, supposition* : si, au cas où, pourvu que, à moins que...
  - *temps* : quand, lorsque, alors que, dès que, après que, sitôt que...
  - *comparaison* : comme, de même que, autant que, plus (moins) que...

A cette liste pourront être ajoutés divers adverbes (*certes, naguère, alors, quasi, premièrement... etc.)* ou superlatifs et comparatifs (*plus ou moins que, le plus, mieux, pire... etc.)* qui participent aussi à la structuration du texte.

Tous les textes n'offrent évidemment pas une gamme aussi complète ou aussi visible de mots d'articulations. Pourtant, il est rare qu'ils n'en comportent aucun et il est bon de savoir les reconnaître et d'identifier le rapport qu'ils déterminent dans le discours.

Exercice n° 3

Dans le texte suivant, souligner les mots de liaison (indiquer, si possible, la nature du rapport qu'ils assurent).

Les jeux sont innombrables et de multiples espèces. Malgré cette diversité, ils appellent les mêmes idées d'aisance, de risque ou d'habileté. Le jeu entraîne immanquablement une atmosphère de délassement ou de divertissement. Il repose et il amuse. Il évoque une activité sans contrainte, mais aussi sans conséquence pour la vie réelle : il s'oppose au sérieux de celle-ci, comme il s'oppose au travail. En effet, le jeu ne produit rien, il est essentiellement stérile. Cette gratuité fondamentale du jeu est bien le caractère qui le discrédite le plus...

Mais allons plus loin : on s'apercevra alors que le jeu est nécessaire à l'équilibre de l'homme. Il repose en effet sur le besoin de vaincre un obstacle ; mais un obstacle inventé, presque fictif, fait à la mesure du joueur et accepté par lui : la réalité de tous les jours n'a pas de ces délicatesses. Ainsi, la civilisation industrielle a fait naître une forme particulière de jeu : le « hobby », activité seconde, gratuite. entreprise et continuée pour le plaisir, collection, art d'agrément, joies du bricolage ou de la petite invention, en un mot toute occupation qui apparaît en premier lieu comme compensatrice de la mutilation de la personnalité entraînée par le travail à la chaîne, de nature automatique et parcellaire.

Roger Caillois, *Les Jeux et les Hommes*, © Gallimard, 1958.

Réponse

Malgré (opposition), *mêmes* (identité), *mais aussi* (opposition et addition), *comme* (comparaison), *En effet* (conséquence), *bien* (conséquence), *Mais* (opposition), *alors* (opposition, temps), *en effet* (conséquence), *mais* (opposition), *aussi* (conséquence).

Exercice n° 4

Même travail que pour le texte précédent.

A première vue, des êtres humains ne devraient pas éprouver de difficulté à faire de la qualité de la vie, et non plus de la quantité de la production, leur principal souci Mais en pratique, ce changement s'avérera difficile, car on nous a enfoncé dans le crâne l'idée que l'amélioration de la vie dépend de la croissance quantitative obtenue par une économie extractive. Pour la plupart des gens, en vérité, l'expression même « d'état stationnaire » signifie une stagnation qui finit par aboutir à la décadence. Or de nombreux exemples historiques démontrent que des progrès qualitatifs considérables peuvent se produire dans une situation de relative stabilité quantitative. La civilisation minoenne continua de se développer pendant plus de douze cents ans, parvenant à un niveau d'évolution et de raffinement inconnu dans l'antiquité ; et cependant l'île de Crête qui en fut le berceau n'est pas plus grande que Long Island, et ses contacts avec l'Afrique et le Proche-Orient se limitèrent essentiellement au commerce.

René Dubos, *Les Dieux de l'écologie*, 1973.

Réponse

A relever : *et* (liaison), *non plus* (liaison), *Mais* (opposition), *car* (conséquence), *en vérité* (conséquence), *Or* (transition), *et* (liaison), *cependant* (opposition).

Dans le repérage des mots de liaison, il faudra être attentif aux termes par lesquels l'auteur hiérarchise sa pensée. Nous pensons aux adverbes et expressions du type : *précisément, d'abord, primo, en premier lieu, d'une part* etc.

(cf. dans l'extrait précédent : « *A première vue* »). Ces termes annoncent une énumération et constituent un commode balisage de lecture. Apprenez à repérer ce classement de la pensée et à trouver les mots abstraits ou les catégories qui constitueront la charpente de la future synthèse.

Exercice n° 5

Numéroter et isoler les arguments dans les textes suivants.

a) Un double mouvement s'observe en Occident à propos des problèmes de la natalité : le nombre des naissances diminue, mais l'intérêt porté à chaque naissance s'accroît.

Bruno Frappat, in *Le Monde*, décembre 1978.

b) Comme tout le monde, je n'ai à mon service que trois moyens d'évaluer l'existence humaine : l'étude de soi, la plus difficile et la plus dangereuse, mais aussi la plus féconde des méthodes ; l'observation des hommes, qui s'arrangent le plus souvent pour nous cacher leurs secrets ou pour nous faire croire qu'ils en ont ; les livres, avec les erreurs particulières de perspective qui naissent entre leurs lignes.

Marguerite Yourcenar, *Mémoires d'Hadrien*, 1958.

c) La ville recouvre de nos jours deux réalités nettement distinctes : la cité traditionnelle qui enserre le souvenir des anciennes limites (remparts, murailles, fortifications) et la banlieue qui est de plus en plus promise aux « grands ensembles ».

Pierre Germain, *La Ville, nécropole ou berceau*, 1972.

Réponse

a) diminution des naissances ; intérêt pour l'enfant.
b) étude de soi ; observation des hommes ; livres.
c) cité traditionnelle ; banlieue de « grands ensembles ».

3. *Les catégories*

Au moment de la lecture, vous avez toujours intérêt, pour parvenir à l'abstraction souhaitée, à définir d'un ou plusieurs termes l'idée ou l'argument développés. C'est dans cette voie que se situent les exercices qui suivent.

Exercice n° 6

Dans la phrase suivante, désigner par trois mots la nature du débat sur le pouvoir.

Il ne se passe pas un jour en France sans qu'il soit débattu, ici ou là du pouvoir : pour ou contre la supranationalité dans la construction européenne, réforme du pouvoir dans l'entreprise, prise du pouvoir au sein du P.S. ou du P.C., refus du pouvoir par les communistes, excès du pouvoir judiciaire, lutte pour le pouvoir régional, déclin du pouvoir paternel, émergence du contre-pouvoir féminin...

Serge Lier, « Le Pouvoir hiérarchique survivra-t-il ? »,
Le Monde, 2 juin 1979.

Réponse
Débats d'ordre *économique, politique, social.*

Exercice n° 7

Trouver, dans le texte suivant, les deux catégories d'arguments prouvant le changement survenu dans le système éducatif.

Au cours des trente dernières années, le système français d'instruction a connu une transformation si profonde que l'on peut parler de révolution.

La distinction entre l'enseignement primaire et l'enseignement secondaire, qui datait de la fin du siècle dernier, a disparu. Les petites classes des lycées, antérieures à la 6e, n'existent plus. Les lycées achèvent de perdre les classes du premier cycle, de la 6e à la 3e. Les C.E.S., collèges d'enseignement secondaire, reçoivent les jeunes de toutes les classes sociales. Les réformateurs obéissaient, semble-t-il, à l'idéal de l'égalité de chances.

Il va sans dire que la généralisation des C.E.S. n'aboutit pas et ne peut pas aboutir à des établissements de qualité équivalente. Les C.E.S. des grandes villes attirent les enseignants plus que ceux des petites villes : ils comprendront, en moyenne, de meilleurs pédagogues.

En même temps que cette révolution administrative, une autre révolution, moins connue, résulte de la différenciation des sections du baccalauréat. Une section, C, l'emporte sur toutes les autres, à tel point que, dès la classe de seconde, la majorité des meilleurs élèves se détachent des autres. La section qui correspond à celle qui s'appelait latin-grec, et qui conduisait éventuellement à l'Ecole normale supérieure (lettres), recrute malaisément. Le grec ne conserve, dans le second degré, qu'une présence fantomatique. Les mathématiques règnent et la culture que l'on appelait celle des humanités devient rare et marginale.

Raymond Aron, « Sélection Clandestine », © *L'Express*, septembre 1978.

Réponse
1. Changement administratif :
   - Spécialisation des enseignements
   - Généralisation des C.E.S. (démocratisation)
2. Changement pédagogique :
   - Diversification des baccalauréats
   - Hiérarchisation des sections

(Ou encore : changement *de forme*, puis *de contenu*.).

Exercice n° 8

Classer les diverses qualités attribuées au jeu (grandes catégories et détail) dans le texte suivant.

Les jeux de compétition aboutissent aux sports, les jeux d'imitation et d'illusion préfigurent les actes du spectacle. Les jeux de hasard et de combinaison ont été à l'origine de maints développements des mathématiques, du calcul des probabilités à la topologie. On le voit : le panorama de la fécondité culturelle des jeux ne laisse pas d'être impressionnant. Leur contribution au niveau de l'individu n'est pas moindre. Les psychologues leur reconnaissent un rôle capital dans l'histoire de l'affirmation de son caractère. Jeux de force, d'adresse, de calcul ils sont exercice et entraînement. Ils rendent le corps plus vigoureux, plus souple et plus résistant, la vue plus perçante, le toucher plus subtil, l'esprit plus méthodique ou plus ingénieux. Chaque jeu renforce, aiguise quelque pouvoir physique ou intellectuel. Par le biais du plaisir et de l'obstination, il rend aisé ce qui fut d'abord difficile ou épuisant.

Roger Caillois, *Les Jeux et les Hommes*, © Gallimard, 1958.

Réponse

a) Qualités sociales : compétition, imitation, hasard.

b) Qualités individuelles : psychologiques, physiques, intellectuelles, morales.

4. *Le découpage du texte*

S'il n'est pas indispensable, surtout pour un texte long, de procéder à un plan détaillé et précis de l'énoncé, il est nécessaire, au moins, d'opérer un découpage rapide qui distingue ces grandes unités que nous avons appelées « Unités autonomes de lectures ». On s'entraînera à un tel repérage au hasard de ses lectures en numérotant, par exemple, les grands moments de l'argumentation, en distinguant, si possible, les sous-parties, en isolant les exemples. L'auteur a souvent ponctué son propos, de quelques indications précieuses susceptibles de guider le lecteur (annonce générale du plan, numérotation des arguments, mise en valeur des mots de liaison, des transitions ou encore alinéa, intertitres, astérisques, etc.). Il faudrait pratiquer un tel travail sur des textes longs et nous regrettons, faute de place, de proposer des exemples limités à quelques paragraphes. Vous aurez intérêt à soumettre à ce découpage les textes d'épreuves proposés plus loin.

Exercice n° 9

Trouver le plan du texte suivant.

La pression démographique

Depuis longtemps, certains considèrent la pression démographique comme le facteur essentiel des conflits les plus graves L'idée est vieille comme le monde que, dans les pays surpeuplés, les tensions sociales sont violentes, les révolutions et les guerres fréquentes. Au contraire, dans les pays moins peuplés, les antagonismes seraient atténués, les gouvernants moins contestés, et la paix plus assurée. Déjà, Aristote et Platon pensaient que l'accroissement excessif de la population entraîne des perturbations politiques. Montaigne, au chapitre XXIII des *Essais*, considère les guerres comme la « saignée de la République », qui purge l'organisme et l'empêche d'être perturbé par un afflux de sang (conformément aux croyances médicales de l'époque). Le thème était alors familier. Beaucoup d'auteurs de la Renaissance expliquaient les troubles du temps par la croissance de la population. « La guerre est nécessaire afin que la jeunesse s'expatrie et la population diminue », écrivait Ulrich von Hutten en 1518. « Si la guerre et la mort ne viennent pas à notre aide, il faudra quitter notre terre et aller comme des Bohémiens », ajoutait Sébastien Frank en 1538. Au XVIIIe siècle, l'idée que la pression démographique développe les antagonismes politiques a directement inspiré les thèses de Malthus : il craignait qu'un accroissement de la population pauvre, condamnée à plus de pauvreté par cet accroissement même, aggrave son envie des propriétés des riches et détruise l'ordre social.

Les théories de la pression démographique s'appuient sur des faits impressionnants. La population de l'Europe a doublé entre 1814 et 1914 ; ensuite, ont éclaté les grands conflits de la première moitié du XXe siècle, la France était probablement surpeuplée, par rapport aux ressources naturelles et aux techniques de l'époque ; à ce moment ont surgi la Révolution de 1789 et les guerres de 1792-1815. Dans les pays sous-développés actuels, la surpopulation coïncide avec des mouvements révolutionnaires multiples et une attitude souvent belliqueuse. Dans les années trente, l'Allemagne en Europe et le Japon en Asie étaient visiblement surpeuplés : leur expansionnisme et les guerres qu'il a déclenchées avaient pour but de procurer à ces pays l'espace vital qui leur manquait. Inversement, le sous-peuplement des Etats-Unis au XIXe siècle et la possibilité pour les mécontents d'aller vers l'Ouest ont affaibli les tensions sociales et diminué notamment la lutte des classes. On comprend les thèses de Gaston Bouthoul, pour qui les guerres rempliraient aujourd'hui la fonction de régulation qu'assuraient autrefois les grandes épidémies : elles aboutiraient à une « relaxation démographique ». Elles seraient une sorte de soupape de sûreté. C'était à peu près l'idée de Montaigne.

Cependant, sous cet aspect simpliste, les théories de la pression démographique sont critiquables. Les pays les plus peuplés ne sont pas les plus belliqueux ; sinon la Hollande serait la nation la plus guerrière d'Europe, étant donné la densité de sa population. La Chine surpeuplée a été très pacifique pendant des siècles, tandis que les tribus de Peaux-Rouges d'Amérique du Nord, éparpillées sur d'immenses territoires, étaient engagées dans des conflits incessants. Beaucoup d'autres facteurs que l'excès de population ont déclenché la Révolution française de 1789 ; d'ailleurs, les révolutions russes de 1905 et 1917 ont éclaté dans un pays sous-peuplé où il est impossible de parler de pression démographique. Cette notion reste très vague. Elle ne peut pas se définir seulement par la densité de population. Il faut tenir compte également de son vieillissement, qui s'accroît au fur et à mesure de l'expansion, ce qui diminue la pression. Les représentations collectives sont importantes aussi : le « péril jaune », à la mode depuis la fin du siècle dernier, repose moins sur l'analyse réaliste de la puissance des Asiatiques que sur l'image vague du grouillement d'immenses foules aux yeux bridés et de leur déferlement sur les nations blanches.

Il faut surtout considérer les ressources naturelles et tes possibilités de les exploiter. La théorie de la pression des populations est une théorie de la pénurie : elle est économique plus que démographique. Elle avait été envisagée dans cette optique par Malthus, lorsqu'il formula en 1798 la loi célèbre : « La population tend naturellement à s'accroître en proportion arithmétique ».

L'écart entre les deux deviendrait donc de plus en plus grand, la population se développant suivant le rythme 2, 4, 8, 16, 32, 64,128, etc., pendant que les subsistances se développeraient selon le rythme 2, 4, 6, 8, 10, 12, 14, etc. L'humanité serait ainsi condamnée à la famine, à moins d'une restriction volontaire des naissances ; cette famine engendrant des conflits très graves.

Sous la forme mathématique donnée par son auteur, la loi de Malthus n'a jamais été vérifiée et n'est pas vérifiable : que signifie l'accroissement « naturel » d'une population ou des subsistances ? Mais l'idée même que la première s'accroît plus vite que les secondes est restée profondément ancrée dans l'esprit des hommes. A l'époque contemporaine, l'accélération du rythme d'expansion démographique lui a donné un regain d'actualité, et le malthusianisme connaît une véritable renaissance, notamment aux Etats-Unis. L'opposition est évidente entre le caractère quasi illimité du développement de la population et le caractère limité des ressources Certains estiment d'ailleurs que la culture intensive tend à épuiser les sols, et que les subsistances sont menacées de raréfaction. Les plus optimistes pensent qu'une exploitation rationnelle permettrait à la terre de nourrir plus de six milliards d'hommes : mais ce chiffre risque d'être dépassé dès l'an 2000. En admettant même la possibilité de nourrir dix milliards d'hommes, ce plafond absolu sera crevé dans moins de trois quarts de siècle. L'optimisme aveugle des théories expansionnistes ne suffit pas à résoudre un tel problème.

Dans l'immédiat, la théorie de la pression démographique exprime la situation des pays sous-développés, où l'accroissement de la population prend un rythme extraordinairement rapide, qui aggrave beaucoup les antagonismes politiques. Deux sortes d'équilibre démographique semblent s'établir naturellement, par le jeu de facteurs à la fois physiologiques et sociologiques : un équilibre dans les pays primitifs, un équilibre dans les pays industriels très développés.

L'équilibre des pays primitifs est de même nature que celui observé dans de nombreuses espèces animales. Il repose sur la combinaison d'une natalité et d'une mortalité très élevées l'une et l'autre. On pourrait l'appeler « l'équilibre de l'esturgeon ». La femelle de l'esturgeon pond des dizaines de milliers d'œufs. Si tous parvenaient à maturité, et si tous les œufs de ces nouveaux esturgeons avaient la même chance, en très peu de temps toutes les espèces animales seraient anéanties par les esturgeons : la Terre deviendrait un immense parc d'esturgeons. Mais des milliers d'œufs ne parviennent pas à maturité, et des milliers d'alevins d'esturgeons sont ensuite anéantis. De sorte qu'un équilibre démographique de l'humanité primitive est analogue : la fécondité naturelle très forte et l'absence de restriction des naissances entraîne une natalité très élevée. Mais le défaut d'hygiène, les difficultés d'alimentation, les maladies, un vieillissement prématuré provoquent une mortalité également élevée.

Dans les pays industriels très développés, la situation est différente sur les deux points. Une hygiène meilleure, une nourriture plus abondante et plus équilibrée, le développement de la médecine font baisser la mortalité. La natalité tend à baisser également, d'abord par l'effet de facteurs biologiques encore mal connus, mais dont l'action n'est guère douteuse. Contrairement à l'opinion courante, la sous-alimentation et la faiblesse physiologique ont pour corollaire une grande fécondité naturelle ; celle-ci paraît diminuer au contraire quand l'alimentation est meilleure et que la vitalité générale est plus forte. D'autre part, le développement du confort, de l'éducation, de l'individualisme augmente la restriction volontaire des naissances. En définitive, un certain équilibre démographique s'établit, sur la base d'une coïncidence entre une faible natalité et une faible mortalité. La population croît, mais lentement.

Dans les pays sous-développés, l'équilibre primitif est rompu et l'équilibre des pays industriels n'est pas encore établi L'introduction de quelques règles élémentaires d'hygiène et de médecine, de traitements faciles et peu coûteux de lutte contre les maladies endémiques (emploi massif et régulier de D.D.T., par exemple), font tomber rapidement la mortalité infantile, la plus importante au point de vue de l'accroissement démographique (la prolongation des vieillards, postérieurement à la perte de la faculté de reproduction, n'a pas de signification à cet égard). La natalité tend au contraire à se maintenir longtemps au même niveau, d'abord parce que le genre de vie et les habitudes alimentaires changent peu et que la fécondité naturelle n'est pas modifiée ; ensuite, parce que les mœurs traditionnelles et la formation générale évoluent très lentement et s'opposent longtemps encore à la restriction volontaire des naissances. La population tend alors à s'accroître suivant un rythme très rapide.

Ce déséquilibre démographique est d'autant plus grave qu'il survient au moment où la nécessité d'une croissance économique accélérée rend très difficile le maintien des subsistances à leur niveau habituel. Il faut enlever des travailleurs à la production des biens de consommation courante pour les affecter à la construction d'usines, de routes, de barrages, c'est-à-dire aux investissements nécessaires pour bâtir l'infrastructure d'un pays moderne. Les subsistances tendent à diminuer pendant cette période intermédiaire, alors que la population tend à augmenter très fortement. Les pays sous-développés sont ainsi placés dans une situation explosive. Les antagonismes politiques s'y développent avec une grande violence, sous l'effet de la pression démographique.

Maurice Duverger, *Introduction à la politique*, © Gallimard, 1964.

Plan du texte

1. Pression démographique = guerre
   a) La thèse : – Formulation
   – Théoriciens
   b) Exemples : – Ancien Régime
   – Pays sous-développés
   – Pays expansionnistes
2. Objections
   a) Exemples opposés
   b) La vraie pression : l'économie (chiffres - risques)
3. L'équilibre démographique
   a) Primitif et naturel : – Forte natalité
   – Nombreux décès
   b) Civilisé et réfléchi : – Faible natalité
   – Faible mortalité
   c) Un cas intermédiaire : Les pays sous-développés en situation de conflit

Plan assez net en trois U.A.L. Pour que l'exemple puisse servir dans la préparation à la contraction de texte, nous donnons ci-dessous un résumé du texte à partir de ce plan.

Résumé

Traditionnellement, la pression démographique sert à expliquer les conflits. Les Grecs, Montaigne et la Renaissance y voyaient la cause ou la justification des guerres, Malthus une menace sur l'ordre social Cette thèse, qu'illustrent la France de l'Ancien Régime, les pays sous-développés actuels et certains Etats expansionnistes des années trente, attribue donc à la guerre une fonction régulatrice en matière démographique.

Pourtant de nombreux exemples contestent ces théories et prouveraient qu'on ne peut confondre totalement pression démographique et densité de population. En fait la vraie pression est d'ordre économique, car si, comme l'affirmait Malthus, la démographie croît plus vite que les ressources, l'humanité entière court a la famine.

Cette loi, appliquée à notre époque, aboutit à des prévisions alarmantes sur la façon de nourrir les milliards d'hommes de demain. Toutefois la démographie tend à s'équilibrer. D'abord d'une manière primitive et naturelle, quand la forte natalité est corrigée par un taux élevé de décès, ensuite d'une manière plus réfléchie, quand la civilisation compense par le ralentissement des naissances la baisse de la mortalité. Or les pays sous-développés ne bénéficiant plus du premier équilibre sans encore atteindre le second, connaissent un accroissement de population rapide sans augmentation des subsistances. Cette nouvelle pression démographique engendre de violents affrontements. *(215 mots)*

Exercice n° 10

Même travail pour le texte suivant.

La nouvelle responsabilité des « clercs »

Donc, le marxisme agonise, et avec lui les modes intellectuelles apparues dans son sillage. Aujourd'hui, il ne s'agit pas d'épiloguer sur un débat déjà vieux et lassant, mais de comprendre les implications de la mutation, lente mais certaine, de l'intelligentsia française. Je formulerai ainsi la responsabilité des intellectuels français dans la nouvelle période qui s'ouvre : ils ne doivent pas, par une « dissidence » qui n'est, après de si longues années, qu'une forme du conformisme, rester absents de la société technologique moderne. Car cela reviendrait à la laisser sombrer, eux qui sont les détenteurs de la mémoire culturelle, dans une amnésie culturelle qui flatte, mais dont elle risque de périr.

La classe intellectuelle s'est extraordinairement marginalisée depuis la seconde guerre mondiale. Si le marxisme l'a tant séduite depuis cette époque, c'est d'ailleurs très probablement parce qu'il fournissait le langage d'une rupture consciente à une situation de marginalisation largement inconsciente et subie.

Marginalisation par rapport à quoi ? Représentons-nous la société comme un système, au sens de la cybernétique. Ce système est un réseau de communications, avec des carrefours où la communication converge et d'où elle est redistribuée. Il est doté d'une hiérarchie de « mémoires » de divers types, constituées par les stocks d'informations nécessaires à sa bonne régulation. On peut alors définir la « marginalité » d'une institution ou d'un individu par son éloignement plus ou moins grand des nœuds de plus forte communication sociale, qui sont les lieux véritables de ce qu'on appelle le « pouvoir ».

Or le pouvoir, en ce sens, a tendu, depuis l'entrée de la France dans l'ère technologique, à appartenir de plus en plus aux hommes et aux institutions capables de parler le langage de la technique et d'utiliser les supports modernes de la communication. A un mode de stockage et de communication de l'information constitué par les bibliothèques et par la caste des hommes capables de lire et d'écrire des livres, est en train de se substituer un autre mode de stockage et de communication, fondé sur les télécommunications — du téléphone aux réseaux informatiques, en passant par la radio et la télévision.

Du coup, les servants de l'appareil bibliothèques — livres — écriture se sont trouvés progressivement moins indispensables. Très prosaïquement, il n'a plus été autant que par le passé nécessaire, pour occuper une position dans un nœud de forte communication — c'est-à-dire pour exercer un pouvoir social, politique ou économique —, de bien savoir écrire. De ce fait, toute une éducation humaniste, inaugurée avec les collèges de jésuites du seizième siècle, basée sur l'étude des modèles rhétoriques antiques et classiques, est devenue largement inutile.

Aujourd'hui, les hommes du pouvoir politique et économique sont des hommes qui, sauf les plus âgés et peut être aussi les plus considérables, n'ont pas reçu de véritable éducation littéraire. Ce sont des polytechniciens, des énarques, qui doivent si possible avoir complété leurs études aux Etats-Unis, où, on le sait, l'éducation de nos lycées classiques n'est guère en honneur. Ils possèdent à merveille, en revanche, le langage de la technique, des mathématiques, de toutes les disciplines de gestion apparues depuis quelques décennies. Si l'écrit n'est pas vraiment relégué — il existe dans les entreprises et les administrations, à l'usage de tous ces gens qui ne lisent plus de livres, toute une littérature de dactylographie qui a encore une grande importance —, la maîtrise de l'écriture et la mémorisation de ce qui est conservé dans les bibliothèques ne sont plus les principaux vecteurs de l'accès au pouvoir.

L'Université est aujourd'hui un système qui s'« entropise », qui perd de l'ordre : glissant loin des nœuds de plus forte communication, elle est moins nourrie de ces informations en provenance des centres vitaux de la société qui sont la matière première de la production intellectuelle. Donc, elle « crée » moins. Donc, elle est socialement moins utile. Donc, on est moins tenté de lui attribuer une grand part de l'investissement social. En fin de compte, elle descend plus bas encore dans la hiérarchie des réseaux de communication, et se replie encore plus sur elle-même-, tout en se donnant l'illusion, parce qu'elle lit les mêmes textes et pratique les mêmes disciplines qu'au siècle dernier, qu'elle joue le même rôle. Comme il est clair que c'est faux — il suffit d'avoir vu la misère, à tous les sens du terme, de telle ou telle université de province pour s'en rendre compte —, elle charge les pouvoirs politiques et économiques de tous les péchés du monde, et considère le monde moderne tout entier comme une monstrueuse anomalie.

Au vrai, jamais les universitaires n'ont été plus éloignés du pouvoir politique et économique. La césure est étonnamment profonde entre le monde des entreprises et celui de l'appareil d'éducation. Aujourd'hui, les philosophes, les littéraires, d'une part, et, d'autre part, les hommes politiques et les hommes d'affaires sont les uns pour les autres des habitants de la planète Mars. Langage, préoccupations, système de référence intellectuelle : tout les sépare.

On me dira que les philosophes n'ont jamais été rois ni l'inverse. On m'assurera que les intellectuels n'ont jamais détenu, en tant que tels, le pouvoir politique et économique. Mais cela ne signifie pas qu'ils aient vécu en marge ni qu'ils aient parlé en langage à part. On voit, au contraire, dans les moments de haute civilisation, hommes de pensée et d'action entretenir — sans se confondre — un réseau de communication, une véritable structure bipolaire. Fénelon fait l'éducation du prince, qui se souvient de ses leçons. Sous la Troisième République, les hommes politiques, d'ailleurs parfois anciens professeurs, gardent toute leur vie l'empreinte de leur éducation classique, qui reparaît constamment dans leurs propos et dans les valeurs auxquelles ils réfèrent leur action. Il n'est pas interdit de penser qu'elle les influence et les oblige. En retour, ils respectent et protègent l'école et les productions de l'esprit.

C'est ce type de liens indirects, mais organiques, qui se sont aujourd'hui distendus à l'extrême, du moins avec ceux des intellectuels qui sont universitaires — tous ne le sont pas — et aussi, ce qui est plus grave, avec une grande proportion des scientifiques, plus abandonnés à eux-mêmes en France que partout ailleurs.

Si une forme plus moderne et plus performante de la mémoire sociale en remplace une autre, il est normal qu'il faille payer cette substitution du sacrifice relatif d'une caste. Les intellectuels feront-ils au progrès le procès que lui firent les canuts ? Les bibliothèques, les livres et les intellectuels ne sont pas meilleurs en eux-mêmes que les ordinateurs, la télévision et les technocrates.

Pourtant, les choses sont loin d'être aussi simples. Car les bibliothèques et les cerveaux mêmes des intellectuels, dans l'état actuel de la civilisation occidentale, stockent seuls une mémoire spécifique, celle que j'appelle la mémoire culturelle. Notre pays, avec deux ou trois autres de la vieille Europe, est même un des plus riches de cette mémoire-là, un de ceux où les hommes de culture sont les plus nombreux et les plus savants. Or s'il advenait que, lors du passage des supports anciens de la communication aux supports nouveaux, le trésor de mémoire de ces hommes de culture ne fût intégralement transféré, et qu'avec ces hommes mêmes il fût mis définitivement en marge, c'est la société moderne, tout entière qui deviendrait amnésique de sa mémoire culturelle.

Maintenant, qu'est-ce que cette mémoire culturelle, et quelle catastrophe faut-il redouter de son oubli. J'avoue que je suis partagé entre deux interprétations radicalement incompatibles.

Première interprétation : la mémoire culturelle, celle de la philosophie, de la littérature, de l'art, de la religion, des mythes et des folklores, est une « mémoire » au sens de la théorie des systèmes. Tandis que l'information technique et économique constituerait une mémoire « primaire » — comme disent les informaticiens — constamment sollicitée pour traiter les problèmes immédiats de la survie ; la mémoire culturelle, elle, serait une mémoire « secondaire » qui aurait pour rôle d'assurer les régulations des rythmes plus lents et plus profonds du fonctionnement du système social.

Dans cette hypothèse, l'oubli d'une part significative de la culture serait évidemment une cause de dérèglement grave du système. Il aboutirait à l'appauvrir et à le rendre moins « performant », sans qu'il soit bien facile de prévoir la nature et l'ampleur de cette perte. Réservons donc le cas des arts et de la religion, et considérons seulement ces disciplines en marge de la science, sans utilité sociale (sans « rentabilité ») immédiate, que sont les sciences humaines, l'histoire, la philosophie, qui représentent par excellence la mémoire secondaire, la réserve et la pépinière des sciences exactes. Ce n'est pas au moment où la France doit être capable, si elle veut demeurer pendant les prochaines décennies parmi les nations technologiquement les plus avancées du monde, d'intégrer à ses productions de toute nature la proportion la plus élevée possible de « matière grise », qu'elle peut se résoudre à la « déconnection » par rapport au système de toute une partie de son capital intellectuel. La marginalisation de ces disciplines universitaires représente une dilapidation de capital, un détournement de l'investissement social que la collectivité risque de payer fort cher à moyen terme.

Mais la mémoire culturelle a une tout autre dimension, que la tradition juive en particulier a mise en évidence, — mais toutes les traditions religieuses l'ont fait également, dès lors qu'elles se donnent toutes comme la retransmission fidèle et le commentaire d'une vérité originelle toujours menacée par l'oubli. La « culture », selon cette seconde hypothèse, n'est pas une mémoire interne au système social, organiquement intégrée en lui. Elle est au contraire l'ensemble des tentatives humaines d'échapper au système social. La sphère de la culture n'est pas concentrique à celle de l'environnement socio-économique ou écologique (comme le donnait à entendre ce nom absurde du « ministère de la culture et de l'environnement », heureusement débaptisé) ; elle est bien plutôt la sphère de tout ce que l'homme a inventé depuis toujours pour échapper à la prison que lui est son environnement.

Dès lors la mémoire culturelle serait la mémoire de la révolte contre toutes les fatalités de la condition humaine. Sous la forme d'un incessant retour à l'art, à la philosophie (à une autre philosophie, sans doute, que celle à laquelle je faisais allusion tout à l'heure), à la religion, sous la forme d'un commentaire inlassable des grandes œuvres du passé et d'une reviviscence obstinée des espérances les plus utopiques, elle serait par excellence l'activité par laquelle l'homme fait voler en éclats l'horizon du monde et découvre qu'il est promis, par-delà le monde et le temps, à un destin hors pair.

En ce cas, évidemment, l'amnésie d'une telle mémoire scellerait purement et simplement le retour de l'espèce humaine à la condition animale. Aussi développée technologiquement qu'on imagine l'humanité du vingt et unième siècle, elle ne serait jamais qu'une fourmilière livrée à ses mécanismes régulateurs, c'est-à-dire à leur inhumanité, c'est-à-dire à une indifférence abyssale à toutes les souffrances humaines. Plus une voix ne s'élèverait contre la torture, contre la guerre, contre l'injustice, dont les sciences sociales prouveront aisément qu'elles sont nécessaires à la survie du groupe.

Le souci de la justice ne naît spontanément dans aucun système social. Il les prend tous à rebrousse-poil. Il ne s'impose qu'en leur faisant violence. Il est une idée extrinsèque, qui vient d'ailleurs, qui nous a été transmise par les hommes de culture qui ont fait notre éducation, qui l'avaient eux-mêmes reçue d'une culture ancienne, jusqu'à un passé immémorial. Si nous laissons s'installer la coupure de l'oubli, qui enseignera à nos enfants le souci de la justice ?

Parfois la société technocratique, par l'amnésie culturelle qui l'atteint déjà, me paraît quasiment prête à faire ce dernier pas vers la fourmilière. Or bien des hommes de culture, en France, possèdent, déposés dans leur mémoire, les derniers germes de la révolte contre ce destin absurde. Sauront-ils les développer, les communiquer, les porter dans les nœuds de plus forte communication sociale, et pour cela les transplanter éventuellement sur les nouveaux supports du langage, dissocier en tout cas leur sort de celui des institutions du livre pour éviter qu'ils ne périssent ou ne déclinent avec elles ?

Tout est à inventer dans ce domaine. Il est désolant que les mass médias, sauf exceptions notables, soient abandonnés à des hommes de faible culture, à cause des préjugés qui paralysent les vrais savants. Si j'étais théologien chrétien ou juif, je m'inquiéterais de ce que les orthodoxies aient attaché la tradition exclusivement à un livre sacré et à la bibliothèque de ses commentaires. En tant que philosophe, je m'afflige de voir les universitaires des facultés littéraires se morfondre dans leurs problématiques qu'aucune responsabilité sociale ne nourrit, défendre pied à pied ce qui reste des vieilles institutions, et rivaliser, pour gagner les derniers postes et les derniers grades, d'érudition répétitive et inutile.

Comprendront-ils qu'ils doivent à leur tour se frotter aux vrais problèmes, dont la société française attend la solution : les paradoxes de la croissance, la surpopulation, la pollution, le désarmement, le rôle de la France en Europe et de l'Europe dans le monde, l'immense mutation de l'informatique... Ils doivent sortir de leur trop confortable et flatteuse réserve, dont le marxisme leur avait fait depuis la guerre une vertu, alors qu'elle n'était le plus souvent qu'une démission.

Philippe Nemo, © *Le Monde*, 8 septembre 1979.

Plan du texte

1. La marginalisation des intellectuels
   a) Origine
      – recul des idéologies
      – pas de dissidence
   b) Causes
      – éloignement des nœuds de communication
      – méconnaissance du langage de la technique
      – insuffisance de l'information
   c) Conséquences
      – inutilité de la culture traditionnelle
      – responsabilité abandonnée aux hommes de technique

2. Illustration de cette marginalisation
   a) L'Université
      – loin de la vie
      – peu active
      – animée de revendications
      – loin du monde des affaires
   b) Relation entre pouvoir et pensée
      – assurée autrefois (Fénelon, IIIe République)
      – perdue aujourd'hui (fin des intellectuels)
3. Risques provoqués par la situation
   a) Tout progrès suppose une perte
      – mort des intellectuels
      – fin de la mémoire culturelle
   b) Première conséquence
      - recul de la pensée (régularisateur perdu)
   c) Deuxième conséquence
      – poids du système social, de la fatalité
      – condition animale
   d) Risques pris pour l'humanité
      – perte du sens de la justice
4. Solutions
   a) Préserver les hommes de la culture
   b) Leur redonner la maîtrise des média
   c) Eviter les discussions stériles
   d) Affronter la réalité

A titre d'exercice, nous donnons, ici aussi, un résumé qui, pour un texte de près de 2 000 mots, pouvait être espéré de 225 mots.

Résumé

Le recul des idéologies traditionnelles utilisées jadis comme refuge, a entraîné la marginalisation de la classe intellectuelle. Ses représentants, éloignés des centres de décision, privés du langage et des véhicules de l'information, derniers tenants d'une culture humaniste, abandonnent le pouvoir à des chefs mieux préparés aux réalités présentes Sans prise sur la vie, vidée de son génie créatif, l'Université compense ses carences par une contestation stérile étrangère au monde des affaires et de la politique. Les relations étroites entre les hommes de pouvoir et les hommes de pensée, encore vraies il y a peu, disparaissent au détriment des seconds.

Or les mutations de la société ne justifient pas cette abdication des intellectuels ; ceux-ci demeurent les détenteurs de notre « mémoire culturelle » dont la perte serait grave pour l'humanité. En effet, cette mémoire agit d'abord « secondairement » pour régulariser le système social et éviter, en préservant le capital culturel, l'appauvrissement intérieur et l'isolement international. Elle permet, en second lieu, d'échapper à ce même système social ; d'entretenir chez l'homme des espoirs élevés qui le différencient de l'animal résigné, insensible à l'injustice.

Les hommes de culture doivent éviter cette déchéance ; ils y parviendront si, acceptant d'adapter leur langage, de dépasser leurs préjugés et leurs préoccupations stériles, ils quittent leur confortable réserve pour se confronter aux vrais problèmes de l'heure. *(225 mots)*

5. *Du concret à l'abstrait*

Nous avons déjà mentionné toute la difficulté que suppose la restitution d'un texte de nature trop concrète ou trop descriptive. Voici quelques exercices sur lesquels vous pouvez tester votre aptitude à passer du concret à l'abstrait.

Exercice n° 11 (Baccalauréat, Nice, 1978)
Dégagez, sous forme de plan, les idées contenues dans ce texte.

Dans les lignes qui précèdent, Mauriac a défini le risque qui menace le monde moderne : oublier la référence à l'homme. Il poursuit ainsi :

> Je suis entré dans l'étable, où un bœuf demeure encore. Il y en avait quatre autrefois. Je voyais son grand œil dans l'ombre ; un rayon qui fusait par un trou de la porte touchait son pelage roux. J'écoutais ce bruit calme de la rumination, je respirais cette odeur puissante et douce qui avait baigné l'obscure existence de mes ancêtres oubliés. Et tout à coup, dans un défilé d'images nées de ce qui m'avait attristé ces temps-ci, j'ai revu autour de ma maison de Seine-et-Oise ces prairies pour lesquelles il n'existe plus de faucheur ; et quand enfin elles furent fauchées, le foin, si précieux naguère, nous dûmes le brûler, ce foin qui nourrissait les bêtes devenait fumier, retournait à la terre et l'enrichissait, après avoir nourri les oiseaux, selon une loi peut-être sacrée. Et puis je revoyais en esprit ces milliers de poissons crevés que roulaient l'Adour, il y a quelques semaines, et tant d'autres rivières. Enfin, je me suis souvenu de cette lourde glace de Venise qui vient de chez ma mère. Accrochée dans mon cabinet de Malagar, elle s'est détachée et m'eût peut-être tué si elle avait atteint ma tête au lieu d'effleurer ma jambe. A tort ou à raison, cette chute fut attribuée à l'ébranlement causé par les avions qui passent le mur du son au-dessus de Malagar. Je le crois quant à moi, car il y a bien d'autres signes que ces murs séculaires et lézardés ne résisteront pas toujours à cette loi indéfiniment violée.
>
> François Mauriac, *Bloc-Notes*, 16. X. 64, © Seuil.

Plan

1. Disparition des valeurs de la ruralité.
   - le bœuf
   - les faucheurs
   - le foin
2. Les agressions de la vie moderne.
   - pollution de la nature
   - nuisances dans les villes.

Exercice n° 12

Voici un texte fondé sur des images ; dégager les idées essentielles.

Qui parle aujourd'hui de l'Université ? Depuis quelques années, un morne découragement, un silence quelque peu honteux, ou complice, se sont abattus sur une institution qui naguère résonnait de tant d'espérances et de révoltes

Rien de plus sinistre, à cet égard, que la « célébration » du dixième anniversaire de Mai 68 : on s'en est tenu à l'évocation d'un folklore désormais inoffensif : slogans, pavés, barricades, mais d'une façon générale, on s'est bien gardé de comparer la Sorbonne de papa avec celle de sa fille, les espoirs d'hier avec les réalités d'aujourd'hui Chut ! Le cadavre est dans l'armoire, et toute la famille garde le silence, la gauche et la droite, les progressistes et les conservateurs, les étudiants, et les profs, les parents et les contribuables. Par peur de réveiller la contestation ? Cette hypothèse flatteuse pour le mouvement étudiant, ne résiste pas à l'examen. Depuis l'échec de la grève de 1976 à propos de la réforme de second cycle, ce mouvement, déjà bien faible, s'est à peu près complètement disloqué. Les organisations qui s'en réclament, occupées à se disputer la propriété des sigles dont personne ne connaît la signification, exsangues, ravagées par la politique politicienne, traversent le monde étudiant comme les oueds traversent le désert, lits desséchés de cailloux attendant la crue.

Non, la raison du silence dans et sur l'Université est ailleurs : si tout le monde se tait, c'est que personne n'a rien à dire ni à proposer et que, dans ces conditions, mieux vaut encore, croit-on, laisser sommeiller le malade.

Jacques Julliard, « L'amère victoire de Mai 68 »,
© *Le Nouvel Observateur*, juin 1978.

Réponse

1. Silence sur l'Université.
2. Mai 68 : célébration folklorique.
3. Attitude actuelle de l'Université :
   - fin de la contestation
   - silence général
   - diversification et dislocation du mouvement
   - indifférence qui cache l'impuissance.

Exercice n° 13

Même travail sur le texte suivant.

Six mois déjà ! L'Année du Patrimoine était née porteuse d'une hérédité si peu encourageante, ses premiers jours portaient l'ombre de tant d'affections chroniques — asthme, langueur, pâleur, manque évident des vitamines nécessaires à une bonne croissance —, et les médecins qui se penchaient sur son berceau laissaient, malgré leurs bavardages intenses, si peu d'espoir de guérison, qu'on pouvait avoir peur de l'avenir. Malgré leur proverbiale pauvreté les parents de cette pauvre année, qui souhaitent faire bonne figure et ne point passer pour indignes, ont multiplié les soins, sollicitant les plus grands spécialistes, leur promettant tout ce qu'ils pouvaient, et sans doute un peu plus. La petite, six mois après, semble aller un peu mieux (c'est plutôt sa sœur, la création, qui susciterait maintenant de l'inquiétude) et les signes d'une meilleure croissance sont désormais perceptibles.

Frédéric Edelman, « Le Retour des sources »,
© *Le Monde*, juin 1980.

Réponse

1. L'Année du Patrimoine fut menacée dès sa naissance.
   Présent : Manque de ferveur et d'enthousiasme
   Avenir : Pronostic réservé.
2. Les tentatives de sauvetage.
   Présent : Des spécialistes
   Avenir : Promesses.
3. Le bilan à mi-course.
   Présent : Encourageant
   Avenir : Prometteur.

6. Aller à l'essentiel

Les exercices qui précèdent visent souvent un même objectif : prouver qu'on a compris le texte en distinguant nettement l'essentiel de l'accessoire. Tous les rapports de concours confirment cette exigence fondamentale faite de discernement et d'agilité intellectuelle. Vous aurez encore intérêt à vous entraîner en vue de cette perception rapide de la substance d'un discours en soumettant des fragments brefs à une tentative de résumé. Vous pouvez pratiquer ce travail aussi bien sur des extraits littéraires que sur des coupures de journaux ; nous donnons quelques exemples.

Exercice n° 14

Résumer en une seule phrase (maximum 15 mots) le paragraphe suivant.

Il y a dans le monde, et même dans le monde des artistes, des gens qui vont au musée du Louvre, passent rapidement, et sans leur accorder un regard, devant une foule de tableaux très intéressants, quoique de *second ordre*, et se plantent rêveurs devant un Titien ou un Raphaël, un de ceux que la gravure a le plus popularisés ; puis sortent satisfaits, plus d'un se disant : « Je connais mon musée ». Il existe aussi des gens qui, ayant lu jadis Bossuet et Racine, croient posséder l'histoire de la littérature.

Baudelaire, *Le Peintre de la vie moderne*.

Résumé

Le public néglige fréquemment d'intéressantes œuvres méconnues pour n'admirer que les gloires admises. *(15 mots)*

Exercice n° 15

Même exercice (maximum 20 mots).

Le Romanticisme est l'art de présenter aux peuples des œuvres littéraires qui, dans l'état actuel de leurs habitudes et de leurs croyances, sont susceptibles de leur donner le plus de plaisir possible.

Le Classicisme, au contraire, leur présente la littérature qui donnait le plus grand plaisir à leurs arrière-grands-pères.

Stendhal, *Racine et Shakespeare.*

Résumé

Le Romanticisme est fondé sur des plaisirs littéraires actuels, alors que le classicisme cultive ceux du passé. *(18 mots)*

Exercice n° 16

Même exercice (maximum 25 mots).

Face à la société capitaliste, se développent, sous les formes les plus diverses, les refus de plus en plus nombreux de la jeunesse populaire, dont celui, tenace, multiforme, du travail capitaliste. Un mouvement qui se caractérise soit par l'augmentation de l'abstentéisme, soit par le refus de rester « coincé » dans les usines, soit par le refus du travail imbécile, parcellaire, répétitif.

Un exemple ? Dans une usine, six jeunes électromécaniciens fatigués de toujours démonter les mêmes pièces sur les mêmes circuits, « demandent leur compte ». Ils installent en s'associant un petit atelier de réparation d'appareils électro-ménagers, où ils pourront assurer tout le processus et exercer leur métier.

Ce mouvement devient de plus en plus général. Une enquête récente et un commentaire de Pierre Viansson-Ponté parus dans ce journal montrent que l'ambiance, l'intérêt du travail, la volonté d'être dirigé par des responsables compétents viennent en tête des préoccupations des jeunes travailleurs, bien avant l'argent, la « réussite sociale ». Des valeurs s'effondrent, d'autres apparaissent, Georges Friedmann avait mis le doigt sur la plaie lorsqu'il a montré, dans ce journal, que la division du travail s'est renforcée dans notre société et qu'elle est un des problèmes-clés du changement.

Ce mouvement profond de la jeunesse qui conteste radicalement le travail capitaliste n'est pas une passade de l'adolescence, une crise de la jeunesse. Comment le faire comprendre à certaines générations, et même à certains vieux militants d'éducation populaire ou responsables syndicaux et politiques de gauche ?

Jean-Claude Marchand, « On a tué l'amour du travail »,

Résumé

La jeunesse actuelle oppose au travail capitaliste, en miettes et déshumanisé, des refus pas toujours perçus, même des plus anciens syndicalistes de gauche. *(23 mots)*

Cette première série d'exercices voulait contribuer, avant tout, à créer des habitudes, des réflexes même, au moment de la prise de contact avec le texte. Isoler les mots-clés, distinguer les articulations, définir les arguments et les classer, recourir à l'abstraction, aller à l'essentiel, c'est toujours s'efforcer de lire le texte de manière efficace et rentable. D'ailleurs, si pour des commodités méthodologiques nous avons séparé ces divers temps de la réflexion, il est évident qu'ils sont à mener le plus souvent parallèlement et conjointement.

A l'issue de ces gammes, on peut donc vous supposer capables d'analyser un texte, de déchiffrer sa substance. Il reste alors à reformuler, en réduit, le contenu. C'est le temps de la rédaction du résumé (que nous avons déjà un peu abordé) que l'on peut travailler à l'aide d'autres exercices méthodiques.

Chapitre 2

La rédaction

Il n'est pas inutile, avant tout, de rappeler qu'on attend de vous, avec la contraction, un exercice d'expression française qui atteste une bonne maîtrise de la syntaxe et du vocabulaire. Il serait vain d'espérer réussir un résumé de concours sans posséder à fond les acquisitions indispensables fournies par les enseignements secondaire et primaire. Si vos lacunes vous semblent trop grandes dans le domaine de la langue, du lexique (de la culture aussi), vous auriez intérêt à revenir à un patient travail de base. Mais si, comme on peut l'espérer, vous vous sentez prêts dans ces domaines, si la méthode et l'esprit de l'exercice sont correctement assimilés, vous pouvez espérer améliorer vos résultats en vous attachant à quelques points formels que nous avons regroupés en un triptyque facile à mémoriser grâce à la rime : *la cohésion, la précision, la concision.*

1. La cohésion

Le risque d'un résumé est souvent de manquer d'unité, de « liant », parce qu'ont été supprimés de l'énoncé les transitions, les illustrations, les effets de style, le remplissage même — c'est-à-dire ce qui faisait l'équilibre du texte et son homogénéité. La rédaction aura pour tâche d'atténuer ce défaut, de le compenser par l'emploi de quelques tournures, par le recours a quelques procédés syntaxiques, par le refus du style télégraphique ou parataxique[1], l'élimination des formes schématiques. Voici quelques techniques qui vous permettront d'éviter ces défauts en améliorant la cohésion.

a) Les articulations

Nous avons vu, dans l'analyse des textes, l'importance pour les écrivains de ces « mots-outils », ces charnières leur permettant d'articuler leur pensée. A votre tour il vous faut penser à utiliser chaque fois que nécessaire (mais pas arbitrairement !) ces conjonctions, prépositions, adverbes qui permettent de nuancer le propos et de tisser une trame cohérente. A la liste fournie précédemment (à laquelle vous vous référerez), nous ajouterons l'emploi de l'adjectif démonstratif (*ce, cet, ces...*) en début de phrase et suivi du nom générique qui rappelle l'idée de la phrase précédente et assure, ainsi, l'enchaînement des idées. Voici un exercice qui vous permettra de vous entraîner.

1. La *parataxe* est un procédé de style qui consiste à juxtaposer des phrases simples, sans recourir à des subordonnants ou des coordonnants. L'effet peut être recherché — et heureux parfois ; il est peu recommandé ici.

Exercice n° 17

Résumer le texte suivant en 130 mots en vous efforçant d'utiliser des termes d'articulations : conjonctions, prépositions, adverbes, démonstratifs. (Pour faciliter le travail, sur un texte narratif délicat à aborder, nous vous donnons le plan du résumé).

Rieux montait déjà l'escalier. Le grand ciel froid scintillait au-dessus des maisons et, près des collines, les étoiles durcissaient comme des silex. Cette nuit n'était pas si différente de celle où Tarrou et lui étaient venus sur cette terrasse pour oublier la peste. Mais, aujourd'hui, la mer était plus bruyante qu'alors, au pied des falaises. L'air était immobile et léger, délesté des souffles salés qu'apportait le vent tiède de l'automne. La rumeur de la ville, cependant, battait toujours le pied des terrasses avec un bruit de vague. Mais cette nuit était celle de la délivrance, et non de la révolte. Au loin, un noir rougeoiement indiquait l'emplacement des boulevards et des places illuminés. Dans la nuit maintenant libérée, le désir devenait sans entraves et c'était son grondement qui parvenait jusqu'à Rieux.

Du port obscur montèrent les premières fusées des réjouissances officielles. La ville les salua par une longue et sourde exclamation. Cottard, Tarrou, ceux et celles que Rieux avait aimés et perdus, tous, morts ou coupables, étaient oubliés. Le vieux avait raison, les hommes étaient toujours les mêmes. Mais c'était leur force et leur innocence et c'est ici que, par-dessus toute douleur, Rieux sentait qu'ils les rejoignait. Au milieu des cris qui redoublaient de force et de durée, qui se répercutaient longuement jusqu'au pied de la terrasse, à mesure que les gerbes multicolores s'élevaient plus nombreuses dans le ciel, le docteur Rieux décida alors de rédiger le récit qui s'achève ici, pour ne pas être de ceux qui se taisent, pour témoigner en faveur de ces pestiférés, pour laisser du moins un souvenir de l'injustice et de la violence qui leur avaient été faites, et pour dire simplement ce qu'on apprend au milieu des fléaux, qu'il y a dans les hommes plus de choses à admirer que de choses à mépriser.

Mais il savait cependant que cette chronique ne pouvait pas être celle de la victoire définitive. Elle ne pouvait être que le témoignage de ce qu'il avait fallu accomplir et que, sans doute, devraient accomplir encore, contre la terreur et son arme inlassable, malgré leurs déchirements personnels, tous les hommes qui, ne pouvant être des saints et refusant d'admettre les fléaux, s'efforcent cependant d'être des médecins.

Ecoutant, en effet, les cris d'allégresse qui montaient de la ville, Rieux se souvenait que cette allégresse était toujours menacée. Car il savait ce que cette foule en joie ignorait ce qu'on peut lire dans les livres, que le bacille de la peste ne meurt ni ne disparaît jamais, qu'il peut rester pendant des dizaines d'années endormi dans les meubles et le linge, qu'il attend patiemment dans les chambres, les caves, les malles, les mouchoirs et les paperasses, et que, peut-être, le jour viendrait où, pour le malheur et l'enseignement des hommes, la peste réveillerait ses rats et les enverrait mourir dans une cité heureuse.

Albert Camus, *La Peste*, © Gallimard, 1947.

Plan du texte

I. Le spectacle de la nuit
- Identique : décor, ciel, bruits, ancienne promenade
- Différent : mer bruyante, air léger, symbole de délivrance

2. La délivrance
- Manifestation : fusées, exclamations
- Oubli : les morts, les absents
- L'optimisme humain : Rieux est comme eux

3. La décision
- Circonstances : la joie
- Raisons : témoigner des souffrances et de l'espoir des hommes

4. Les limites
- La victoire n'est que provisoire
- Un exemple : face à la terreur l'accomplissement de son devoir

5. Le retour à la vie
- La joie souligne la menace
- La peste, immortelle
- Inquiétude et pessimisme

Résumé

Le ciel étoilé, le décor de la ville et ses rumeurs sont inchangés, tels que Rieux et Tarrou les avaient connus. Mais la mer bruyante et l'air léger annoncent la délivrance qui se manifeste par des réjouissances officielles où l'on oublie les victimes de la peste. Cet élan vers le bonheur et l'oubli amène Rieux à se faire le chroniqueur du fléau pour témoigner des souffrances de l'homme et de sa vaillance dans l'adversité. Certes, il perçoit les limites de son projet : cette victoire en préfigure bien d'autres et l'homme devra encore, modestement, accomplir son métier. Car cette joie d'aujourd'hui ne doit pas cacher la sourde menace : le bacille de la peste est immortel, il frappera d'autres villes. *(128 mots)*

b) Les « balancements »

L'argumentation des textes se fait souvent de manière binaire. L'auteur oppose, par exemple, une thèse à une autre, ce qui existe à ce qu'il souhaite ; il confronte les arguments favorables et les arguments hostiles, pèse le positif et le négatif, l'usage traditionnel face à une situation exceptionnelle, la règle d'autrefois contraire aux positions modernes. Il émaille son discours de réserves, d'objections ; le renforce de symétries, de parallèles, d'antithèses, d'analogies.

Vous aurez à rendre ces mouvements du raisonnement et ils constitueront même une charpente limpide et précieuse dans la structure de votre résumé. Quelques tournures (bien connues des latinistes notamment ou… des orateurs !) sont propres à rendre ces articulations. Rappelons-les en les classant en fonction de la nuance de sens qu'elles expriment :

- *l'opposition* : en partie/mais surtout ; sinon/du moins ; d'une part/d'autre part ; alors que… ; si… quant à… ; par ailleurs ne… guère/mais seulement ; etc. ;
- *l'alternative* : soit/soit ; tantôt/tantôt ; ou bien/ou bien ; que ce soit… ou ; ni/ni ;

- *l'addition :* tant... que ; aussi bien... que ; à la fois... et ; et... et ;
- *l'inégalité* : moins (plus)... que ; plus que... c'est ; autrement... que ; mieux que ; etc. ;
- *la succession* : en premier lieu/en second lieu ; d'abord/ensuite ; non seulement/mais encore ;
- *la concession* :
  . subordonnants : bien que, alors que, encore que, si ;
  . coordonnants : en dépit de, malgré, sinon ;
  . locutions : loin de, au lieu de, pour... que ;

  (il y a d'autres façons, d'ailleurs, d'exprimer la concession : forme interrogative, gérondif par exemple).

Il paraît difficile de fournir une illustration de ces situations syntaxiques à partir d'un texte court ; c'est tout l'énoncé qu'il faudrait analyser. Nous donnons toutefois trois exemples sur lesquels on pourra s'exercer.

Exercice n° 18

Résumez cet extrait en vous efforçant de faire ressortir l'opposition qu'il contient. (20 mots environ)

Il y a vingt ans, au moment du rapport Landucci et de la création du 3e cycle, on ne parlait que de la pénurie de chercheurs, de la nécessité de créer un métier de chercheur, de lui assurer la stabilité, etc. Le IVe plan parle encore carrière et statut. Mais vers 1966-67 et le Ve plan, la pénurie a cessé d'être dramatique et le ton change complètement. L'accent est mis sur la nécessaire mobilité des chercheurs (c'est-à-dire, en partie, sur l'obligation de quitter la recherche et d'accepter les licenciements), sur le fait « qu'il n'est pas question » de faire « carrière » dans la recherche, et que la recherche n'est pas une profession, mais un moment dans la vie de chacun.

Y. Barel, Ph. Mallein, « Y a-t-il une profession de chercheur ? », *La Recherche* n° 39, nov. 73.

Résumé

Si, jusqu'à il y a peu, on encourageait le métier de chercheur, la tendance est en train de s'inverser. *(21 mots)*

Exercice n° 19

Même travail sur le texte suivant. (35 mots)

Puisse, dans ses nouvelles phases, la plus pure des religions ne pas tenter de nier ou d'étouffer ce sentiment de l'honneur qui veille en nous comme une dernière lampe dans un temple dévasté ; qu'elle se l'approprie plutôt, et qu'elle l'unisse à ses splendeurs en la posant, comme une lueur de plus, sur son autel, qu'elle veut rajeunir. C'est là une œuvre divine à faire. — Pour moi, frappé de ce signe heureux, je n'ai voulu et ne pouvais faire qu'une œuvre bien humble et tout humaine, et constater simplement ce que j'ai cru voir de vivant encore en nous. — Gardons-nous de dire de ce dieu antique de l'honneur que c'est un faux dieu, car la pierre de son autel est peut-être celle du Dieu inconnu. L'aimant magique de cette pierre attire et attache les cœurs d'acier, les cœurs des forts. --- Dites si cela n'est pas, vous, mes braves compagnons, vous à qui j'ai fait ces récits, ô nouvelle légion thébaine, vous dont la tête se fit écraser sur cette pierre du serment, dites-le, vous tous, saints et martyrs de la religion de l'HONNEUR.

A. de Vigny, *Servitude et Grandeurs militaires*, « Conclusion ».

Résumé

Plutôt que de le contester, le catholicisme devra intégrer ce sentiment et s'y revivifier. Car l'honneur, modestement humain dans mes œuvres, illustre peut être une religion suprême digne des plus glorieux sacrifices. *(34 mots)*

Exercice n° 20

Résumez le texte suivant en dégageant l'argumentation sous forme binaire. (30 mots)

Mais, si l'on veut en finir avec la torture, il faut d'abord prendre la dimension véritable du mal et se rendre compte qu'il n'est pas seulement chez les autres, mais en nous-mêmes. On rejette tous les crimes sur le groupe adverse pour innocenter le sien. C'est un univers commode que cet univers manichéen où l'on peut protester contre la torture qu'infligent les autres tout en se taisant sur celle qui sévit dans votre camp. Je souhaiterais que l'on poussât l'introspection encore plus loin : que l'on se demandât, par exemple, jusqu'à quel point le plus tranquille citoyen qui n'a jamais fait de mal à personne — vous ! moi ! — n'est pas complice, ne fût-ce que par omission, de ce que Péguy nommait « le mal universel humain », dont la torture est un des aspects les plus hideux.

« Comment peut-on être Persan ? », demandait le Parisien de Montesquieu. Cette innocente question est peut-être l'origine de la torture. Le tortionnaire ne comprend pas comment sa victime peut être ce qu'elle est. Comment peut-on être un étudiant à cheveux longs, par exemple ? La torture disparaîtra le jour où nous admettrons que l'autre puisse demeurer autre tout en restant homme et en conservant le droit à un minimum de respect en tant qu'homme. C'est ce qu'ont parfaitement compris les auteurs de la Déclaration Universelle des droits de l'homme, votée par les Nations Unies en décembre 1948 à Paris, et qui stipule dans son article 5 : « Nul ne sera soumis à la torture, ni à des traitements ou des châtiments inhumains ou dégradants...

Jacques Madaule, © *Le Monde*, 8 décembre 1973.

Résumé

Tolérer la torture suppose d'une part un manichéisme commode aidé par la complicité du silence, et d'autre part une méfiance à l'égard des différences de l'« autre ». *(30 mots)*

c) La relativisation

Quand il existe entre certaines idées d'un texte un lien de complémentarité, de dépendance, vous avez intérêt, pour corriger le décousu possible de la contraction, à regrouper les phrases au moyen des pronoms relatifs. Le résumé du débutant se caractérise souvent par la construction parataxique dont nous parlions plus haut. Même les habitués semblent répugner à employer des relatives (surtout celles construites avec *dont*, jugé peut-être d'un maniement risqué). Or si le procédé n'est pas trop insistant, il permet de resserrer l'expression et d'assurer la cohésion. Les exercices suivants peuvent vous entraîner.

Exercice n° 21

Dans le texte suivant ont été dégagées les idées essentielles. Essayez de les regrouper pour rédiger un résumé formé de relatives. (60 mots)

Les parents, en paroles du moins, consciemment, désirent avant tout le bonheur de leurs enfants. Nous aurons à revenir plus loin sur cette notion de bonheur, et il est ici difficile d'envisager ce qu'il convient de faire pour que des enfants aient plus tard une vie heureuse, sans avoir précisé où se cache ce que l'on appelle le bonheur. Nous nous contenterons donc de souligner que dans la majorité des cas les parents jugent à l'avance, en adultes qui savent ce qu'est la vie, ce qui doit être enseigné à l'enfant pour qu'il ait le plus de chances possibles, plus tard, de trouver le bonheur. Ils savent, ou croient savoir, que le bonheur est fonction du niveau atteint dans l'échelle hiérarchique, qu'il dépend de la promotion sociale. L'enfant entre donc très tôt dans la compétition. Il doit être premier en classe, bon élève, faire des devoirs, apprendre ses leçons qui toutes déboucheront plus ou moins tôt sur un acquis professionnel. Plus cet acquis atteindra un haut degré d'abstraction, plus celui qui le possède sera capable de s'intégrer dans le processus de production de marchandises, au niveau de l'invention, du contrôle, de la gestion des machines, seules capables de faire beaucoup d'objets en peu de temps ou dans la protection légale et armée de la propriété privée, et plus il bénéficiera d'une promotion sociale lui assurant le bonheur. Sans doute, « tout cela n'est rien quand on n'a pas la santé », d'autant que sans elle, pas de force de travail efficace. D'où la notabilité dont bénéficie aussi, suivant des échelles hiérarchiques bien entendu, toute activité qui s'attache au service de l'hygiène et de la santé.

Henri Laborit, *Eloge de la fuite*, © R. Laffont, 1976.

Plan du texte

a) Les parents veulent le bonheur de leurs enfants.
- Ils ne savent pas trop ce que contient cette notion de bonheur.
- Ils prétendent connaître le moyen de parvenir au bonheur.

b) Le bonheur passe par de bons résultats scolaires.
- L'acquis doit être fait d'abstraction.
- L'enfant doit s'intégrer au monde économique.
- L'enfant doit accéder — éventuellement — à des professions médicales.

Résumé

Les parents affirment vouloir le bonheur de leurs enfants sans bien s'entendre sur cette notion dont ils prétendent *a priori* connaître la nature et les moyens.

Or pour eux le bonheur est lié à une promotion sociale conquise par de bons résultats scolaires nourris d'abstractions qui favorisent l'intégration au milieu économique ou l'accession à de prestigieuses professions médicales. *(63 mots)*

Exercice n° 22

Même travail. (20 mots environ)

La réalité psychologique étant niée, l'individu n'est plus ce lieu de transmutation du réel, ce centre, toujours unique de joies et de souffrances, d'enthousiasme et de révoltes, mais le carrefour obligatoire de certains besoins matériels : c'est un consommateur. Le rôle de la société est de faire converger sur chaque citoyen des réseaux toujours plus nombreux d'assistance technique qui livreront biens et services à cette espèce de grand estomac vide qui les dégradera. Toute la créativité individuelle est mobilisée par la production, le projet collectif s'arrête à la livraison. L'homme vrai, celui qui utilise ces richesses n'est que le reflet passif des objets. Toujours affamé, jamais rassasié. Les mécanismes sociopsychologiques de la consommation ouvrent la route à la production en créant les désirs et en entretenant les frustrations.

F. de Closets, *Le Bonheur en plus*, 1974.

Plan de l'extrait

– La société technicienne oublie la nature humaine de l'individu ;
– Elle fait de lui un simple consommateur ;
– Elle entretient ses désirs pour qu'il consomme ;
– Elle le met en situation de frustration.

Résumé

Notre société technicienne méprise l'individu qui devient un simple consommateur dont il faut encourager les désirs, quitte à entretenir les frustrations. *(22 mots)*

d) Le style écrit

Vous devez vous défier d'un écueil fréquent dans la contraction de texte : le style télégraphique. Certaines économies de mots aboutissent parfois à des rédactions squelettiques, sèches, décousues. Il n'est guère bon, malgré la commodité du procédé, de recourir trop souvent aux parenthèses, aux deux points, aux appositions, aux incises, aux gérondifs. Pas de phrases trop longues aux emboîtements compliqués (le procédé est souvent tentant !) ; pas de suppression du pronom quand il est indispensable, de la préposition ou de l'article quand on attend leur répétition, de l'adjectif quand il rééquilibre ou nuance la proposition. Nous donnerons, plus loin, quelques moyens de faire court ; mais la densité d'un propos n'a jamais signifié obscurité ou incohérence. Nous ne fournissons pas d'exercice sur ce thème, car toutes les rédactions concourent à l'illustrer.

2. *La Précision*

Outre l'impératif de cohésion, votre résumé doit être, si possible, précis. La fidélité exige le respect scrupuleux d'une pensée, fût-elle pointilleuse, fluctuante ou touffue. Le résumé ne doit pas effacer les aspérités d'un texte quand celles-ci procèdent de la volonté d'un auteur ou de la nature d'un sujet. Être bref, ce n'est pas être vague ; l'effort de précision, même dans le détail, atteste de qualités de clairvoyance et d'objectivité. Voyons les difficultés que suppose cette exigence de précision.

a) Les nuances

On aurait tort, pour la raccourcir, de schématiser la pensée. A vous de trouver les moyens pour atténuer, assouplir la restitution dans ce qu'elle aurait de trop brutal. Toute une gamme d'adverbes, de locutions, de tours, permettent, tout en allant vite, d'épouser les linéaments d'un raisonnement. Prenons l'exemple d'une argumentation qui évoque un cas précis dont l'occurrence varie en nombre et en fréquence :

- L'événement s'est produit une seule fois : adverbe *uniquement.*
- L'événement s'est produit une ou deux fois : adverbe *exceptionnellement.*
- L'événement s'est produit un nombre modéré de fois : adverbes *parfois, occasionnellement.*
- L'événement s'est produit un grand nombre de fois : adverbes *souvent, fréquemment.*
- L'événement s'est produit presque toutes les fois : adverbes *généralement, surtout.*

Vous avez compris le principe que vous utiliserez avec discernement. Il ne s'agit pas de tout nuancer par prudence ou affectation : votre expression doit être ferme. Mais savoir, au besoin, se servir des termes du type : *un peu, environ, quasi, à peu près, guère, à peine,* et de l'inépuisable réservoir que constituent les adverbes en *-ment* est un précieux moyen de donner de la souplesse au style.

Exercice n° 23

Le texte suivant exprime une série de nuances, de réserves, d'oppositions. Essayer en utilisant les tournures les plus appropriées de rendre les nuances de l'argumentation dans un résumé de 70 mots maximum.

Qu'est-ce que le bonheur ? Ce qui fait le malheur des autres, ou bien le malheur consolé, comme l'ont dit de bons auteurs. Il serait bien fâcheux surtout que le bonheur ne fût rien d'autre que ces négations. Mais essayez donc de le cerner par des affirmations, et vous verrez qu'il vous échappe aussitôt. Pourtant, cette notion mérite qu'on la regarde de près, car, si elle aime le secret, elle est aussi la plus prestigieuse de toutes celles qui évoquent nos paradis quotidiens. Elle tend même à englober les autres, à prendre tout au moins appui sur elles.

Ainsi les joies de la vie peuvent être conçues comme des éléments du bonheur, mais ne suffisent pas à le créer. D'ailleurs, elles ne sont même pas une condition *sine qua non*. Un bonheur paisible et serein peut n'être pas traversé par de fréquents éclairs de gaieté. Il est terne, peut-être ; mais allez donc prouver à celui qui se contente d'une vie tranquille que ce n'est pas cela le bonheur. En tout cas, quelle que soit la conception qu'on s'en fasse, on admettra qu'un homme heureux n'est tout de même pas ivre de joie à chaque instant. Le bonheur, c'est un état continu. Certes, comme le dit André Gide, il favorise la joie, et celle-ci est rebelle aux malheureux. D'autre part, la joie demande souvent des prétextes momentanés, et pourtant, inversement, elle est moins directement liée aux événements extérieurs. C'est pourquoi on peut dire de certaines circonstances qu'elles sont heureuses. Mais on ne songerait pas à les qualifier de joyeuses, car la joie est en nous, non point dans la situation qui la provoque.

N'allons pas en conclure que le bonheur puisse se réduire à des faits objectifs. Il est toujours une appréciation qu'on porte sur eux... C'est pourquoi le bonheur, étant lié à une appréciation, peut être objet de discussion. Vous vous croyez malheureux : on essaiera de vous montrer que vous n'avez point raison de l'être. On ne vous convaincra peut-être pas. Toutefois, il ne sera pas absurde de le tenter. Tandis qu'on n'essaiera pas de vous prouver par un beau raisonnement que vous devez être joyeux ou gai Simplement on vous reprochera d'être morose ou mélancolique, d'être un rabat-joie, un peu comme on le ferait pour se plaindre d'une personne qui est nonchalante ou peu intelligente. Dans ce cas, c'est votre être même qu'on incrimine, non votre façon de juger ceci ou cela.

C'est pour cette raison encore que vous pouvez réfléchir sur le bonheur, essayer d'organiser le vôtre. La joie et la gaieté, elles, se situent hors du champ de l'activité intellectuelle.

Comment distinguer, maintenant, le bonheur du plaisir ? Tous ces mots sont assez difficiles à définir avec précision. Essayons d'abord de prendre le problème à l'envers. Certes, on peut dire que c'est un malheur d'être affligé de douleurs ; et certains événements comme les deuils peuvent être classés dans l'une ou l'autre rubrique. Cependant, lorsqu'on parle de la douleur de perdre un être cher, on emploie à dessein un terme plus fort que ne le serait celui de malheur. En quel sens ? Si l'on y réfléchit bien, on verra qu'ici l'évocation de la douleur fait songer à un mal physique, ou du moins à une manière charnelle d'éprouver le malheur en question. On imagine alors une personne qui pleure, qui est secouée de tout son être, et dont l'affliction est visible. Parler de malheur en cette même occasion, ce serait envisager le caractère néfaste de l'événement, sa conséquence plus ou moins lointaine, plutôt que la réaction immédiate de l'individu qui l'éprouve, ce serait surtout ne pas se référer à l'effet direct et quasi instinctif. Non pas le nier, mais simplement aller au-delà.

J. Cazeneuve, *Bonheur et Civilisation*, © Gallimard, 1966.

Résumé

Souvent définie par d'insuffisantes approches négatives, la notion de bonheur, essentielle à l'homme, reste mystérieuse. La joie, par exemple, qui est parfois une des conditions du bonheur, suppose un état trop fugitif et pas assez intellectualisé pour se confondre avec lui. Le contraire du bonheur n'est pas, non plus, la douleur qui, s'opposant au plaisir, désigne surtout une souffrance physique datée. *(66 mots)*

b) Les repères chronologiques

La précision passe aussi par le respect des oppositions temporelles. Par un emploi judicieux des temps verbaux, par une bonne utilisation des adverbes de temps (*autrefois, jadis, naguère, désormais, alors, longtemps, toujours, vite, encore,* etc.) on pourra parvenir à rendre les nuances chronologiques très fréquentes dans les énoncés.

Exercice n° 24

Le texte suivant s'articule sur des oppositions temporelles. Essayez, à l'aide d'adverbes, de les faire ressortir dans votre résumé. (30 mots)

Non moins édifiant — sujet oblige — est le chapitre qu'il consacre à la robe blanche, elle aussi en pleine expansion, non seulement en France, où elle connut sa traversée du désert autour des années 60, mais dans le monde. On se marie de plus en plus en blanc à Moscou, à Tokyo, où l'immaculé supplante peu à peu le kimono à la fleur de pêcher, mais aussi dans les pays musulmans, où il était jusqu'alors signe de deuil, en Arabie Saoudite, et même jusqu'à La Mecque. Henri Micmacher écrit sur l'attrait de la robe blanche, son vertige et le rituel qui l'accompagne, des pages qui témoignent d'une observation de moraliste. Le blanc n'est plus le symbole étroit de la virginité (des femmes en état de maternité avancée la revendiquent) ni même de la pureté (le blanc, on le sait, dans le spectre chromatique, est le produit de toutes les couleurs), mais celui de la fragilité, de l'éphémère, encore qu'on ait réussi à le fixer et que l'on puisse, d'une robe de mariée, faire une robe du soir.

Il semble que, en perdant de sa rigidité, de son sectarisme, en s'abandonnant aux voluptés du libre choix, ce symbole ait gagné en intensité, en rayonnement. C'est tout le bonheur d'une vie que l'on fait entrer dans ce bonheur d'un jour. Tout au moins son ambition, son espérance. Et c'est pour la moins avantagée des jeunes femmes l'assurance que ce jour-là, au moins, elle aura été l'égale des plus belles, des plus riches.

P. Morelle, « Mariage-refuge », © *Le Monde*, 4 octobre 1978.

Résumé

Après une éclipse passagère, la robe blanche se généralise partout ; autrefois symbole de virginité, de pureté, elle marque désormais la fugace fragilité d'un jour de bonheur où toute femme rayonne. *(31 mots)*

c) Les énumérations

Il ne sera pas toujours facile, quand les mots vous seront comptés, de rendre une longue énumération dont chaque élément paraît représenter un cas spécial, un exemple unique, une circonstance particulière. La bonne méthode ne consiste surtout pas à choisir au hasard un élément de la liste qui sera métonymiquement repris au détriment des autres. Pourquoi celui-là, plutôt qu'un autre s'il n'y a pas, entre eux, de classement hiérarchique ? Mieux vaut tout, ou rien, plutôt qu'un choix subjectif donc arbitraire. La meilleure manière de rendre rapidement l'énumération, est de trouver le terme générique qui en définit le contenu et de l'introduire par une formule du type :*un grand nombre de..., toute une série de..., de multiples..., divers...* etc.

Exercice n° 25

Résumer le texte suivant, qui comporte une énumération, en moins de 15 mots.

La pollution de l'air et de l'eau, la multiplication des névroses et des délinquances nous avertissent que l'espèce court à sa perte si elle ne se connaît plus comme un morceau de la nature. Là gît la source la plus profonde des révoltes contre nos sociétés « de consommation ». Il nous faut, sous peine de folie, et sans doute sous peine de mort, réintégrer l'homme à la nature, renouer les amitiés rompues avec les plantes et les bêtes.

Emmanuel Berl, *Le Virage*, 1972.

Résumé

Divers symptômes avertissent l'homme qu'il lui faut retrouver son milieu naturel. *(13 mots)*

Les idées qui composent l'énumération sont parfois longues et assez importantes ; elles ne peuvent être concentrées en une élusive formule générale. Nous sommes alors devant une autre difficulté qui consiste à rendre une succession d'arguments le plus rapidement possible. Le cas est fréquent, et le mieux est alors d'essayer de regrouper les divers points dans une même phrase.

Exercice n° 26

Résumer ce texte en moins de 60 mots en regroupant les idées successives.

Conclusions

La gauche a gagné les élections cantonales comme elle avait gagné les élections municipales en 1977. Entre-temps, elle a perdu les élections législatives. Trois scrutins : deux victoires et une défaite, mais celle-ci décisive.

Première conclusion : la gauche est jugée plus apte à bien gérer les villes et départements que le pays lui-même. Ou bien, si l'on accepte la thèse socialiste, le parti communiste redoute le pouvoir politique et ses risques, mais non le pouvoir local et ses avantages.

La gauche n'a pas pâti de ses divisions, ni au sein des partis, ni entre socialistes et communistes. Les reports de voix comme les désistements se sont bien effectués. Rien n'a été dit ni fait à gauche pour dissuader les électeurs de voter pour le candidat unique de l'opposition ni pour leur faire peur. La droite s'en est chargée. En vain.

Deuxième conclusion : les divisions de la gauche ne descendent pas jusqu'à l'électeur, pas plus que celles de la majorité. Car il n'est pas vrai que les divergences entre giscardiens et chiraquiens expliquent le succès des socialistes. Les reports, là aussi, se sont bien effectués.

Les difficultés économiques et les drames sociaux n'expliquent pas tout. Des départements ont « basculé » à gauche qui en souffrent moins que d'autres. Comme lors des élections municipales, il s'opère ici et là une relève des notables. Malgré son insuccès aux élections législatives, le parti socialiste continue d'attirer à lui, à tous les niveaux, des cadres dirigeants alors que la majorité en manque.

Troisième conclusion : les causes de la progression de la gauche ne sont pas seulement politiques, elles sont aussi d'ordre sociologique.

Si gouverner c'est prévoir, la France n'est pas gouvernée. Ni l'Europe. Ni le gouvernement ni la Communauté européenne n'ont su éviter la crise de la sidérurgie ou parer à temps ses effets. Sauront-ils faire face aux menaces qui pèsent déjà sur d'autres industries, fussent-elles de remplacement ?

Dernière conclusion : fort de la légitimité qu'il tient du suffrage universel — d'hier et sans doute de demain —, le président de la République peut ne pas tenir compte de la courte victoire de la majorité en voix aux législatives, et du succès de l'opposition aux élections municipales et élections cantonales. Le gouvernement, lui, ne le peut pas ; il est en charge du quotidien, mais il l'est, lui aussi, de l'avenir. A la longue, il ne défiera pas impunément les réalités sociologiques.

Jacques Fauvet, © *Le Monde*, 27 mars 1979.

Résumé

Le succès de la gauche aux élections cantonales suggère divers enseignements : plus à l'aise dans les consultations locales que nationales, sortie presque intacte de ses dissensions internes, la gauche jouit d'une dynamique sociologique favorable que le gouvernement, sinon le président de la République devra, s'il veut être prévoyant, désormais prendre en compte. *(55 mots)*

Exercice n° 27

Le texte suivant repose sur une énumération. Intégrez-la dans un résumé de 85 mots environ.

Après ces quelques rappels, la question est de savoir si le modèle hiérarchique de pouvoir — dont l'actif incontestable est le développement technologique de l'espèce humaine jusqu'aux prodigieux « succès » des sociétés industrielles modernes — est effectivement une fatalité inéluctable, dont seuls des aménagements sont envisageables : distribution plus équitable des pouvoirs, ou invention de nouvelles formes plus « douces » de domination (comme l'utilisation des médias, dont surtout la télévision) ? Cette thèse est partagée par une majorité écrasante et, en particulier, par l'unanimité des politiques (ce qui se conçoit aisément).

Pourtant, si on observe nos sociétés riches et libérales, plusieurs constatations invitent à remettre en question ces certitudes :

– La pénurie, qui est à l'origine du pouvoir, est devenue une notion très relative, car les besoins fondamentaux liés à la survie physiologique sont désormais très largement satisfaits : cette pénurie-là a disparu à peu près généralement. Il s'agit d'une réalité tout à fait nouvelle dans la longue histoire de l'humanité. Certes, nos sociétés ont sécrété des quantités de besoins nouveaux, créant ainsi une pénurie artificielle nécessaire à son fonctionnement et au maintien des pouvoirs traditionnels. Mais il est possible de s'affranchir de ces besoins artificiels.

Ne peut-on envisager qu'un nombre croissant d'individus adhère à de nouveaux modes de consommation, gagnant ainsi d'un coup un considérable champ de liberté ? Lorsqu'on observe les modes de vie d'une part importante de la jeunesse actuelle, on se dit qu'il ne s'agit pas nécessairement d'une utopie.

– Les modèles culturels, la morale, l'éducation, perdent incontestablement de leur force et évoluent d'une façon incertaine (quelles seront les mentalités des générations à venir, élevées davantage par la télévision que par les parents ?) ;

– Après vingt-cinq années de croissance économique continue, qui a donné aux individus l'habitude, difficile à perdre, d'avoir toujours plus, voilà que les choses se gâtent : les pouvoirs débordés par la demande (niveau de vie, emploi, santé) et confrontés aux difficultés de la gestion planétaire, risquent fort de faillir à leur mission de « bons pères de famille ». Si la secousse n'est pas trop sévère, on peut voir le système hiérarchique perdre une grande part de sa légitimité. Il est vrai, en revanche, que si la secousse est trop forte et débouche de nouveau sur de grandes peurs (peur de ne pas pouvoir se servir de son auto, par exemple), le système pourra en sortir renforcé ;

– La « forme » hiérarchique du pouvoir se présente de façon de moins en moins évidemment perceptible : dispersion des centres de décision, complexification des circuits de décision, affaiblissement des Etats, renforcement apparent du seul pouvoir policier (ce qui est un signe d'affaiblissement et non de renforcement du pouvoir) ;

– Les démocraties avancées, à fort consensus sur leurs finalités essentielles, comme les Etats-Unis, tolèrent en leur sein des micro-sociétés dont les finalités sont différentes, sous réserve qu'elles respectent un minimum de contraintes : on voit ainsi naître un modèle possible de macro-société où pourraient coexister des groupes dont les modes de vie et les systèmes de gestion collectives seraient différents ; le développement des télécommunications permettrait à tous les groupes de même genre de communiquer entre eux, et de constituer ainsi une nouvelle macro-société indépendante des espaces occupés ;

– Enfin, on assiste à une lente évasion du modèle masculin, dont le modèle hiérarchique est indissociable ; certes, pour l'instant, les mouvements féministes, victimes des conditionnements mimétiques, sont tentés de reproduire ce modèle ; mais il ne s'agit que d'un moment aberrant ou d'un passage, et en même temps émergent d'authentiques valeurs féminines.

Serge Lier,« Le Pouvoir hiérarchique survivra-t-il ? »,
© *Le Monde*, 2 juin 1979.

Résumé

Le pouvoir hiérarchique, parfois positif, doit-il, au prix de quelques améliorations, fatalement se maintenir comme le pensent les politiques ? Rien de moins sûr dans nos sociétés modernes. En effet, la pénurie de besoins naturels a quasiment disparu ; les valeurs culturelles et spirituelles de jadis reculent ; le ralentissement de la croissance, qui oblige les pouvoirs à freiner la consommation, entame leur crédibilité ; l'identité hiérarchique se dissout dans la complexité administrative ; des groupes marginaux refusent les sociétés traditionnelles ; le « modèle féminin » semble en progrès. *(86 mots)*

d) Les chiffres

Quelle attitude adopter quand un texte aligne chiffres, statistiques, pourcentages ? Là encore, le bon sens et la mesure vous permettront de résoudre la difficulté. Ne seront retenus que les chiffres essentiels, significatifs, et rendus de manière écrite et parlante. Donnons quelques exemples :

– La France compte 53 % de personnes qui lisent des livres :

Résumé : Un peu plus d'un Français sur deux lit.

– Le parc automobile national était de 6 490 000 en 1960, il est passé à 19 330 000 en 1978.

Résumé : Le parc automobile a triplé en moins de 20 ans.

Exercice n° 28

Voici un tableau concernant l'évolution en % du Baccalauréat par séries au cours de 5 années (source : *QUID*, 1980). Essayer de rendre brièvement et élégamment son contenu.

Années / Séries	1972	1975	1976	1977	1978
A	40,4	31,8	28,7	27,5	25,6
B	10,6	13,2	14,0	16,1	17,3
C	18,2	18,5	19,8	21,8	19,6
D et D'	27,4	32,8	33,8	31,4	33,4
E	3,5	3,7	3,6	3,7	3,7
Total	100,0	100,0	100,0	100,0	100,0

Résumé

a) Evolution

En 6 ans :

- le nombre de bacheliers litteraires a diminué d'un tiers.
- le nombre de bacheliers scientifiques a augmenté d'environ 20 %.
- le nombre d'économistes a doublé.
- le nombre de bacheliers techniques ne varie pas.

b) Répartition

- Environ un bachelier sur deux est un scientifique.
- Environ un bachelier sur quatre est un littéraire.
- Environ un bachelier sur cinq est un économiste.
- Le bac C n'est décroché que par 2 bacheliers sur 10.
- Les bacheliers D sont dix fois plus nombreux que les E.

Il est peu probable que vous ayez à résumer un tableau ; toutefois vous pouvez rencontrer, dans vos épreuves, de nombreux chiffres. Il faut être prêt, savoir choisir et synthétiser.

Exercice n° 29

Le texte suivant contient de nombreux chiffres. Résumez-le en 60 mots maximum en restituant les références chiffrées les plus importantes.

C'est un test amusant de demander aujourd'hui à un public d'étudiants de combien s'est accru de 1910 à 1939 le volume de la production industrielle française. Habitués aux taux actuels de croissance, et quoique avertis du fait que le progrès était moins rapide avant la guerre, la plupart des jeunes gens d'aujourd'hui répondent que sur la base 1910 = 100 l'indice de 1939 devait être de l'ordre de 160, 189 ou 200. Or, ce fut 105.

Sans doute ce chiffre est-il propre à la France, et marque-t-il la régression des années 1930 après le maximum de l'année 1929 (138) ; sans doute aussi faut-il tenir compte du fait que la durée du travail avait été réduite de 60 heures par semaine en 1910 à 40 en 1939. La stagnation globale de ces 29 années n'en est pas moins frappante.

D'autres Nations étaient dès lors en progrès rapide : de 1910 à 1939, l'Union sud-africaine avait décuplé sa production industrielle, l'U.R.S.S. l'avait multipliée par 8 ; le Japon par 5. Mais on expliquait légitimement ces taux comme exceptionnels, tenant à la fois au sous-développement de départ, à l'immensité et à la virginité des territoires, et, pour le Japon, à la conquête impérialiste.

Les grandes Nations déjà évoluées ne présentaient que des croissances beaucoup plus faibles (par exemple, Angleterre : 1939 = 121). Les Etats-Unis étaient leur champion avec 1939 = 167. Ainsi, avant cette guerre, les économistes estimaient que les taux les plus remarquables de croissance à long terme étaient de l'ordre de 2 à 2,5 % par an, et que les taux plus élevés enregistrés ici ou là, étaient des phénomènes temporaires le rattrapage ou de démarrage. Et en effet, sur une longue période, c'est-à-dire par exemple de 1830 à 1930, aucune Nation n'avait fait mieux. Ces chiffres paraissaient d'ailleurs magnifiques et presque magiques, puisqu'ils correspondent à un doublement du volume de la production en environ 35 ans, soit une multiplication du niveau de vie et du pouvoir d'achat des salaires par 8 en 100 ans et par 500 en 300 ans. Il est clair que l'humanité n'avait guère connu cela au cours de ses 50 ou 100 mille années d'existence.

Or voici, sur la même base 1910 = 100, la suite de l'expansion industrielle française :

1910	100
1939	105
1948	104
1950	177
1952	130
1960	230
1965	330
1971	460

Ces chiffres sont des résultats acquis. Ils marquent le changement de rythme enregistré depuis 1948. Depuis cette date, le rythme de croissance est de l'ordre de 7 % par an. Voici quelques taux annuels de croissance de la production industrielle, tenus pendant toute la période 1952-60.

Japon	13,1 %
U.R.S.S.	10,0 %
Allemagne Fédérale	8,5 %
Italie	8,0 %
France	7,0 %
Pays-Bas	5,5 %
Grande-Bretagne	3,0 %
Etats-Unis	2,7 %

Pour ce qui est de l'ensemble de la production nationale (agriculture + industrie + services tertiaires), les chiffres sont en général plus faibles, sauf dans les pays les plus en avance, comme les Etats-Unis, où la consommation d'objets manufacturés commence à plafonner et se *réduit en valeur*, alors que la consommation, et par suite la production, de tertiaire sont d'autant plus stimulées que le niveau de vie est plus élevé. Voici, reproduits d'après un travail de M. Alfred Sauvy les taux annuels moyens de croissance de l'ensemble de la production nationale dans quelques pays au cours de la période 1952-60.

Japon	8,7 %
Allemagne Fédérale	8,3 %
Italie	5,8 %
Pays-Bas	5,8 %
U.R.S.S.	5,7 %
France	4,1 %
Etats-Unis	3,5 %
Belgique	2,7 %
Grande-Bretagne	2,2 %

On voit ainsi combien les taux d'avant-guerre paraissent faibles. Les Etats-Unis, qui ont cependant non seulement maintenu mais amélioré leur rythme, font ici, même sur le second tableau, figure, non pas évidemment de retardataires puisqu'ils sont très en avance sur tous les autres, mais d'assoupis.

Jean Fourastié, *Pourquoi nous travaillons ?*, © PUF, 1973.

Résumé

Contrairement à ce qu'on pense, la production industrielle française a peu varié entre 1910 et 1939 à l'image des grandes nations dont le taux annuel ne dépassait guère 2,5 %. Ce chiffre, jugé alors exceptionnel, est passé depuis à 7 % en moyenne, entraînant avec lui une progression inespérée des taux de production nationale dans ces divers pays. *(58 mots)*

3. La concision

S'il est une qualité qui paraît essentielle dans le travail de résumé, c'est bien la concision. Sans revenir sur cette exigence consubstantielle à l'exercice et éprouvée en diverses circonstances, reconnaissons qu'il est souvent possible, par le recours à certaines techniques, à certaines tournures, de dire beaucoup brièvement. Vous pouvez, là aussi, vous améliorer si vous possédez dans votre jeu quelques-uns de ces atouts que nous décrivons ci-après.

a) L'insertion incidente

On connaît le procédé syntaxique baptisé ainsi par le grammairien M. Dessaintes (*La Construction par insertion incidente*) et dont l'incise n'est qu'un cas particulier. Un mot, un groupe de mots, une proposition sont intercalés, entre virgules (ou entre tirets) dans le cours linéaire de la phrase dont ils brisent l'unité. Si une idée paraît subsidiaire, si une objection nuance l'affirmation, une illustration confirme la thèse, cette pratique permet de glisser commodément la précision supplémentaire sans avoir à construire une nouvelle proposition. On veillera à ne pas abuser du procédé qui risque de donner lieu à des phrases longues, hachées, obscures.

Exercice n° 30

En deux phrases, et en utilisant une ou plusieurs insertions incidentes, résumer le texte suivant. (40 mots)

Je voudrais déclarer la guerre au mot retraite. N'est-il pas emprunté au langage militaire ? « Marche en arrière d'une armée après un combat malheureux », précise le Petit Larousse. Cela crée une étrange ambiance autour de centaines de milliers de travailleurs que la société envoie, chaque année, à l'arrière. Quel combat malheureux ont-ils livré ?

Cette contamination du langage est tellement évidente que les militaires de carrière se gardent de parler de retraite quand il s'agit de désigner leur propre retour à la vie civile : les généraux quittant l'active sont d'abord versés dans le cadre de réserve.

Quant aux hommes politiques, quand ils perdent leur mandat, on les met en réserve de la République.

Le pouvoir et les privilèges passent aussi par le vocabulaire. Il y a des mots qui font mal et qui coûtent cher.

Trop souvent, la retraite est effectivement vécue comme une défaite, sans doute parce que la coupure est trop brutale avec la vie active. On est séparé du jour au lendemain de son milieu de travail et des relations qu'on y possédait. On perd, quand on l'avait, le pouvoir de décider, en tout cas, celui d'agir : on se retrouve amputé, avec l'impression d'avoir été victime d'un accident.

Un retraité ne manque pas forcément d'occupations : cultiver son jardin, bricoler, aller voir des amis, voyager, faire ce qu'on n'avait pas le temps de faire aussi longtemps qu'on travaillait. Il y a beaucoup de retraités heureux. D'autres ont du mal à se contenter de cet ersatz d'activité. C'est qu'il y manque le sentiment d'être directement utile à la collectivité, ainsi que la valorisation qui s'y attache ».

Marcel Bleustein Blanchet, « Une vie active en peau de chagrin », © *Le Monde*, 7 octobre 1977.

Résumé

Dans le langage militaire, le mot retraite renvoie à l'idée de défaite. Cette connotation — qui fait bannir le terme de certaines corporations — recouvre d'ailleurs assez bien cette brutale perte de responsabilité que ne sauraient compenser les activités de substitution. *(41 mots)*

Exercice n° 31

Résumer le passage suivant en 25 mots. Vous intercalerez les exemples à l'intérieur d'une incidente.

C'est que nous gardons l'habitude de distinguer entre notre espèce et nos civilisations. On n'avait pas attendu Valéry pour comprendre qu'elles étaient mortelles. L'archéologie, à présent, les exhume par douzaines. Mais les pyramides et les temples d'Egypte, et au contraire l'effacement de Troie suffiraient à prouver que les grandes cultures avaient fleuri et disparu.

Du moins n'avaient-elles pas engagé l'espèce. Les empires croulaient, l'humanité n'était pas affectée par leurs effondrements, elle restait divisée en ensembles distincts et évitait ainsi de mettre tous ses œufs dans le même panier. Le malheur des uns étant inconnu des autres, on pouvait même se flatter qu'il leur profitait.

Emmanuel Berl, *Le Virage*, 1973.

Résumé

Si nous savions que les civilisations les plus développées — telles Troie ou l'Egypte — peuvent disparaître, leur écroulement n'affectait pas le reste du monde. *(24 mots)*

b) Le détachement en tête

Ce procédé est encore commode pour raccourcir l'expression. Il s'apparente au précédent et se confond, fonctionnellement, avec la mise en apposition. Le mot mis en relief peut être de nature diverse, mais il sera, le plus souvent, un adjectif ou un participe. La langue classique connaissait parfaitement le procédé comme l'attestent ces exemples cités par Grévisse (*Le Bon Usage*) pour exprimer certaines nuances :

- *le temps* : « Et monté sur le faite, il aspire à descendre » (Corneille)
- *la cause* « Eloignés des honneurs [...] ils sont prêts à en acquérir par leur travail. » (Montesquieu)
- *la supposition, la condition* : « L'action, commencée deux heures plus tôt, eût été finie à quatre heures. » (Victor Hugo)

Le procédé permet de faire l'économie d'une subordonnée circonstancielle — tout en donnant vigueur et densité au style.

Exercice n° 32

Sur le texte suivant, donner un résumé en 20 mots qui détache, en tête, l'idée de « corps ».

Dans la panoplie de la consommation, il est un objet plus beau, plus précieux, plus éclatant que tous — plus lourd de connotations encore que l'automobile qui pourtant les résume tous : c'est le CORPS. Sa « redécouverte », après une ère millénaire de puritanisme, sous le signe de la libération physique et sexuelle, sa toute-présence (et spécifiquement du corps féminin, il faudra voir pourquoi) dans la publicité, la mode, la culture de masse — le culte hygiénique, diététique, thérapeutique dont on l'entoure, l'obsession de jeunesse, d'élégance, de virilité/féminité, les soins, les régimes, les pratiques sacrificielles qui s'y rattachent, le Mythe du Plaisir qui l'enveloppe — tout témoigne aujourd'hui que le corps est devenu objet de salut. Il s'est littéralement substitué à l'âme dans cette fonction morale et idéologique.

Jean Baudrillard, *La Société de consommation*, 1970.

Résumé

Objet suprême et idéal de la consommation, le corps, longtemps proscrit, envahit notre vie et imprime à notre culture une nouvelle éthique. *(22 mots)*

Cf. l'exercice n° 23 et le participe « définie » en tête.

Exercice n° 33

Même travail sur le texte suivant (résumé en 20 mots). Faites ressortir l'idée initiale par un détachement.

Il est question du culte de l'Honneur, vertu essentielle.

Je ne vois point qu'elle soit affaiblie et que rien l'ait usée. Ce n'est point une idole, c'est, pour la plupart des hommes, un dieu, et un dieu autour duquel bien des dieux supérieurs sont tombés. La chute de tous leurs temples n'a pas ébranlé sa statue.

Une vitalité indéfinissable anime cette vertu bizarre, orgueilleuse, qui se tient debout au milieu de tous nos vices, s'accordant même avec eux au point de s'accroître de leur énergie. — Tandis que toutes les vertus semblent descendre du ciel pour nous donner la main et nous élever, celle-ci paraît venir de nous-même et tendre à monter jusqu'au ciel. — C'est une vertu tout humaine que l'on peut croire née de la terre, sans palme céleste après la mort ; c'est la vertu de la vie.

Telle qu'elle est, son culte, interprété de manières diverses, est toujours incontesté. C'est une religion mâle, sans symbole et sans images, sans dogme et sans cérémonies, dont les lois ne sont écrites nulle part ; — et comment se fait-il que tous les hommes aient le sentiment de sa sérieuse puissance ? Les hommes actuels, les hommes de l'heure où j'écris sont sceptiques et ironiques pour toute chose hors pour elle. Chacun devient grave lorsque son nom est prononcé. — Ceci n'est point théorie, mais observation. — L'homme, au nom d'honneur, sent remuer quelque chose en lui qui est comme une part de lui-même, et cette secousse réveille toutes les forces de son orgueil et de son énergie primitive. Une fermeté invincible le soutient contre tous et contre lui-même à cette pensée de veiller sur ce tabernacle pur, qui est dans sa poitrine comme un second cœur où siégerait un dieu. De là lui viennent des consolations intérieures d'autant plus belles qu'il en ignore la source et la raison véritables ; de là aussi des révélations soudaines du vrai, du beau, du juste ; de là une lumière qui va devant lui.

A. de Vigny, *Servitude et Grandeurs militaires.*

Résumé

Solidement adossée à nos vices, cette vertu essentielle est l'objet d'un culte tacite et profond qui illumine les conduites humaines. *(22 mots)*

c) Les pronoms indéfinis

Quand il s'agit de désigner un ensemble de choses ou, plus fréquemment encore, un ensemble de personnes de nature variée, le pronom indéfini permet une synthèse rapide. Plutôt que d'entrer dans le détail des divers auteurs d'une étude, des diverses conséquences d'une réforme, on peut globaliser l'idée par un « nominal » de substitution. Les pronoms indéfinis — dont nous donnons une liste rapide — peuvent s'employer en fonction de sujets ou d'objets : *chacun, on, nul, n'importe qui (quoi), plusieurs, quiconque, pas un, personne, rien, certains* (et quelques adverbes de quantité qui jouent le même rôle : *beaucoup, combien, peu,* etc.).

Exercice n° 34

Résumer le texte suivant en vous efforçant d'utiliser des pronoms indéfinis pour désigner les groupes de personnes évoquées. (40 mots)

Les nouvelles sectes, sinon comme réalité massive (les moonistes dont on parle tant ne sont, paraît-il, que 600 en France), du moins comme phénomène qui frappe et interroge l'opinion, posent des questions à la fois dans l'ordre politique et dans l'ordre religieux. Cela, tout le monde l'admet. Mais la manière dont on affecte les divers éléments du problème des sectes au politique et au religieux peut varier considérablement.

Les associations qui ont soulevé le problème des sectes se réclament de la « défense de la famille et de l'individu ». Elles se donnent pour tâche la lutte contre le conditionnement, l'exploitation matérielle et sentimentale qui sévissent dans certaines sectes.

Selon leur perspective, la cause du développement des sectes est religieuse. La cause, c'est la perte de l'autorité, de la capacité de mobilisation que possédaient jadis les Eglises. Le dévouement à l'institution, la joie de se sentir guidé, la présence rassurante d'hommes consacrés, sûrs de leur mission, autant d'éléments du fonctionnement ecclésial que l'on a vus devenir rares au cours des dernières années.

Paul Thibaud, « Sectes, Politique et religion »,
© *Esprit*, 1978.

Résumé

Si chacun reconnaît la portée politique et religieuse du problème des sectes, la nature de cette relation est différemment perçue. Pour la plupart, le développement des sectes serait dû au déclin des églises et des valeurs qu'elles représentent. *(39 mots)*

Cf. aussi l'exercice n° 29 et l'utilisation de ON en position de sujet ; même chose dans l'exercice n° 18.

Cette technique présente évidemment le risque d'aboutir à une relative imprécision dans le propos. A vous de savoir l'employer avec mesure et dans des situations adaptées.

d) Les illustrations et les comparaisons

Il est parfois impossible de supprimer tout à fait l'exemple ou l'analogie largement développés dans l'énoncé. Cette illustration peut, dans ce cas, être introduite de manière rapide, à l'intérieur d'une incidente ou dans le corps de la phrase, mais rarement dans une proposition indépendante qui allonge et alourdit le propos. La manière la plus traditionnelle est d'utiliser les formules comparatives « comme », « tel » (dont l'emploi peut manquer de légèreté) ou mieux encore les expressions du type : *à l'image de, à la suite de, à l'instar de* ou, au négatif, *à l'inverse de, à la différence de...* etc.

Nous ne donnons pas d'exercice pour ce point : il est aisé à comprendre et à appliquer. Vous pourrez vous reporter pour des applications aux exercices n° 29 et 31.

La confrontation de deux idées peut se faire à l'aide, évidemment, de la gamme des comparatifs. Mais lorsqu'une idée vient en renchérissement d'une idée précédente, aggravation ou amélioration, on peut relancer la phrase en commençant par la tournure *mieux (encore), pire(encore),* procédé rapide et économique.

e) Les effets oratoires

Pour être efficace et court, votre résumé doit supprimer tout ce qui n'est pas absolument indispensable à la compréhension. Les recherches rhétoriques par lesquelles l'auteur affirme son style et assure sa démonstration n'ont plus guère leur place dans un condensé réduit. Ceci vaut tout particulièrement pour les procédés oratoires comme l'annonce du plan (ce que les anciens appelaient *divisio*), la fausse interrogation, l'anaphore.

• *L'annonce du plan*

Si le texte commence par une introduction chargée d'expliquer que le raisonnement suivra, par exemple, trois moments, qui seront successivement repris, il semble inutile de reproduire cet avertissement liminaire. On peut (sauf si la présentation est longue et importante) faire l'économie de quelques phrases sans conséquence pour la clarté et la fidélité de la restitution.

Exercice n° 35

Résumer le texte suivant. (25 mots)

Trois méthodes peuvent être proposées pour protéger le devenir de l'homme : l'arrêt du progrès, le secret, l'étude scientifique et rationnelle des questions posées.

L'arrêt du progrès a été envisagé sous des formes variées, l'arrêt pouvant se situer à des périodes diverses, aux premiers temps de l'humanité, pour être fidèle à Rousseau au temps de la brouette de Pascal, ou vers 1900, pour garder la bicyclette et l'eau courante.

D'assez nombreux chercheurs subissent la tentation du secret. Gravement préoccupés par l'exemple des physiciens et des conséquences dramatiques de leurs découvertes, ils se proposent de demeurer silencieux, de ne pas révéler leurs progrès.

L'arrêt des recherches comme le silence paraissent peu raisonnables. C'est probablement la science fondamentale qui apportera la solution de certaines des difficultés actuelles.

Pr. Jean Bernard, © *Le Monde*, 18 septembre 1974.

Résumé

L'avenir de l'homme n'est ni dans l'interruption des recherches, ni dans le secret stérile, mais dans le développement de la science fondamentale. *(26 mots)*

• *La fausse interrogation*

Des préoccupations formelles conduisent parfois l'auteur à présenter le problème sous forme de questions à résoudre — auxquelles il tente de donner, ensuite, les réponses. Votre contraction s'attachera, quant à elle, aux seules réponses, c'est-à-dire à l'élément signifiant du discours.

Exercice n° 36

Résumer le texte suivant. (15 mots)

Que doit être un journal télévisé ? Qu'est-ce qui peut faire l'originalité d'un journal quand il est télévisé, et non pas imprimé ou parlé ? Naïvement, on serait tenté de répondre que c'est l'image, et l'image mobile, l'image vivante. Ensuite, que cette image doit être vue sur le vif, ou, tout au moins, diffusée quelques heures à peine après l'événement

Jean-François Revel, *L'Express*, 1980.

Résumé

On attendrait du journal télévisé qu'il montre surtout des images et, de préférence, récentes. *(15 mots)*. (Cf. plus loin exercice n° 38)

• *L'anaphore*

C'est encore là un procédé oratoire que vous pourrez difficilement reproduire. La reprise anaphorique du même élément, quand elle est rapide, peut faire l'effet d'un regroupement synthétique, bref et avantageux.

Exercice n° 37

Résumer le texte suivant. (50 mots)

Aimer Molière, j'entends l'aimer sincèrement et de tout son cœur, c'est, savez-vous, avoir une garantie en soi contre bien des défauts, bien des travers et des vices d'esprit. C'est ne pas aimer d'abord tout ce qui est incompatible avec Molière, tout ce qui lui était contraire en son temps, ce qui lui eût été insupportable du nôtre.

Aimer Molière, c'est être guéri à jamais, je ne parle pas de la basse et infâme hypocrisie, mais du fanatisme, de l'intolérance et de la dureté en ce genre, de ce qui fait anathémiser et maudire. [...].

Aimer Molière, c'est être également à l'abri et à mille lieues de cet autre fanatisme politique, froid, sec et cruel, qui ne rit pas, qui sent son sectaire, qui, sous prétexte de puritanisme, trouve moyen de pétrir et de combiner tous les fiels, et d'unir dans une doctrine amère les haines, les rancunes et les jacobinismes de tous les temps. Ce n'est pas être moins éloigné, d'autre part, de ces âmes fades et molles, qui, en présence du mal, ne savent ni s'indigner ni haïr.

Aimer Molière, c'est être assuré de ne pas aller donner dans l'admiration béate et sans limite pour une Humanité qui s'idolâtre et qui oublie de quelle étoffe elle est faite et qu'elle n'est toujours, quoi qu'elle fasse, que l'humaine et chétive nature. Ce n'est pas la mépriser trop pourtant, cette commune humanité dont on rit, dont on est, et dans laquelle on se replonge chaque jour avec lui par une hilarité bienfaisante.

Aimer et chérir Molière, c'est être antipathique à toute manière dans le langage et l'expression ; c'est ne pas s'amuser et s'attarder aux grâces mignardes, aux finesses cherchées, aux coups de pinceau léchés, au marivaudage en aucun genre, au style miroitant et artificiel.

Aimer Molière, c'est n'être disposé à aimer ni le faux bel esprit, ni la science pédante ; c'est savoir reconnaître à première vue nos Trissotins et nos Vadius jusque sous leurs airs galants et rajeunis ; c'est ne pas se laisser prendre aujourd'hui plus qu'autrefois à l'éternelle Philaminte, cette précieuse de tous les temps, dont la forme seulement change et dont le plumage se renouvelle sans cesse : c'est aimer la santé et le droit sens de l'esprit chez les autres comme pour soi — Je ne fais que donner la note et le motif ; on peut, continuer et varier sur ce ton.

Sainte-Beuve, *Nouveaux Lundis.*

Résumé

Aimer Molière nous garantit d'un certain nombre de déformations. De l'intolérance méchante, du sectarisme politique ou de la fade neutralité ; de l'idolâtrie excessive ou du dénigrement systématique de l'humanité ; du style ampoulé, léché, recherché et de toute affectation d'esprit ou de comportement ; du pédantisme et de la préciosité. *(51 mots)*

f) L'ellipse

Il serait ridicule, et ce qui précède le montre bien, de réduire les exigences du résumé à une pointilleuse entreprise de décompte des mots. Pourtant, il arrive que l'on en soit réduit à gagner quelques termes par ci par là pour éviter une fâcheuse pénalisation. Sans verser dans le schématisme, on peut, modérément, pratiquer l'ellipse. Chaque fois que la syntaxe le permet, on pourra omettre un ou plusieurs mots, soit sous forme de ce que les rhétoriciens appellent la « brachylogie » soit dans une sorte de « mise en facteur commun » :

– la brachylogie est cet ancien procédé qui « consiste à ne pas répéter un élément précédemment exprimé » comme l'explique Grévisse qui donne cet exemple : Donner cent francs, c'est une générosité, (donner) mille (c'est) une largeresse. (*Le Bon Usage,* p. 168). (Cf. le fameux vers de Racine : « *Je t'aimais inconstant, qu'aurais-je fait fidèle ?* »)

– la « mise en facteur commun » d'un élément du discours peut aider à raccourcir l'expression.

« Les mains cessent de prendre
Les bras d'agir, les jambes de marcher ». La Fontaine

« Mon cœur fut ta prison, mes faveurs tes liens ». Corneille

Exercice n° 38

Résumer le texte suivant. (30 mots)

Que nous reste-t-il de sacré ?

Dans le naufrage universel des croyances, quels débris où se puissent rattacher encore les mains généreuses ? Hors l'amour du *bien-être* et du luxe d'un jour, rien ne se voit à la surface de l'abîme. On croirait que l'égoïsme a tout submergé, ceux-mêmes qui cherchent à sauver les âmes et qui plongent avec courage se sentent prêts à être engloutis. Les chefs des partis politiques prennent aujourd'hui le catholicisme comme un mot d'ordre et un drapeau ; mais quelle foi ont-ils dans ses merveilles, et comment suivent-ils sa loi dans leur vie ? — Les artistes les mettent en lumière comme une précieuse médaille, et se plongent dans ses dogmes comme dans une source épique de poésie ; mais combien y en a-t-il qui se mettent à genoux dans l'église qu'ils décorent ? Beaucoup de philosophes embrassent sa cause et la plaident, comme des avocats généreux celle d'un client pauvre et délaissé ; leurs écrits et leurs paroles aiment à s'empreindre de ses couleurs et de ses formes, leurs livres aiment à s'orner de ses dorures gothiques, leur travail entier se plaît à faire serpenter, autour de la croix, le labyrinthe habile de leurs arguments ; mais il est rare que cette croix soit à leur côté dans la solitude. — Les hommes de guerre combattent et meurent sans presque se souvenir de Dieu. Notre siècle sait qu'il est ainsi, voudrait être autrement et ne le peut pas. Il se considère d'un œil morne, et aucun autre n'a mieux senti combien est malheureux un siècle qui se voit.

Vigny, *Servitude et Grandeur militaires.*

Résumé

Notre siècle n'offre plus le sens du sacré. Le catholicisme est oublié par tous ; les hommes politiques sont trop calculateurs, les artistes trop esthètes, les philosophes trop abstraits, les soldats trop indifférents. *(32 mots)*

g) Faire court grâce aux substitutions

Voici, pour terminer cette longue rubrique de la concision quelques « trucs » qui vous permettront, dans les moments de difficulté, de réduire votre résumé de quelques mots superflus.

- Remplacement d'un verbe transitif indirect par un verbe transitif direct, ce qui permet d'économiser la préposition :

ex : – Je me souviens de la journée = Je me rappelle la journée.
– L'alcool nuit à sa santé = l'alcool détruit sa santé.
– Un nuage orageux plane sur la ville = un nuage orageux recouvre la ville.

- Remplacement des verbes pronominaux par des verbes simples : s'apercevoir = constater ; se promener = errer ; se repentir = regretter ; se servir de = utiliser ; etc.

- Remplacement du groupe nominal (article + nom) par l'infinitif substantivé (cf. exercice n° 20) :

ex : – La mort est une échéance inévitable = mourir est une échéance inévitable.
– La maîtrise de l'avenir devient nécessaire = maîtriser l'avenir devient nécessaire.

- Remplacement du groupe nominal par un adverbe :

ex : – On s'interroge sur la manière de soigner ce mal = on se demande *comment* soigner ce mal.
(Même emploi pour *combien, pourquoi,* etc.)
– Le monde du XXe siècle... = le monde d'aujourd'hui... (Même emploi pour hier, demain, etc.)

- Remplacement du groupe prépositionnel (préposition + nom) par un adjectif :

ex : – Une promenade à pied = une promenade pédestre.
– Une créature de Dieu = une créature divine.
– Un homme de génie = un homme génial.
– Une maison dans la forêt = une maison forestière.

Le procédé est également utilisable pour les noms propres :

ex : – La production de l'Espagne = la production espagnole.
– L'ironie de Voltaire = l'ironie voltairienne.

- Remplacement du groupe prépositionnel par un adverbe :

ex : – Il conduit avec prudence = il conduit prudemment.
– Il s'enrichit sans vergogne = il s'enrichit ostensiblement.
– L'analyse pêche au point de vue intellectuel = intellectuellement.
– Ils l'ont fait contre leur gré = involontairement.

- Remplacement du négatif par le positif :

ex : – L'homme ne connaît pas son destin = l'homme ignore son destin.
– Souvent on ne croit pas les menteurs = souvent on suspecte les menteurs.
– L'histoire n'oublie pas les hommes célèbres = L'histoire se souvient des hommes célèbres.
– Parler ne lui plaît pas = Parler lui répugne = Il déteste parler.

- Remplacement de deux groupes prépositionnels coordonnés par un groupe nominal (nom + adjectif). (Procédé inverse de l'*hendiadys,* fréquent en poésie latine) :

ex : – Une philosophie remplie de bienveillance et de bonté = une philosophie remplie d'une bienveillante bonté.

- Utilisation du subjonctif et surtout de l'impératif pour rendre, brièvement, l'exhortation, le souhait, la volonté :

ex : – Qu'ils décident enfin de construire...
– Encourageons les expériences qui...

- Remplacement du passif par l'actif :

ex : – La réalité a été perçue différemment par les spécialistes = les spécialistes ont perçu différemment la réalité.

- Remplacement d'une subordonnée par un terme unique.

Subordonnée de cause par un infinitif :

ex : – Parce qu'il avait compris le manège, le juge décida... = Pour avoir compris le manège...

Subordonnée de cause par un nom précédé d'une préposition :

ex : – Je consentis parce qu'il me le demandait = A sa demande, je consentis. = Devant son insistance...(Même emploi pour en, par, sous, sur).

Subordonnée relative par un adjectif ou un participe :

ex : – C'est le but que je me suis fixé = c'est le but visé.
– Les enfants qui manquent du nécessaire = les enfants nécessiteux.

Nous récapitulons, sous forme de tableau, les rubriques que l'on peut travailler séparément et les exercices qui s'y rapportent :

Tableau n° 4

Approche du texte		Rédaction du résumé					
		Cohésion		Précision		Concision	
Difficultés	Numéros d'exercices	Procédés	ex.	Procédés	ex.	Procédés	ex.
1. Mots-clés	1-2						
2. Mots de liaison	3-4-5	Articulations	17	Nuances	23	Insertion incidente	30-31
3. Catégories	6-7-8	Balancements	18-19-20	Repères chronologiques	24	Détachement en tête	32-33
4. Découpage du texte	9-10	Relativisation	21-22	Énumérations	25-26-27	Pronoms indéfinis	34
5. Du concret à l'abstrait	11-12-13	Style écrit		Chiffres	28-29	Illustrations	
6. Aller à l'essentiel	14-15-16					Effets oratoires Ellipse Substitution	35-36-37 38

4. L'élégance

Le triptyque cohésion — précision — concision, s'il permet commodément de regrouper les conseils méthodologiques, ne rend pourtant pas compte d'une exigence essentielle dans le travail de rédaction, c'est évidemment l'*élégance de la forme*. Il est malheureusement peu facile en quelques mots de vous fournir la clé du beau style ! Tout au plus peut-on vous rappeler certains défauts à éviter (tels que les mentionnent les rapports de jury) :

- pas de termes familiers, vulgaires ;
- pas de clichés, de formules toutes faites, de proverbes ;
- pas d'expressions pseudo-savantes, de termes à la mode, de jargon ;
- pas de mots composés prétentieux et obscurs (le « problème-jeunesse », le « Texte-Phèdre », le comportement « éthico-politique », le « spatio-temporel », le « verbo-conceptuel », l'« action/jeu » et l'« action-mort », etc.)
- pas de solécismes, même à la mode (« réaliser » au sens de prendre conscience, du point de vue suivi d'un nom...) ;
- pas de cascade de mots abstraits, notamment les termes en -tion qui s'enchaînent lourdement !

Ajoutons, enfin, quelques ultimes conseils qui vous préserveront peut-être de certaines mésaventures :

- Réservez-vous un temps nécessaire pour recopier soigneusement votre brouillon. Appliquez-vous dans l'écriture (écrivez toujours à l'encre) ; évitez les ratures (de même que ces mots effacés, qui laissent des blancs accusateurs !) ; respectez tout particulièrement l'orthographe (rappelez-vous les sanctions !) ; soignez tout spécialement la ponctuation (en utilisant tous les signes qui doivent vous aider à économiser des mots), l'accentuation (source de fautes jugées inadmissibles à votre niveau).
- Calculez bien votre temps : l'épreuve de contraction est souvent une épreuve contre la montre. Il vous faut le temps de relire, et bien.
- En recopiant, vérifiez bien de ne pas avoir oublié une partie du résumé sur votre brouillon : une phrase omise peut entraîner des conséquences catastrophiques.
- Observez scrupuleusement ce qu'on vous demande : nombre de mots, numérotation, décomptes intermédiaires, titres, etc. Mais n'en faites pas plus : ce serait prendre des risques inutiles !

5. Le choix d'un titre

Il n'est pas rare que, parallèlement à la contraction d'un texte, il vous soit demandé de lui attribuer un titre (c'est l'usage, par exemple, au concours Ecricome). Ce complément ne doit pas être pris à la légère car le titre est le reflet sans appel de la compréhension du texte et hypothéquera l'appréciation générale de la copie. Or, on n'improvise pas, à la dernière minute, un bon titre. Il est souhaitable d'avoir réfléchi à ses exigences et caractéristiques.

Voici, rapidement et en **10 points**, quelques recommandations à propos du titre.

1. Traditionnellement le titre est affecté du... vingtième de la note globale, soit un point sur vingt. Ce n'est pas une raison pour *l'oublier* (cas fréquent) ou pour le mépriser (outre la pénalisation, le correcteur sera indisposé par un titre inadapté, absurde ou en contresens).
2. Le titre doit être choisi à la fin du travail de lecture et même de rédaction, avant la remise au propre du résumé. Il doit pourtant être placé en tête de l'épreuve — ce qui est lui rendre sa vraie fonction.
3. Les mots du titre ne comptent jamais dans le total des mots utilisés pour la contraction.
4. Un titre ne doit jamais être trop *long*. Au-delà de six à sept mots, le titre prend des allures caricaturales ou parodiques. Comme celui que nous aurions pu proposer pour le texte n° 7 : « Tout ce que vous avez toujours voulu savoir sur le terrorisme sans avoir jamais osé le demander ».
5. Le titre n'est pas un résumé du résumé. C'est par convention narrative que Rabelais utilisait des titres récapitulatifs du type : « Comment Gargantua paya sa bienvenue aux Parisiens et comment il prit les grosses cloches de l'église Notre-Dame » (*Gargantua,* Ch. XVII). Rien de tel ici.
6. Le titre est *métonymique*, c'est-à-dire qu'il sélectionne dans l'ensemble de l'énoncé l'idée qui paraît la plus significative et accepte de sacrifier les autres. Il en est ainsi pour le texte de Jean-Philippe Barde (n° 9) qui choisit d'insister sur un seul aspect du propos.
7. L'exigence métonymique autorise à utiliser comme titre une expression du texte jugée particulièrement représentative. Principe à user avec précaution.
8. Le titre est une *vitrine*. Il doit donc donner envie de lire le texte grâce à son caractère tantôt énigmatique, tantôt provocateur, tantôt prometteur. Elégant et alléchant en tout cas.
9. La forme du titre n'est pas indifférente. Il est souvent constitué d'une phrase *nominale* (il est peu habile, sauf par volonté délibérée, d'utiliser des verbes conjugués dans le titre). Les structures les plus habituelles sont binaires : syntagme nominal + préposition + syntagme nominal (par exemple « La démocratie en danger », le texte 23 « Les rites d'institution ») ; ou syntagme nominal 1 + syntagme nominal 2. De la même façon, le titre peut souvent être interrogatif (ainsi pour le texte 2 « Vers une culture unique ? »).
10. Enfin le titre peut, suivant les circonstances, sacrifier à l'humour. La presse a désormais largement recours aux titres calembours, a-peu-près, double-sens, pastiche. La pratique est délicate et exige la prudence mais... pourquoi pas, s'il n'y pas faute de goût ?

Conclusion

L'ensemble des procédés qui précèdent doit constituer pour vous un large réservoir dans lequel vous pourrez puiser en fonction de l'effet recherché. Il est hors de question que vous utilisiez toutes ces techniques dans le même texte ; il est peu souhaitable aussi que vous en systématisiez l'emploi au point de succomber à des tics d'écriture : préservez votre style et votre personnalité. Il est bon que vous sachiez en revanche que face à des difficultés particulières, certains procédés offrent une commode solution. Peut-être faudra-t-il, pour vous, travailler davantage un point plutôt qu'un autre ; à vous de mesurer vos faiblesses et de poursuivre l'entraînement sur quelques unes de vos lectures. Ce qu'il faut, c'est identifier les problèmes, connaître les solutions ; le reste est affaire d'entraînement et de volonté. Aussi bien dans la rédaction que dans la compréhension vous devriez être prêts, maintenant, à vous lancer dans l'épreuve véritable. Notre troisième partie va vous permettre la confrontation.

Troisième partie

Les textes d'épreuves

Ce chapitre propose une série de divers exercices. Les textes, de nature, de longueur, de densité différentes, ont parfois été effectivement posés à des concours ; le plus souvent, pour garder à cet ouvrage un aspect original, ils ont été choisis dans l'esprit de ce qui vous est habituellement demandé. Ils sont classés d'abord en fonction de leur format et, parallèlement, en fonction de leur difficulté.

Vous trouverez d'abord une série de textes brefs (de moins de 1000 mots, puis des épreuves un peu plus longues (entre 1000 et 2000 mots), avant d'en venir aux textes les plus importants (qui tournent tous autour de 4000 mots). Cet ordre permet de respecter une progression dans l'entraînement.

Nous n'avons pas voulu alourdir inconsidérément cette mise en pratique par un trop grand appareil de notes, par des commentaires, des explications. Les premiers énoncés sont accompagnés d'un minimum d'indications sur le texte, ses difficultés, parfois son environnement culturel. Nous donnons, pour la première épreuve, un exemple de plan détaillé ; l'exercice pourra être mené surtout pour les textes courts de la première série. Pour l'ensemble des textes, nous donnons un résumé personnel ; il ne s'agit pas d'un « corrigé-type » (une infinité de contractions différentes, et parfois fort bonnes, sont possibles pour un même énoncé) ; à peine un exemple, une référence (perfectible) qui vous permet d'avoir un point de comparaison avec votre propre production. Pour certains de ces résumés nous avons ajouté quelques mots de rapide commentaire qui renvoient, le plus souvent, aux conseils méthodologiques des parties précédentes.

A vous donc de vous lancer en utilisant éventuellement, d'abord, les quelques aides fournies pour les premiers textes, en empoignant directement (dans les temps de concours si possible) les dernières épreuves nues.

Chapitre 1
Les textes courts

Quel que soit le type de concours ou d'examen auquel on doit se confronter, il n'est pas mauvais de commencer l'apprentissage de la contraction par des textes de moins de mille mots. Les principes méthodologiques sont les mêmes, mais le format de l'énoncé permet une résolution plus facile, dans un temps relativement bref, à une échelle aisée à maîtriser. Pour certains de ces textes nous fournirons quelques indications et directives. Pour tous nous proposerons un ou plusieurs résumés. La longueur de ces premiers textes est donc, approximativement, celle du baccalauréat. La difficulté est parfois légèrement supérieure. Ils constituent pour tous un bon entraînement.

Texte n° 1

1. Résumer ce texte en 100 mots.
2. Donner un titre.

La réduction de la politique à un spectacle de marionnettes et la baisse de la participation électorale sont deux phénomènes différents mais qui concourent aux mêmes conséquences : 1. déclin du caractère universel du suffrage ; 2. réduction de ses attributions.

1. Sauf circonstances exceptionnelles, la population, dans les démocraties libérales, tend spontanément à se répartir, conformément aux idées de Sieyès sous la Révolution, en deux catégories : les citoyens actifs et les citoyens passifs. Les premiers, les plus aisés, les mieux intégrés à la société, s'intéressent à la politique et exercent la totalité de leurs droits, électoraux en particulier. Les seconds, résignés à leur insignifiance sociale, ne se sentent guère concernés par la vie publique : ils la considèrent comme un spectacle, qu'il leur arrive de regarder distraitement à travers le « Bébête Show ». Lors de son excellente « Heure de vérité » de lundi dernier, Raymond Barre a rapporté que les gens simples commencent à le tenir comptable des gestes et des propos de l'ours Barzy aux étranges lucarnes... Aux Etats-Unis, les deux tiers des non-inscrits sur les listes électorales ont des revenus modestes et appartiennent à des minorités. Elle est déjà là, sous nos yeux, la société à deux vitesses ! Et elle ne concerne pas que l'économique et le social, elle gagne le politique !

Ainsi, nous assistons à une véritable nécrose des droits civiques. Sous l'effet anesthésiant de deux facteurs différents et même opposés : la paix sociale et l'exclusion, la politique se rétracte insensiblement et retourne peu à peu à ses origines aristocratiques. La division entre gouvernants et gouvernés tend à redevenir ce qu'elle était sous l'Ancien Régime : non une division fonctionnelle et toujours révocable des rôles mais une distribution stable de la société en véritables ordres sociaux. Le déclin de la lutte des classes annoncerait-il la renaissance d'une société d'ordres ? Il n'est pas jusqu'à la présidence de la République qui, au travers de ses dépositaires successifs, ne tende à occuper dans l'esprit des Français la place jadis tenue par l'ancienne monarchie.

2. Certes, le suffrage continue de jouer un rôle fondamental : celui de la sentinelle de la liberté. Le droit de désigner les gouvernants, et plus encore de les éliminer, est, comme l'a bien vu Karl Poper, consubstantiel à la démocratie libérale. En revanche, il permet de moins en moins d'associer les citoyens au gouvernement de la cité. Longtemps, le vote pour un programme a donné le change ; car le programme (c'est-à-dire le contrat passé entre le représentant et le représenté) était, au sein de la démocratie représentative, la butte-témoin de l'impossible démocratie directe.

Ainsi, les deux fonctions traditionnellement confondues du suffrage — désignation du personnel politique et définition de la politique à suivre — tendent à se dissocier. La seconde échappe complètement au suffrage, au profit de deux instances rivales : une super-élite très fermée de décideurs, une opinion publique qui influence directement les gouvernants, par-dessus les instances élues. Quand il s'agit des grandes questions de société comme l'école (affaires de l'enseignement privé en 1984, de la sélection dans l'enseignement en 1986), la santé, l'information, le poids de l'opinion, mesuré par des manifestations, des grèves, des campagnes de presse, des enquêtes, l'emporte régulièrement sur les engagements électoraux.

L'affaiblissement et la fragmentation du suffrage universel nous engagent simultanément dans deux directions différentes : la voie charismatique d'une part, où la personnalité des chefs joue un rôle croissant ; la voie techno-populiste de l'autre, fruit d'un arbitrage permanent entre le pouvoir décisionnaire de la super-élite et les injonctions soudaines, parfois imprévisibles, de l'opinion publique.

Le résultat est une sorte de charisme rationalisé où les rustiques de la démocratie antique se perdent dans la violence feutrée des conseils d'administration.

Jacques Julliard, © *Le Nouvel Observateur*
Novembre 1988.

☞ Pour vous guider...

Le texte aborde un sujet politique lié à l'actualité (il est tiré d'un hebdomadaire et une référence date). Le résumé ne sera pas facile car le format est exigeant et les idées exprimées se dissolvent dans l'illustration concrète ou dans l'abstraction historico-philosophique. Vous serez aidé par l'introduction qui annonce le plan et la numérotation des deux arguments (cf. ex. n° 35). Il faudra toutefois trouver le lien qui unit les deux idées. Les exemples seront fondus dans une formulation abstraite. L'auteur, Jacques Julliard, est éditorialiste au Nouvel Observateur *et auteur de plusieurs ouvrages de réflexion politique.*

Résumé

La démocratie en danger

La dérision ou l'indifférence à l'égard de la politique a pour première conséquence la remise en cause des droits civiques. De nombreux citoyens se désintéressent de la vie publique ou l'observent avec amusement au risque de constituer, comme sous l'Ancien Régime, un « état inférieur ».

L'autre conséquence est celle du déclin du jeu démocratique. Si le peuple est toujours chargé de choisir ses responsables, il ne lui revient plus de contrôler les orientations politiques des gouvernants. Au risque de devenir prisonnier d'une ultime alternative : s'en remettre au chef charismatique ou s'abandonner au pouvoir de la rue. *(100 mots)*

Texte n° 2

1. Résumer ce texte en 100 mots.
2. Donner un titre.

Il est possible, dira-t-on, sur le plan d'une logique abstraite, que chaque culture soit incapable de porter un jugement vrai sur une autre puisqu'une culture ne peut s'évader d'elle-même et que son appréciation reste, par conséquent, prisonnière d'un relativisme sans appel. Mais regardez autour de vous ; soyez attentif à ce qui se passe dans le monde depuis un siècle, et toutes vos spéculations s'effondreront. Loin de rester enfermées en elles-mêmes, toutes les civilisations reconnaissent, l'une après l'autre, la supériorité de l'une d'entre elles, qui est la civilisation occidentale. Ne voyons-nous pas le monde entier lui emprunter progressivement ses techniques, son genre de vie, ses distractions et jusqu'à ses vêtements ? Comme Diogène prouvait le mouvement en marchant, c'est la marche même des cultures humaines qui, depuis les vastes masses de l'Asie, jusqu'aux tribus perdues dans la jungle brésilienne ou africaine, prouve, par une adhésion unanime sans précédent dans l'histoire, qu'une des formes de la civilisation humaine est supérieure à toutes les autres : ce que les pays « insuffisamment développés » reprochent aux autres dans les assemblées internationales n'est pas de les occidentaliser, mais de ne pas leur donner assez vite les moyens de s'occidentaliser.

Nous touchons là au point le plus sensible de notre débat ; il ne servirait à rien de vouloir défendre l'originalité des cultures humaines contre elles-mêmes. De plus, il est extrêmement difficile à l'ethnologue d'apporter une juste estimation d'un phénomène comme l'universalisation de la civilisation occidentale, et cela pour plusieurs raisons. D'abord l'existence d'une civilisation mondiale est un fait probablement unique dans l'histoire, ou dont les précédents seraient à chercher dans une préhistoire lointaine sur laquelle nous ne savons à peu près rien. Ensuite, une grande incertitude règne sur la consistance du phénomène en question. Il est de fait que, depuis un siècle et demi, la civilisation occidentale tend, soit en totalité, soit par certains de ses éléments clefs comme l'industrialisation, à se répandre dans le monde ; et que, dans la mesure où les autres cultures cherchent à préserver quelque chose de leur héritage traditionnel, cette tentative se réduit généralement aux superstructures, c'est-à-dire aux aspects les plus fragiles et dont on ne peut supposer qu'ils soit balayés par les transformations profondes qui s'accomplissent. Mais le phénomène est en cours, nous n'en connaissons pas encore le résultat. S'achèvera-t-il par une occidentalisation intégrale de la planète avec des variantes, russe ou américaine ? Des formes syncrétiques, apparaîtrontelles, comme on en aperçoit la possibilité pour le monde islamique, l'Inde ou la Chine ? Ou bien le mouvement de flux touche-t-il déjà à son terme et va-t-il se résorber, le monde occidental étant près de succomber, comme ces monstres préhistoriques, à une expansion physique incompatible avec les mécanismes internes qui assurent son existence ? C'est en tenant compte de toutes ces réserves que nous tâcherons d'évaluer le processus qui se déroule sous nos yeux et dont nous sommes consciemment ou inconsciemment, les agents, les auxiliaires ou les victimes.

Claude Lévi-Strauss, *Race et Histoire*, © Editions UNESCO, 1952.

☞ Pour vous guider...

Ce court extrait d'une réflexion anthropologique appartient à la catégorie des textes philosophiques. Sa construction en deux paragraphes doit aider l'approche : d'une part un constat (l'occident sert de modèle au monde), d'autre part les conséquences de cette situation (difficulté d'analyse, subtilité du mécanisme...). Il faudra veiller à n'omettre aucune des idées particulièrement nombreuses ici. Claude Lévi-Strauss, le plus important ethnologue actuel, (il est né en 1908) s'est rendu célèbre en 1955 avec Tristes tropiques. *Peu avant il avait écrit, à la demande de l'Unesco, ce texte appelé* Race et Histoire *dans lequel il analysait le rapport de l'Occident aux autres civilisations. Texte posé comme épreuve au baccalauréat.*

Résumé

Vers une culture unique ?

Il est difficile, au nom du relativisme, de hiérarchiser les différentes cultures. Pourtant, la civilisation occidentale est jugée supérieure par l'ensemble du monde qui lui emprunte divers caractères, ou qui souhaite lui ressembler d'urgence.

Cette universalisation du modèle occidental — contre laquelle il serait vain de lutter — échappe à l'analyse. En effet, le processus est d'abord inédit dans l'histoire des hommes ; il semble aussi s'accélérer et, touchant prioritairement les fondements des cultures, défier toute résistance. Qu'il tende vers sa généralisation, vers des métissages culturels ou vers un essoufflement, nous devons en mesurer l'étendue. *(100 mots)*

Texte 3

Proposer un résumé de ce texte en 140 mots (plus ou moins 10 %).

« Le fanatique, disait Freud ironiquement, est un individu capable de prendre au sérieux sa propre étroitesse d'esprit. »

Ce qui le caractérise, c'est non seulement qu'il croit détenir la vérité, mais qu'il veut l'imposer à autrui. La maxime « Vivre et laisser vivre » lui est au mieux étrangère, au pire intolérable. Il se meut dans un système de pensée dichotomique où le blanc ne saurait se confondre avec le noir, le vrai avec le faux, le juste avec l'injuste. Il se sent engagé dans une guerre sainte et éprouve les sentiments d'exaltation et de toute-puissance que procure l'idée d'appartenir aux élus de l'Eternel ou de l'Histoire ; mégalomane, il ne supporte généralement pas la pensée scientifique. « Il n'accepte pas, écrit André Haynal, de voir son rôle réel dans un groupe d'homme, ni les limites de ses possibilités, notamment la mort. »

Le fanatique tolère mal l'ambiguïté et cela non seulement sur les plans intellectuel et affectif, mais aussi perceptif. Les travaux d'une psychologue américaine, Mme Frenkel-Brunswick, sont, à cet égard, particulièrement révélateurs. Ils aboutissent à une conclusion que les réactions à l'ambiguïté se structurent dès le jeune âge. Dans une de ses recherches, Mme Frenkel-Brunswick présente à de jeunes enfants une série de planches où l'image d'un chien est progressivement changée en chat. Les sujets qui perçoivent le moins de figures intermédiaires sont également ceux qui, au niveau du comportement, sont les plus rigides. Ils sont notamment plus racistes que les autres.

Le fanatique veut l'homme autrement qu'il n'est. Il n'accepte pas sa condition et supporte mal la réalité. Il appelle de ses vœux un homme nouveau, un monde régénéré, fût-ce au prix de terribles catastrophes. Il attribue systématiquement les défauts des sociétés non aux limitations de la nature humaine, mais aux fautes des législateurs...

Les aspirations du fanatique peuvent être parfaitement justifiées ; mais il y a dans son désir de les voir réalisées une telle intransigeance, un tel acharnement, un tel désintéressement également, qu'on frémit à l'idée qu'il puisse un jour détenir quelque pouvoir. Et l'on en vient à se demander avec Cioran si le laisser-aller de crapules souriantes ne vaut pas mieux, en définitive, que la vigilance des incorruptibles.

Le fanatisme va de pair avec l'idéalisme autant qu'avec l'insatisfaction de soi et des autres. Aussi est-il le plus souvent réservé à la jeunesse. Il comporte également des degrés. L'incitation au meurtre — pour des raisons raciales, politiques, nationales ou religieuses — est le ticket d'entrée qui permet de participer à cette paranoïa sociale où l'ennemi présumé — le juif, le bourgeois, l'hérétique — est vécu comme un persécuteur contre lequel il est permis de se déchaîner sans culpabilité. « Nous tuons, certes, mais c'est pour le bien de l'humanité », expliquent les fanatiques. Dieu, la nation, la race, la classe, sont autant de fétiches métaphysiques qui justifient leur zèle. N'oublions pas que c'est pour leur éviter la damnation éternelle que les inquisiteurs brûlaient les hérétiques.

Le fanatisme, c'est, en définitive, l'éclipse de l'intelligence, le triomphe de la passion. Les « peut-être » sont les seules briques dont nous disposons pour faire tenir ensemble les murs de cet édifice que nous appelons le monde. Et comme l'écrit Cioran, « dès lors qu'on ne croit plus au caractère interchangeable des idées, le sang coule. »

Roland Jaccard, « Portrait du fanatique »,
© *Le Monde*, 27 février 1980.

☞ **Pour vous guider...**

Il s'agit d'un article de journal à la facture et la structure moins soignées qu'une page d'essai. Texte sociologique dont le contenu est clairement annoncé par le titre. Les difficultés sont de rois ordres : discerner la progression dans le portrait ; transformer les éléments concrets en restitutions abstraites (l'expérience décrite au troisième paragraphe) ; tenir compte, sans les reprendre, des citations (mais que faire de celle qui ouvre le texte ?). Roland Jaccard est journaliste au Monde, *spécialisé dans les questions de psychologie. Il a également écrit plusieurs livres dont un essai sur Freud (P.U.F.) un « Que sais-je ? » sur* La Folie, *ainsi qu'une* Histoire de la psychanalyse *(Biblio-Essais). Ce texte a également été utilisé comme épreuve du baccalauréat.*

Résumé

Le fanatique se définit par le schématisme manichéen de ses jugements dont la certitude lui procure une prétention démesurée. Des expériences montrent que sa rigidité intellectuelle l'empêche de percevoir les nuances, auxquelles ils préfère la solidité des extrêmes.

Cette tendance à l'absolu l'incline à souhaiter une révolution, meurtrière, peut-être, mais apte à corriger les insuffisances de la loi. Un tel désir, même justifié, contient trop d'intransigeance pour ne pas comporter un danger, supérieur, à tout prendre, à celui de la compromission.

Son idéalisme insatisfait, enfin, convient parfaitement à la jeunesse. Poussé à l'extrême, il sert également d'alibi aux dérives violentes ou aux persécutions aveugles. Le fanatique, en effet, a toujours paré ses excès des habits vertueux de la croisade. Etranger à l'intelligence et à sa leçon de tolérance, il est finalement criminel. *(140 mots)*

Texte 4

Résumez ce texte en 150 mots (+ ou - 10 %).

Les ouvrages du XVIe siècle consacrés à la zoologie sont souvent illustrés de superbes gravures représentant les animaux qui peuplent la terre. Dans certains de ces livres, on trouve une description minutieuse de chiens à têtes de serpent. La notion de monstres où se réassortissent les caractères d'espèces différentes n'est pas, en elle-même, particulièrement surprenante : chacun a imaginé ou dessiné de tels hybrides. Ce qui nous déconcerte dans ces ouvrages, c'est qu'au XVIe siècle ces créatures appartenaient, non au monde de l'imaginaire ; mais à la réalité ? Nombre de gens les avaient rencontrées et pouvaient en fournir un portrait détaillé. Ces monstres côtoyaient les animaux familiers de la vie de tous les jours. Ils restaient, pour ainsi dire, dans les limites du possible.

Mais ne rions pas : nous faisons la même chose, avec nos livres de science-fiction par exemple. Les abominables créatures qui chassent le pauvre astronaute perdu sur quelque planète lointaine sont toujours les produits d'une recombinaison entre organismes terrestres. Les êtres venus du fond de l'espace pour explorer notre planète ont toujours un aspect humain. On les voit plus souvent représentés au sortir de leurs soucoupes volantes : ce sont clairement des vertébrés, des mammifères sans le moindre doute, marchant debout sur leurs pattes de derrière. les seules variantes concernent la taille du corps et le nombre des yeux. Bien souvent, ces créatures sont dotées d'un crâne plus volumineux que le nôtre pour suggérer un plus gros cerveau ;

elles sont parfois munies d'antennes radio sur la tête pour évoquer des organes sensoriels particulièrement raffinés. L'étonnant, là encore, c'est ce qui est considéré comme possible. C'est, cent vingt ans après Darwin, la conviction que, si la vie survient n'importe où dans l'univers, elle est tenue de produire des animaux voisins de ceux qui vivent sur la terre ; mieux encore, quelque chose de semblable aux êtres humains.

L'intérêt de toutes ces créatures, c'est de montrer comment une culture manie le possible et en trace les limites. Qu'il s'agisse de groupes ou d'individus, toute vie humaine fait intervenir un dialogue continu entre ce qui pourrait être et ce qui est. Un mélange subtil de croyance, de savoir et d'imagination construit devant nos yeux l'image sans cesse modifiée du possible. C'est à cette image que nous confrontons nos désirs et nos craintes. C'est sur ce possible que nous modelons notre comportement et nos actions. En un sens, beaucoup d'activités humaines, les arts, les sciences, les techniques, la politique, ne sont que des manières particulières, chacune avec ses règles propres, de jouer le jeu des possibles...

Contrairement à ce qu'on croit souvent, l'important dans la science, c'est autant l'ouverture, la primauté de la critique, la soumission à l'imprévu, si contrariant soit-il, que le résultat, si nouveau soit-il. Il y a belle lurette que les scientifiques ont renoncé à l'idée d'une vérité ultime et intangible, image exacte d'une « réalité » qui attendrait au coin de la rue d'être dévoilée. Ils savent maintenant devoir se contenter du partiel et du provisoire. Une telle démarche procède souvent à l'encontre de la pente naturelle à l'esprit humain qui réclame unité et cohérence dans sa représentation du monde sous ses aspects les plus divers. De fait, ce conflit entre l'universel et le local, entre l'éternel et le provisoire, on le voit périodiquement réapparaître dans une série de polémiques opposant ceux qui refusent une vision totale et imposée du monde à ceux qui ne peuvent s'en passer. Que la vie et l'homme soient devenus objets de recherche et non plus de révélation, peu l'acceptent.

Depuis quelques années, on fait beaucoup de reproches aux scientifiques. On les accuse d'être sans cœur et sans conscience, de ne pas s'intéresser au reste de l'humanité ; et même d'être des individus dangereux qui n'hésitent pas à découvrir des moyens de destruction et de coercition terribles et à s'en servir. C'est leur faire beaucoup d'honneur. La proportion d'imbéciles et de malfaisants est une constante qu'on retrouve dans tous les échantillons d'une population, chez les scientifiques comme chez les agents d'assurance, chez les écrivains comme chez les paysans, chez les prêtres comme chez les hommes politiques. Et malgré le Dr Frankenstein et le Dr Folamour, les catastrophes de l'histoire sont le fait moins des scientifiques que de prêtres et des hommes politiques.

Car ce n'est pas seulement l'intérêt qui fait s'entre-tuer les hommes. C'est aussi le dogmatisme. Rien n'est aussi dangereux que la certitude d'avoir raison. Rien ne cause autant de destruction que l'obsession, d'une vérité considérée comme absolue. Tous les crimes de l'histoire sont des conséquences de quelque fanatisme. Tous les massacres ont été accomplis par vertu, au nom de la religion vraie, du nationalisme légitime, de la politique idoine, de l'idéologie juste ; bref au non du combat contre la vérité de l'autre, du combat contre Satan. Cette froideur et cette objectivité qu'on reproche si souvent aux scientifiques, peut-être conviennent-elles mieux que la fièvre et la subjectivité pour traiter certaines affaires humaines. Car ce ne sont pas les idées de la science qui engendrent les passions. Ce sont les passions qui utilisent la science pour soutenir leur cause. La science ne conduit pas au racisme et à la haine. C'est la haine qui en appelle à la science pour justifier son racisme. On peut reprocher à certains scientifiques la fougue qu'ils apportent parfois à défendre leurs idées. Mais aucun génocide n'a encore été perpétré pour faire triompher une théorie scientifique. A la fin de ce XXe siècle, il devrait être clair pour chacun qu'aucun système n'expliquera le monde dans tous ses aspects et tous ses détails. Avoir contribué à casser l'idée d'une vérité intangible et éternelle n'est peut-être pas l'un des moindres titres de gloire de la démarche scientifique.

François Jacob, *Le Jeu des possibles*, © Fayard, 1981.

☞ Pour vous guider...

Ce texte est de nature scientifique. Il propose plus précisément une réflexion sur la science dont l'auteur n'hésite pas à montrer l'aspect aléatoire et tâtonnant qui annule tout reproche de dogmatisme. C'est l'avant-propos du livre et il se charge d'expliciter le titre (« Le Jeu des possibles »). Le passage se divise assez aisément en deux parties : une première (trois paragraphes) où l'on rappelle les incertitudes du savoir scientifique, une deuxième (trois autres paragraphes) où sont tirées les conséquences de ce constat : humilité pour le savant, indulgence pour le public. François Jacob, né en 1920, fut Prix Nobel de Médecine en 1965 avec André Lwoff et Jacques Monod. Ses recherches en biologie font autorité. Son premier livre, La Logique du vivant, une histoire de l'hérédité, *avait déjà été remarqué. Il s'agit toujours d'une épreuve donnée au baccalauréat.*

Résumé

Les monstres zoomorphes de l'imagerie médiévale ou les « extra-terrestres » familiers de la science-fiction illustrent une tendance de notre culture à délimiter, à partir du modèle humain, les contours du possible.

La science, elle aussi, puise ses fondements dans le « jeu des possibles ». C'est pourquoi, loin de prodiguer des certitudes, elle cultive le doute et refuse, au rebours des aspirations communes, toute vérité absolue et unique.

Le procès intenté aux scientifiques, apprenti-sorciers malveillants, est donc largement immérité. Si certains d'entre eux sont, comme partout, sots ou nuisibles, la plupart sont moins responsables des malheurs de l'humanité que les tenants du dogmatisme, prêtres ou politiciens. Le savant, en effet, est préservé du fanatisme par sa froideur scientifique, alors que les passions humaines peuvent déchaîner des violences. L'incertitude dont s'honore le scientifique est ainsi le garant de la tolérance et le motif de sa gloire. *(150 mots)*

Texte 5

Concours communs polytechniques, 1993.
Durée : 1 h 30, format exigé : 200 mots (+ ou - 10 %).

Nous ne racontons plus guère nos voyages. Nous en revenons riches de noms propres, d'exclamatifs et de pellicule, mais pauvres d'expérience communicable. Les premiers conteurs étaient des nomades ou des navigateurs marchands : il fallait se déplacer pour pouvoir raconter des histoires ; avec le tourisme, le voyage s'est désolidarisé du récit. L'histoire de la mobilité humaine va comme celle du roman dans le sens d'une exténuation de l'anecdote. Petit Robbe-Grillet du voyage, le touriste est un homme qui se déplace dans le monde sans autre horizon que le spectacle, sans autre pouvoir que celui-là même de ses yeux. On va *voir* Ceylan ou la Grèce : le tourisme désigne ce moment où le voyage s'est défini comme contemplation : triomphe du regard sur la fable, et du paysage sur l'événement. Que vous est-il advenu ? demandait-on au voyageur ancien ; qu'avez-vous vu ? est la question posée au « retouriste » : un rapport visuel remplace le contact romanesque avec le monde. Le règne du pittoresque entraîne nécessairement le déclin de la narration. [...]

Le touriste est le successeur standardisé d'Alexandre de Macédoine et de Don Juan. La région qu'il traverse est intégrée à sa vie dans le moment même où il la voit. La violence de la rencontre avec ce qui n'est pas lui s'amortit dans le spectacle. Par la contemplation, il s'empare des choses extérieures, et obtient leur reddition. Nous parlons, aujourd'hui, de nos voyages, comme si toutes les contrées où nous sommes passés se tenaient derrière nous, et que nous étions à la tête de ce long corps. Le regard est un acte symbolique d'appropriation. Sous leurs dehors inoffensifs et pacifiés, les touristes sont des conquérants imaginaires.

Partir c'est revenir un peu, et tout départ même le plus aventureux est une anticipation du retour. Pas de touriste qui ne soit « retouriste », pas de voyageur, aussi insouciant soit-il, qui ne cherche à tirer avantage de ses tribulations. Mais on ne pourrait pas se vanter de ses périples, si une logique implicite ne posait d'abord l'équivalence : voir = avoir = être. Ce que je regarde, je le possède ; ce qui est à moi est moi : voilà ce que dit, dans son imprécision apparente, l'expression « faire un pays ».

Et qu'est-ce qu'un beau panorama sinon un ancien site militaire ? Du haut d'un belvédère, nous contemplons le monde comme un seigneur embrassant l'espace de son pouvoir. Avant d'être un désir esthétique, la prérogative du point de vue correspondait à un souci de surveillance. le touriste est la version pacifique du guerrier, comme il peut arriver que la guerre soit une version belliqueuse du tourisme. [...]

Voir donc, c'est prendre. L'Autre est absorbé dans le Même, selon le schéma classique de l'aventure. Mais il l'est instantanément, sans délai et sans problème. « Appuyez sur le bouton, notre matériel fera le reste », dit la publicité Kodak. Il suffit, en effet, d'un très léger déclic pour que l'appropriation se réalise. Le monde *s'offre* au regard : il a toujours cédé. D'où l'ennui profond des voyages oculaires, et du tourisme purement photographique. Une expérience visuelle est trop immédiate pour constituer vraiment une expérience. C'est pourquoi, sans doute, les touristes modernes sont des êtres partagés : ils partent pour faire un pays, et ils espèrent secrètement que ce pays ne se laissera pas faire. Studieux, ils vont voir l'Acropole, le musée des Offices, l'Ermitage, ou les chutes du Niagara ; mais, en même temps, ils désirent qu'une intrigue inattendue vienne bouleverser ce programme oculaire. On a célébré comme un progrès le passage du *country seeing* au *life seeing*, le remplacement du regard purement esthétique par une curiosité ethnique pour les êtres, leur modes de vie et leurs coutumes. Or l'important n'est peut-être pas de mieux voir, d'améliorer la qualité du regard que l'on porte sur le monde, mais de soustraire à l'activité contemplative la part la plus vivante de son équipée. Les purs visiteurs, bardés d'appareils photos, sont, au fond, moins ridicules que résignés : ils ont renoncé, d'entrée de jeu, à entretenir avec le dehors d'autre relation que celle de la curiosité. Ils se livrent avec application et sans souffrance apparente à une activité commémorative : le tourisme a partie liée avec la mort, puisque, à nous diriger toujours vers les lieux où s'est déroulée l'aventure, il fait du monde un musée, une ville fantôme, et de nous des visiteurs, c'est-à-dire des collectionneurs de vestiges.

Pascal Bruckner, Alain Finkielkraut, *Au coin de la rue l'aventure*,

Le format de 200 mots est particulièrement généreux ; pour s'entraîner à des coefficients de réduction divers, nous demanderons un autre résumé en 80 mots.

☞ **Pour vous guider...**

Autre texte que l'on pourrait qualifier de sociologique, évoquant de façon originale le thème du tourisme *et du rapport à l'Autre. Vous serez sensible au plan, perceptible malgré les coupes (en deux endroits) et qui devrait aider le repérage des idées essentielles ;*

1. Du narrateur au spectateur
- *a) fin des récits de voyage*
- *b) prédominance du regard (parallèle avec le roman)*

2. Le tourisme comme conquête
- *a) appropriation de la région visitée*
- *b) exploitation du voyage : – affirmation de l'être*
  – rentabilisation sociale
- *c) coloration militaire : touriste = guerrier*

3. L'échec du voyage
- *a) l'effet « appareil-photo » : priorité visuelle*
- *b) l'ennui des voyages modernes : monotonie, assimilation, espoir d'un événement, curiosité passive*
- *c) le voyage porteur de mort (site = cimetière)*

L'écriture est dense et allusive, mais les idées sont suffisamment développées pour qu'on parvienne à les rendre rapidement. Les auteurs, Pascal Bruckner et Alain Finkielkraut sont deux jeunes philosophes qui ont également publiés ensemble Le Nouveau Désordre amoureux *(Seuil, 1977). Séparément ils ont écrits de nombreux livres, le premier* La Mélancolie démocratique *(Seuil, 1990), le second* La Défaite de la pensée *(Gallimard, 1987).*

Résumés

1) En 200 mots

Le touriste moderne a perdu l'art de raconter ses voyages. Contrairement aux voyageurs-conteurs de jadis, il se contente du spectacle passif du monde et néglige les aventures imprévues qui précisément nourrissaient les récits.

Pour lui, le voyage ressemble à une conquête pacifique où l'œil s'approprie le monde ramené à la dimension d'un catalogue d'images aisément transportables. Rentré chez lui il s'empressera d'exploiter son périple à des fins mondaines et, plus encore, ontologiques. Si les lieux visités sont perçus comme des redoutes à prendre, celui qui les visite n'est qu'une métaphore du guerrier.

Mais cette entreprise de captation oculaire est réductrice. Les différences s'atténuent, les difficultés s'aplanissent, limitées simplement à ce qui en tient lieu, l'appareil photographique. Parfois, par chance, le pays visité ne se livre pas et impose, à côté des excursions convenues, des surprises enrichissantes. Il ne suffit pas de s'intéresser aux individus et aux mœurs pour échapper à la passivité du visuel ; il faut encore accepter le vrai contact avec l'autre. Or le touriste moderne, enfermé dans un voyeurisme passif, est contraint de se satisfaire d'une stérile célébration de lieux morts.

2) En 80 mots

Le touriste moderne est un infirme du récit qui préfère le spectacle de la découverte à la relation d'une aventure. Pour lui, le voyage est une conquête dont l'image se stérilise dans un catalogue mondain ou ontologique. En s'emparant du bastion touristique, ce guerrier pacifique satisfait fadement ses appétits dominateurs. Mais cette entreprise de captation oculaire, symbolisée par l'appareil photographique, néglige la réalité du monde pour s'épuiser dans la vaine célébration de lieux morts.

Texte n° 6

Concours ESEM – ISMA – ESM – St Cyr, 1996.
Résumez ce texte en 100 mots (1 h 30).

Le temps des exigences

Jamais, la ville aujourd'hui n'aura été aussi porteuse d'espérances et lourde de menaces. depuis l'Antiquité, elle s'identifiait avec démocratie et culture. L'industrialisation occidentale en a fait le synonyme de progrès technique et de développement économique. La seconde moitié du XXe siècle ajoute à ces héritages historiques des dimensions universelles. C'est d'abord le partage, certes très inégal, dans la cité et dans le monde, des fruits de la croissance. L'avènement si décrié de la société de consommation personnalise la banalisation de la satisfaction des besoins, des désirs, des fantasmes. La nuit du 4 août avait aboli les privilèges. La révolution urbaine contemporaine libère, pour le plus grand nombre, les perspectives d'amélioration d'une vie matérielle et spirituelle, plus longue et plus pleine ; elle ne supprime pas les classes, mais elle en rend les frontières perméables, stabilise, les fondements de la démocratie, en élargissant les couches moyennes des collectivités. Ces espoirs n'apparaissent plus désormais réservés à l'Occident. Au cours des dernières années, la chute du communisme à l'Est, une approche différente de l'urbanisation explosive dans le Tiers-Monde, peuvent laisser croire que sous d'autres formes, avec des succès mitigés et des souffrances inévitables, la ville sera, ici aussi, matrice de progrès et de liberté. Enfin, sans perdre sa capacité à produire, que multiplient encore les ressources de l'innovation, de l'information et de la communication, la cité actuelle retrouve ses vertus premières de rassemblement politique et de civilisation festive, que l'épisode industriel avait trop abusivement ensevelis. La ville devient universalité des valeurs humaines.

Ce triomphe même accumule les périls. Il transfère à l'intérieur d'espaces urbains concentrés l'ensemble des passions, des conflits territoriaux et idéologiques, des déséquilibres naturels, que l'histoire dispersait à la surface de la planète. De Beyrouth à Sarajevo, la guerre est dans la ville et pour la ville. Des trottoirs de Manille aux enfants massacrés des rues de Rio, des chiffonniers du Caire aux *homeless* de New York, des maisons de carton des clochards dans les gares de Tokyo à la désespérance de nos banlieues ou des ghettos de Los Angeles, ce sont les mêmes figures alternées, de la misère, de la haine, de la peur, qui s'impriment sur le fond de réussite des immeubles-miroirs, des circulations intenses, des émotions créatives et des passions ambitieuses. Les fractures du corps social passent au centre même de la cité, qui n'est plus épargnée par les risques de la nature. Pollutions normales de la concentration urbaine (gaz d'échappement, fumées d'usines, chauffage), accentuation des catastrophes terrestres (séismes des grandes villes chinoises ou iraniennes), imprévoyance criminelle des sociétés industrielles (Bhopal, Seveso ou Tchernobyl), la matière se réveille et se révolte, à l'endroit où la civilisation la croyait la plus artificialisée et la plus domestiquée. Ces dangers structurels et intimes menacent mortellement la poussée œcuménique du droit à la ville, et tout simplement les droits de l'homme. Berceau de la démocratie, la cité aujourd'hui ne sait plus si elle en sera le tuteur ou le fossoyeur.

L'erreur serait de croire qu'à cette crise identitaire de la civilisation urbaine, on pourra répondre uniquement avec les solutions techniques classiques, de l'innovation économique des formes architecturales, ou même des politiques d'aménagement. La progression continue des productivités, l'inégalité croissante dans la rémunération mondiale du travail humain, laissent entières les interrogations sur l'avenir des activités, et surtout des dynamismes géographiques de leur implantation. L'emploi pour tous, hommes et femmes, qui a été une grande conquête du siècle, redevient une incertitude dans les villes contemporaines. Les aventures esthétiques et les prouesses technologiques des matérialités construites n'interdisent ni le mal de vivre des plus démunis, ni le terrorisme criminel des plus désespérés, quand elles ne les provoquent pas. Et les politiques urbaines ne sont que des alibis inconscients, où les sociétés essaient d'oublier leurs propres visages et d'absoudre leurs responsabilités angoissées. Mutations des structures de production, transformation du cadre bâti, volontarisme même de l'action publique, apparaissent aussi nécessaires qu'insuffisants pour conjurer la montée des périls.

Seul, le ressourcement de la ville et de ses habitants dans les vertus civiques et originelles de la cité peut offrir une voie de salut étroite. Elle passe par une prise de conscience collective d'une nécessaire solidarité locale et mondiale, pour sauvegarder l'efficacité matérielle et spirituelle de l'urbanisation.

Sans le partage volontairement accepté de l'activité entre individus, groupes et nations, l'invention économique sera vaine. On mesure ce que l'affirmation signifie en limitation de puissance des plus riches, en ralentissement de consommation des couches moyennes, en transferts de ressources des individus aux collectivités, en patientes négociations au sein des entreprises, en diplomatie avertie dans les organisations communautaires, pour faire admettre une morale internationale du travail. Sans cette tension permanente, la ville occidentale ne sera-t-elle qu'un paradis convoité, peut-être perdu ?

Sans l'expérimentation urbaine librement assumée, l'innovation architecturale restera formelle. Dans cette cité contemporaine, le cadre de vie cesse d'appartenir aux seules nécessités matérielles. Il est décor intérieur de l'épanouissement personnel, scène permanente du théâtre du monde. Architectes, urbanistes, chercheurs en sciences sociales n'en sont que les réalisateurs délégués : à eux d'imaginer, aux collectivités de mettre en œuvre, au risque de réussite ou d'échec. Sans ce courage historique retrouvé, la ville ne sera-t-elle qu'un musée de formes mortes ?

Sans l'approfondissement de la démocratie, pour assujettir les égoïsmes locaux à l'intérêt de la cité, les politiques volontaires se réduiront à des discours velléitaires. L'écartèlement des sociétés urbaines entre désir local et aspiration universelle peut se résoudre dans la satisfaction individuelle des besoins. Mais agglomérations et régions urbanisées réclament des choix clairs, des arbitrages difficiles, entre les intérêts contradictoires de territoires fragmentés et solidaires. Sans la décision du citoyen, la ville ne sera-t-elle que l'espace technique de ses ingénieurs et de ses réseaux ?

Temps des exigences ou temps des utopies ? Les deux, sans doute. Le prix est-il trop élevé pour sauver la ville ?

Guy Burgel, *La Ville aujourd'hui*, © Hachette, 1993.

☞ Pour vous guider...

Texte récent de nature socio-politique qui pose de vrais problèmes contemporains. Il ne présente pas de difficulté majeure de compréhension. Il se caractérise par une très forte structure qui devrait servir d'échafaudage au résumé. Nous donnons les grandes lignes de ce plan :

1. La ville et ses espérances
- *a) le passé :*
  - *– lieu de démocratie et de culture*
  - *– lieu de progrès technique*
- *b) le présent :*
  - *– amélioration de la vie quotidienne*
  - *– amélioration des fondements de la démocratie*
- *c) les promesses :*
  - *– élargissement universel*
  - *– progrès de liberté*

-> porteuse de valeurs humaines

2. La ville et ses menaces
  a) lieu de fractures sociales : guerre, violence, exclusion
  b) lieu de dénaturation : pollution, catastrophes urbaines
3. Les solutions
  a) les mauvaises solutions :
    – économiques (urbanisation sauvage)
    – techniques (pauvreté de l'architecture)
  b) les bonnes solutions :
    – solidarité (reconsidération de la consommation, partage du travail)
    – expérimentation urbaine (amélioration du cadre de vie, innovation)
    – approfondissement de la démocratie (arbitrages courageux, intervention du citoyen)
Conclusion : prix à payer pour sauver la ville

Résumé

La ville moderne a permis des améliorations considérables en matière culturelle, économique, sociale et politique. L'extension de ces progrès au Tiers-Monde annonce une ère prometteuse de rapprochement planétaire.

Mais, parallèlement, la ville inquiète car en devenant le lieu des conflits, des déséquilibres sociaux, des désordres écologiques, elle ébranle les fondements de la démocratie.

La solution ne réside pas dans la surenchère économique ou technologique. Elle passe plutôt par la solidarité et le partage des richesses, par l'imagination architecturale, par un abandon des égoïsmes et une reconquête de la citoyenneté. La survie de la ville est à ce prix. *(100 mots)*

Texte n° 7

Concours « Mines-Ponts », 1975, options M et P'.
Résumer ce texte en 150 mots (plus ou moins 5 %).
Donner un titre.

Le « clerc » moderne se flatte en s'affirmant le défenseur de toute valeur suprême, éternelle, désintéressée, car il laisse beaucoup de celles-ci, par arbitraire ou omission, hors de son domaine propre. On le voit condamner les unes, encore qu'elles possèdent tous les caractères de celles qu'il approuve, par exemple certaines conceptions abstraites de la force en soi, et négliger les autres telle la beauté, à qui cependant s'appliquent parfaitement les déterminations qui d'ordinaire le retiennent. On ne peut nier, d'ailleurs, que l'esprit répugne particulièrement à nommer clerc un artiste. Le motif, aussi bien, en est transparent : la valeur que l'artiste fait sienne et la sorte d'activité qu'elle commande, la création esthétique, n'ont pas d'insertion pratique dans le monde temporel, ne sont pas susceptibles d'y apporter un élément de décision morale. Il n'est rien dont l'art ne s'accommode et qu'il ne puisse orner. Or à supposer que les valeurs du « clerc » doivent être désintéressées, il convient cependant qu'elles justifient d'une portée effective qui détermine quelque engagement de la personne. C'est au point qu'on n'accordera pas complètement au « clerc » qu'il lui appartient de défendre la vérité, si ce n'est, cela va sans dire, dans la mesure où elle se trouve liée par les circonstances à la justice et conduit à prendre position dans les débats concrets du siècle. Il suit que le savant n'est pas nécessairement un « clerc » et n'est pas « clerc » en tant que savant. Aussi n'est-ce pas en général faire œuvre de « clerc » que de contester une théorie scientifique. Au contraire, dénoncer comme faux un document qui servit à faire condamner un innocent et demander en conséquence la révision du procès est de bonne « cléricature ». Il n'est pas besoin de souligner l'extrême différence de cette attitude avec celle de l'expert en écriture donnant professionnellement son avis sur la question de fait. Le savant ne pose pas la question de valeur, ne s'inquiète jamais de ce qui doit être et c'est en cela qu'il n'est pas exactement « clerc ».

On est donc tenté de penser que ce dernier se montre attaché à la sauvegarde d'une seule valeur : la justice. Des valeurs dites abstraites et désintéressées, c'est en effet la seule qui, à l'extrême, n'existe qu'en fonction du temporel, la seule dont l'application aboutisse à une conduite et, pour ainsi dire, à une politique, la seule surtout qui force à choisir entre elle et la cité. Ne souffrant pas avec le monde de commodes relations de bon voisinage, elle exige de lui avec elle et de ses serviteurs en face de lui une attitude sans ambages d'accord parfait ou de conflit déclaré.

A ce point, l'analyse fait apparaître un second et plus grave écart entre les prétentions du « clerc » et sa nature. On ne peut soutenir longtemps, en effet, que la justice soit, comme il l'affirme, abstraite, absolue, immuable et *a priori*. Rien n'est au contraire plus mobile, plus attaché à chaque civilisation et plus assujetti au temps et à l'espace. Ni l'Oriental n'est d'accord avec l'Européen, ni l'homme antique avec le chrétien, ni l'enfant avec l'adulte, ni le nomade avec le sédentaire, ni l'agriculteur avec le chasseur ; et l'on voit jusqu'à l'été et l'hiver déterminer dans les régions polaires des justices saisonnières se substituant périodiquement l'une à l'autre chez une même population. Je ne nie pas qu'il s'agisse en ce dernier exemple de l'avers et du revers d'une médaille unique. Mais il montre qu'il existe entre les principes et les codes d'inévitables aménagements que provoque même le trouble extrême du rythme nycthéméral.

Il est certes loisible de concevoir la morale comme toujours identique. La loyauté ni la droiture ne dépendent du climat, et l'on distingue aux mêmes caractères sous tous les ciels la générosité de l'avarice, la franchise de l'hypocrisie et tant de qualités bonnes ou mauvaises dont l'appréciation ne varie guère avec les latitudes ou les siècles. Mais ces vertus n'ont qu'une portée privée. Elles n'intéressent que l'âme. On n'a jamais vu les lois les exiger. On ne les voit même pas toujours prisées par l'opinion. Personne n'est plus d'accord sur leur valeur, quand quelque intérêt personnel ou public entre en jeu. Rien ne les sanctionne. Elles sont toutes intimes. Dès qu'on les compose avec les nécessités de la vie collective, les différences s'accusent ; codes et coutumes s'opposent ; et la moralité, fût-elle immuable à son principe dans le cœur de l'homme, lui trace des droits et des devoirs divers et changeants, sitôt que son action intéresse le groupe où il vit et en reçoit sa forme. L'instinct du juste et de l'injuste, au moment où il trouve sa matière, s'éparpille en d'innombrables législations diffuses ou précises, également pressantes.

Plus encore, en elle-même, la notion de justice est équivoque. On a maintes fois dénombré ses différentes acceptions, maintes fois débattu s'il faut donner à chacun selon son mérite, sa capacité ou ses besoins et comment on évaluera l'un ou l'autre. Il n'est pas nécessaire d'insister : cet embarras est significatif. Au fond, le contenu de l'idée de justice oscille entre deux pôles à peu près définis par les notions grecques de *thémis* et de *dikê*, latines de *fas* et de *jus* : l'ordre cosmique et la répartition équitable, une conception qu'inspirent à la fois l'observation de la nature et l'expérience d'une régularité universelle qui semble situer chaque phénomène en son temps et à sa place, et une autre qui paraît concevoir un esprit géométrique épris de partages exacts et dédaigneux des contingences. Quelle reconnaissance le « clerc » ne doit-il à l'imprécision d'un langage où un même mot renferme ces deux concepts divers : l'équilibre fondamental du monde qu'on ne saurait rompre sans déclencher une force de compensation automatique, la distribution proportionnelle aux œuvres des récompenses et des peines. La difficulté est essentielle : il est visible, en effet, que sur le plan cosmique, la justice et l'ordre ne font qu'un et que les affaires de la cité, jusqu'aux droits et obligations de chacun, ne sont pas situés en dehors de l'ordonnance du monde, en sorte que la maxime de Goethe, donnant la préférence à l'ordre sur la justice et à laquelle le « clerc » s'oppose directement, se révèle soudain comme une forme légitime, universelle et désintéressée de la justice, celle-là même qui traduit la permanence d'un ordre éternel de l'univers et qui, loin de contrarier les aspirations de la justice distributive, les fonde en raison. Il n'est pas de conservateur qui raisonne autrement.

Sans retenir les conséquences extrêmes de cette dialectique, qui suggère que la notion de justice acceptée le plus volontiers par le « clerc » n'est pas la seule fondée, car il est après tout loisible à celui-ci d'adopter celle qu'il préfère sans se soucier qu'il en existe d'autres, on tirera un nouvel argument du caractère si foncièrement équivoque, presque insaisissable, du concept. C'est, à la limite, un mot par lequel chacun entend ce qu'il veut. L'accord ne se fait sur son contenu qu'à la condition de l'appauvrir, de l'abstraire au dernier point, de sorte qu'il n'est plus applicable immédiatement au particulier. Les ponts sont coupés. Il n'y a plus de descente inéluctable, univoque, nécessaire, du principe à l'événement, mais des interprétations contingentes et multiples du litige débattu, où chacun, dans l'impossibilité de remonter rigoureusement à la définition du concept, introduit entre elle et le concret dont il désire décider, les médiations opportunes. La démarche dans les périodes où elle s'est le plus imposée s'est appelée successivement sophistique, casuistique, dialectique. C'est pourquoi les « clercs » ne sont pas d'accord sur les exigences de la justice en chaque cas et proposent des solutions divergentes qui, cependant, se réclament toutes également d'elle.

On mesure la portée de cette constatation : le « clerc » n'est pas l'impartial censeur de la société qu'il se prétend. Il ne se tient pas en dehors de son développement dans la dépendance directe des principes éternels qu'il souhaite y voir triompher : il y a entre eux et les jugements qu'il porte un intervalle qu'il ne peut combler valablement et par lequel se glissent les pressions hypocrites des intérêts de sa faction et tous les préjugés qu'il partage à son insu. L'en imagine-t-on exempt, qu'il subsiste pour dévier sa décision, les sollicitations de l'amour-propre et jusqu'à ce secret orgueil, s'il n'en reste qu'un, d'être celui-là. Dans ces conditions, le « clerc » fait la bête en voulant faire l'ange et se trouve en réalité le jouet de ces mêmes déterminations qu'il prétend dominer de si haut et dont il se plaît à signaler l'abjection par référence aux valeurs suprêmes. Au lieu du pur point de vue de l'éternel, c'est une opinion personnelle ou sectaire qu'il apporte, et souvent la plus tributaire qui soit des moins valables motifs ; de dire, comme il fait, son mot sur toute chose comme celui de la raison, de la vérité et de la justice, quand chacun peut légitimement en faire autant et ne s'en prive pas, car la vanité l'y invite trop, voilà un état insupportable et anarchique, et une nouvelle levure de désordre et de confusion.

Roger Caillois, Sociologie du clerc,
Approches de l'imaginaire, © Gallimard, 1973.

☞ Pour vous guider...

Le titre du texte montre assez sa nature sociologique. Il est extrait d'un ouvrage de Roger Caillois paru en 1973, Approches de l'imaginaire *(Gallimard). On sait que l'auteur (1913-1978) fonda en 1938 le « Collège de sociologie » destiné à étudier les manifestations du sacré dans la vie sociale. Caillois s'est également intéressé à la littérature sud-américaine (il publie en France Borgès, Néruda, Asturias...), à la minéralogie, à la poésie.*

Le texte, rédigé dans un style très pur, n'est pas de compréhension toujours facile. La construction est peu visible, le vocabulaire recherché et, surtout, la pensée très dense. Il compte environ 1500 mots, ce qui suppose une restitution à la proportion de 1/10.

Résumé

Nouvelle cléricature, nouvelle imposture [1]

Le clerc moderne, contrairement à ses affirmations, néglige certaines valeurs élevées comme la beauté dont les exigences semblent exclure les choix éthiques [2]. En effet, sa conduite, bien que théoriquement désintéressée, doit engager sa personne. Aussi, aux anodins débats scientifiques, préférera-t-il l'exaltante défense de la justice [3].

Or cette notion varie en fonction des lieux, des époques, des mœurs ; et les valeurs morales, éventuellement immuables quand elles sont intimes, nécessitent, appliquées au groupe, nuance et diversification [4].

De plus, le mot justice a toujours désigné des concepts multiples d'où se dégage prioritairement la double référence à l'ordre du monde et à l'équité humaine [5]. Cette ambiguïté sert le clerc qui y trouve la justification de ses choix. Mieux [6], le sémantisme du mot permet, en restant flou sur le contenu, que chacun s'en réclame.

Aussi l'objectivité du clerc paraît illusoire sinon, souvent, hypocrite ; elle ne cache, en fait, qu'un sectarisme inavoué et dangereux [7]. *(150 mots)*

Remarques sur le résumé

[1] Ce titre qui utilise une figure de style nommée « paronomase » (rapprochement de deux termes de sonorité voisine) est aussi un pastiche, puisqu'il imite le fameux « Nouvelle Critique ou nouvelle imposture » de Raymond Picard (1965). L'idée de tromperie doit figurer dans le titre. Encore possibles : *Les maîtres penseurs, L'hypocrisie intellectuelle.* Plus risqué, mais amusant et inévitable : *Le clerc obscur*

[2] « Valeurs élevées », « choix éthiques »... voilà quelques-uns de ces termes abstraits génériques qui permettent — au détriment peut-être de la précision — d'aller à l'essentiel de l'idée.

[3] Le texte s'enchaîne bien : le résumé doit en faire autant. D'où, en début de phrase, les termes charnières : *En effet, Aussi, Or, De plus...* Rappelons que l'adverbe *aussi* demande l'inversion du sujet.

[4] Phrase longue pour une idée très fluctuante et très riche ; l'opposition entre les deux applications des valeurs morales est exprimée uniquement par la construction et... la ponctuation.

[5] On peut essayer d'éviter la répétition systématique des termes de l'énoncé pour exprimer le diptyque ; l'expression « concept multiple » est un autre de ces collectifs commodes qui permettent de gagner des mots.

[6] Une application de l'effet de renchérissement par le superlatif détaché en tête de phrase (Cf. Exercices n° 32 et 33).

[7] Là encore, il faut faire des choix et reconnaître, derrière les développements de l'auteur son opinion profonde : « hypocrisie, sectarisme » semblent correspondre à sa pensée. Même si votre résumé se trompe sur l'interprétation, il doit témoigner d'un certain courage face au choix des mots et des idées.

Chapitre 2
Les textes de longueur moyenne

Texte n° 8

Résumez ce texte en 180 mots (environ 2 heures).

Le « terrorisme » c'est d'abord la guerre des autres. Le mot a été consacré par le vocabulaire de la propagande : *Terroristen*, ainsi les nazis avaient-ils baptisé les franc-tireurs ; *Terror-Angriff* (attaques de terreur) désignait les bombardements alliés sur les villes allemandes. A l'époque, nous avions pourtant la conviction que la véritable terreur était le fait d'une entreprise totalitaire de domination et d'asservissement plutôt que d'actes isolés — si terrifiants fussent-ils — commis au service de la libération des peuples opprimés. De même, les commandos sionistes, il y a vingt-cinq ans, étaient « terroristes » aux yeux des Anglais : de même, aujourd'hui, aux yeux des Israéliens, les commandos palestiniens... Il est donc nécessaire de se méfier d'un mot, lui-même « piégé »), et se rappeler que les actes violents sont moins graves que les états violents, même s'ils sont plus spectaculaires. Une personne qui meurt dans la rue émeut davantage que cent personnes qui meurent chez elles.

De grands Etats, puissants et respectés, qui ont des sièges aux instances internationales, font, sous une forme plus ou moins dissimulée, peser la terreur sur de larges parties de leur population. Mais, lorsque des groupes dépourvus d'Etat (Irlandais du Nord, Palestiniens, Noirs américains, etc.) en usent d'une manière qui ne peut être que sporadique et plus ou moins incontrôlée, l'opinion publique est bouleversée, et les condamnations pleuvent. A y bien regarder, c'est un paradoxe, car l'usage de la terreur par un Etat constitué, reconnu et donc capable de se faire obéir, est beaucoup plus répréhensible que s'il s'agit de groupes irréguliers, plus ou moins clandestins, et par là exposés aux risques d'anarchie et de surenchère qui guettent toutes les résistances. Certes, il est normal que des Etats reconnus bénéficient de privilèges interdits à des groupes particuliers. Mais la terreur est proscrite par le droit des gens. Les Etats qui la condamnent lorsqu'elle s'exerce à leurs dépens sont souvent mal fondés à en appeler à un droit international qu'ils ne se font pas faute de bafouer (ainsi Israël, qui n'a jamais tenu compte des multiples condamnations et recommandations de l'ONU). C'est pourquoi, si l'on ne se résigne pas à la généralisation du terrorisme, qui conduirait à une sorte de jungle sans arbitrage, il faut en appeler à des arguments politiques et moraux ajustés à la pratique du terrorisme lui-même.

Faut-il tenir le langage de l'efficacité ? « Contrairement à l'illusion dangereuse, de plus en plus répandue dans notre société [...] les moyens les plus violents ne sont pas les plus efficaces ». Disons plutôt : ne sont pas toujours les plus efficaces, car il arrive qu'ils le soient : le premier terrorisme du F.L.N. a conduit à l'indépendance de l'Algérie, et certains détournements d'avions ont déjà arraché à des dictatures plusieurs centaines de détenus politiques ou d'individus persécutés.

Cependant, si réussies que puissent être de telles actions, elles portent en elles de graves contradictions. Par le système des otages, elles se trouvent en appeler à l'humanité de ceux dont elles dénoncent précisément les pratiques inhumaines. Menées au nom des masses, elles sont exécutées par de petits groupes qui se substituent aux organisations responsables et qui, pour ainsi dire, volent le peuple de son action libératrice et suscitent souvent chez lui, au lieu d'une conscience combative, la gêne et même le dégoût. Menées pour un but politique, elles empruntent leurs méthodes aux criminels de droit commun. Avec raison, les marxistes se méfient de ces actions anarchiques, toujours au bord de dégénérer en meurtres irresponsables et inutiles, de ces terroristes fascinés et en quelque sorte damnés par leur violence. Malraux a dessiné il y a longtemps l'inoubliable portrait.

Il faut donc modérer et encadrer le plus possible le terrorisme (la Résistance française était arrivée empiriquement à cette conclusion). Lié à une cause et à un peuple par une organisation responsable, limité dans ses objectifs, le terrorisme peut être l'avant-garde, l'appel d'une juste cause. Promu au rang d'activité prioritaire, il tend à se refermer sur lui-même, à déposséder ses auteurs de leurs justifications et ses partisans de leur responsabilité et de leur vigueur. J'ajoute que l'apologie du terrorisme faite par ceux qui n'en prennent pas les risques est toujours ignoble.

Ces considérations éthiques et politiques ne touchent cependant pas le fond, c'est-à-dire la situation malsaine et ordinairement dissimulée, que révèle la prolifération actuelle du terrorisme. N'oublions pas que la paix mondiale résulte de « l'équilibre de la terreur », même si elle permet un essor inouï de l'industrie et du commerce. On reproche aux terroristes de tuer des non-combattants, mais qu'est-ce que la dissuasion atomique, sinon une permanente menace de mort signifiée à des millions de civils ? Or c'est précisément cet équilibre de la terreur, maintenant cimenté par la diplomatie et l'économie, qui autorise les deux plus grandes puissances à bloquer des évolutions qui, de plus en plus, explosent en terrorismes. Un gigantesque mécanisme, trop lourd pour être secoué et trop complexe pour être révisé, assure la tranquillité du désordre établi Nous le voyons également fonctionner à une échelle réduite à l'intérieur des Etats, où il produit des résultats analogues : le recours à des actes de rupture qui revêtent parfois des formes terroristes.

Allons plus loin. On s'indigne de ce que les terroristes particulièrement les pirates de l'air — s'en prennent à des « innocents ». Or il n'y a plus d'innocents en temps de guerre. Y en a-t-il en temps de paix ? Et de quoi sont donc coupables les enfants qui meurent de faim dans certains pays sous-développés ? Bénéficiaires d'un système qui fonde sur la menace permanente du massacre atomique et sur l'exploitation des pauvres son empire et sa prospérité, nous pouvons difficilement prétendre n'en être pas complices. Il est trop commode, lorsque ce système est agressé, de se réfugier dans la dénonciation vertueuse, et les Israéliens ont raison lorsqu'ils constatent que cette indignation est à la mesure de la peur qu'inflige le terrorisme à des nations qui, jusqu'alors, ne se croyaient pas concernées. Oui, un jour ou l'autre, n'importe lequel d'entre nous peut devenir un otage.

L'esprit du temps travaille à diluer la culpabilité individuelle. Personne ne se veut responsable de rien. Mais alors naît une culpabilité collective bien difficile à cerner, comme on le voit à propos des accidents de la route. Peut-être la diffusion du terrorisme aura-t-elle l'avantage de nous conduire à un examen de conscience sur notre responsabilité solidaire en politique. Ensuite — car il ne faut pas s'arrêter longtemps à l'accusation — nous devrions considérer que le terrorisme dénonce le blocage généralisé des sociétés et des institutions, nationales et internationales. L'hypertrophie technique, comme le montre Jacques Berque, se paye de l'immobilisation et de la réduction des autres facteurs du développement humain. Il faut donc s'employer à diversifier et à assouplir les institutions, de sorte qu'elles puissent traduire les évolutions de la base et se plier à la revendication de ces différences qu'exacerbe la civilisation technique.

Si, demain, chacun peut devenir une cible pour les tenants d'une cause qu'il méprise ou qu'il ignore, c'est le signe que nul n'échappe désormais à sa responsabilité à l'égard de l'ordre qui meurt et de celui qu'il est urgent de créer. Le terrorisme n'est pas un résidu de barbarie qu'on puisse évacuer à force de discours vertueux et de mesures policières, mais le symptôme d'un détraquement et d'une injustice essentielle, l'annonce de terreurs et de morts plus absurdes, qu'il reste en notre pouvoir d'éviter.

Jean-Marie Domenach, « Du Terrorisme », © *Esprit*, 1974.

☞ Pour vous guider

L'auteur, J.M. Domenach, philosophe contemporain, mort en 1997, fut professeur à l'Ecole polytechnique. Il a longtemps dirigé la revue Esprit. *Il est l'auteur de nombreux livres dont* Le Sauvage et l'ordinateur *(1976),* Approches de la modernité *(1988),* Ce qu'il faut enseigner *(1989),* Une morale sans moralisme *(1992). Le thème abordé, de nature socio-politique, est encore d'actualité. Il l'était déjà au moment de la rédaction du texte. Les références historiques et littéraires nombreuses, ainsi, par exemple l'allusion à Malraux et à son personnage de Tchen dans* La Condition humaine *(fin du cinquième paragraphe). La situation d'Israël et de la Palestine a évidemment un peu changé.*

Texte de 1350 mots environ, de densité moyenne, avec toutefois une grande richesse du propos et également des propositions un peu floues que le résumé devra dégager. Les nombreux exemples méritent un traitement spécial.

Plan du texte

1. Les abus du mot « terrorisme »
- *réservé à l'ennemi*
- *limité à des actes isolés.*
  - *ex : les Franc-tireurs (guerre de 40)*
  - *les Commandos sionistes (années 50)*

2. Le Terrorisme d'Etat
- *reconnu et admis*
- *plus répréhensible*
- *plus hypocrite*

3. Arguments politiques et moraux
- *a) efficacité relative*
- *b) logique douteuse*
  - *contradiction psychologique*
  - *confiscation politique*
  - *apparence criminelle*
- *c) limité à des situations exceptionnelles*

4. Le vrai sens du terrorisme aujourd'hui
- *a) conforme au face à face international (la dissuasion).*
- *b) valeur de dénonciation (Refus de l'alibi d'innocence individuelle)*
- *c) remise en cause sociale : provoque les évolutions.*

5. Conclusion
- *a) une menace pour tous*
- *b) symbole de nos erreurs*
- *c) avertissement pour le futur*

Résumé

L'habitude de réserver le mot « terrorisme » aux seules actions ennemies et en particulier aux opérations isolées, ne rend pas compte de l'existence de certaines situations de terreur permanente [1]. En effet [2], des Etats écoutés et reconnus instaurent des régimes bien plus coupables que les actions ponctuelles de ces groupes irréguliers qu'ils [3] condamnent pourtant avec indignation.

Car si [4] le terrorisme est parfois politiquement fort efficace, il recèle dans ses buts et dans ses méthodes [5] suffisamment d'incohérences pour que son emploi soit étroitement limité à des situations d'exception.

D'autre part, c'est la conjoncture mondiale actuelle, fondée sur une dissuasion atomique commode et bien autrement menaçante [6] qui entraîne ces fréquentes et inévitables explosions violentes. Nul n'est innocent dans cette prétendue paix et le terrorisme, dénoncé surtout parce qu'il fait peur, est particulièrement apte à révéler cette responsabilité collective. Il permet en outre de secouer le conservatisme socio-politique des Nations qu'il contraint au déblocage.

Ainsi, cette [7] menace générale qui nous accuse tous, signale nos erreurs présentes et nous invite à préserver l'avenir de celles qui nous guettent [8]. *(180 mots)*

Remarques sur le Résumé

[1] Les exemples sont supprimés ; il y en a beaucoup et le texte est trop dense pour qu'on leur sacrifie.

[2] Importance accordée aux articulations logiques. De même au début des paragraphes grâce aux « mots-outils » : *car, d'autre part, ainsi.*

[3] Utilisation des relatives : il y en aura six dans ce résumé (ce qui constitue peut-être un maximum !).

[4] Le « si » en tête de phrase permet très brièvement d'exprimer l'opposition entre deux idées : efficacité relative /contradictions internes.

[5] Nous ne reprenons pas les trois points de la contradiction, ce serait trop long pour une précision somme toute mineure. Nous rendons globalement l'idée au moyen de deux mots abstraits.

[6] Proposition apposée en forme d'incise ; même chose pour la relative « qu'on dénonce... fait peur ».

[7] Comme nous l'indiquions, les démonstratifs seront un moyen précieux d'assurer la cohésion (nombreux ici).

[8] Quatre paragraphes qui correspondent aux grandes idées dégagées par le plan (la première et seconde partie ont été regroupées). La conclusion est proportionnellement plus longue que le reste de la contraction : c'est que les idées y sont, comme souvent, abondantes et importantes.

Texte n° 9

Concours ENSI, 1978.
Proposez un résumé de ce texte en 180 mots.
Donnez un titre.

A l'heure actuelle, on se préoccupe beaucoup et à juste titre de faire pénétrer dans l'esprit du grand public les idées fondamentales et les idées essentielles de la Science contemporaine : dans cette œuvre de diffusion de la pensée scientifique, le rôle du langage ordinaire est essentiel, et il faut en bien posséder toutes les ressources si l'on veut pouvoir faire comprendre sous une forme exacte des problèmes toujours difficiles à un public cultivé, mais non spécialisé. L'importance de la langue employée par les savants pour traduire leur pensée, de ses qualités et de sa souplesse, apparaît ainsi en pleine lumière.

Or, les différentes langues actuellement parlées à la surface du globe possèdent à ce point de vue des avantages et parfois des inconvénients très divers. L'état présent de ces langues, leur structure, leur aptitude à traduire les nuances de la pensée et du sentiment sont le résultat d'une longue histoire. Des circonstances très variées, géographiques, ethniques et linguistiques ont présidé à leur naissance et à leur évolution : elles reflètent toute l'histoire matérielle et intellectuelle du peuple qui les emploie. Certaines d'entre elles, parlées par des peuples dont la civilisation est restée rudimentaire ou ne s'est développée que tardivement, sont peu aptes à exprimer les raffinements de la pensée ; d'autres, employées par des groupes humains plus enclins aux fantaisies de l'imagination ou aux allégories des symboles qu'à la précision des raisonnements logiques, se prêtent difficilement à l'exposé des idées scientifiques.

Même parmi les langues qu'utilisent les nations que l'on peut considérer comme étant à la tête de la civilisation contemporaine, des différences sensibles peuvent de ce point de vue être notées. Les unes possèdent une structure grammaticale compliquée, se prêtent aisément à la formation de mots composés ou d'adjectifs nouveaux et s'expriment volontiers en phrases très longues chargées d'incidences diverses : elles se montreront particulièrement adaptées à l'expression un peu imprécise, mais profonde, des grandes doctrines philosophiques, ainsi qu'à l'examen détaillé, parfois un peu lourd, mais souvent très instructif, de tel ou tel chapitre de la Science. D'autres, aux formes grammaticales écourtées, à la syntaxe particulièrement simple, instrument verbal créé par des peuples à tendance pragmatique tournés vers l'action et l'efficacité, seront remarquablement aptes à exprimer les idées scientifiques sous une forme claire et concise et à fournir des règles précises pour prévoir les phénomènes et agir sur la nature sans trop se préoccuper de pénétrer tous ses arcanes.

Parmi ces moyens d'expression, la langue française tient une place à part et en quelque sorte moyenne. Sa grammaire exigeante, sa syntaxe assez rigoureuse constituent une sorte de frein aux fantaisies et aux excès de l'imagination. Moins souple que d'autres langues, elle assigne aux mots à l'intérieur des phrases une place presque nécessaire et ne se prête que difficilement à ces inversions qui, en rapprochant certains mots ou en les isolant, permettent d'obtenir des effets inattendus et donnent à certaines langues comme le latin la faculté de réaliser ainsi des contrastes d'une saisissante beauté littéraire. De plus, le français répugne aux longues périodes chargées de propositions incidentes, ce qui le prive aussi de certaines possibilités : sans doute maints auteurs et non des moindres ont cependant su avec talent employer un style de ce genre, mais c'est là une sorte de prouesse, car ce style n'est pas très conforme au génie de la langue française. Mais, si cette langue est peut-être moins que d'autres susceptible d'exprimer par des artifices de construction d'émouvants contrastes ou de suivre tout au long de phrases à multiples ramifications les obscurs dédales d'une pensée complexe, elle reprend tout son avantage quand il s'agit d'exprimer avec précision, en suivant le fil d'un raisonnement logique, un enchaînement d'idées claires et distinctes... »

Au XVIIe siècle, époque du premier grand essor de la Science moderne, les grands maîtres de la littérature classique française sont tous des « hommes de raison » qui veulent toujours déduire, démontrer et convaincre, et spontanément ils cherchent à faire de la langue qu'ils utilisent un instrument adapté à l'expression des idées claires et distinctes. Et le français se stabilise alors en se coulant dans un moule de rationalité. Puis vient le XVIIIe siècle qui, jusqu'à la réaction romantique, sera lui aussi épris de rationalisme, et saura plus encore que le siècle précédent faire preuve d'un esprit critique assez souvent teinté de scepticisme et d'ironie. Notre langue, tout en gardant son aptitude à traduire la pensée déductive, va acquérir ainsi plus de finesse dans les analyses et plus de souplesse pour traduire les nuances. Et, au cours de ce siècle des lumières qui verra déjà un grand développement de toutes les sciences mathématiques, physiques et naturelles et de leurs applications, le langage scientifique français deviendra un magnifique instrument prêt à remplir les tâches les plus difficiles. C'est là sans aucun doute une des raisons (il y en a certainement d'autres aussi) qui ont assuré à la France un rôle particulièrement brillant dans le progrès des sciences au cours de la période de cinquante ans allant de 1780 à 1830, période qui marque un des apogées de la pensée scientifique dans notre pays...

J'ai été souvent amené à réfléchir sur les conditions dans lesquelles se produisent les grandes découvertes scientifiques, et je pense qu'on doit leur donner pour origine une sorte d'illumination brusque qui se produit dans l'esprit du savant et qui a pour condition un rapprochement, une analogie, une idée synthétique, dont il prend subitement conscience. Ce phénomène, décrit par de très grands savants comme Henri Poincaré et Max Planck, est ce qu'on peut appeler le « trait de lumière » qui éclaire brusquement tout un domaine demeuré obscur : dans le cas des très grandes découvertes, ce trait de lumière, c'est l'éclair de génie.

Or, le Français a depuis longtemps la réputation d'être souvent un homme d'esprit, et peut-être cette réputation lui a-t-elle quelquefois un peu nui, car avoir de l'esprit dans la conversation, c'est quelque chose qui peut paraître un peu frivole. La langue française, dont les bases se sont consolidées à une époque où les conversations brillantes jouaient un grand rôle dans les relations sociales et en particulier dans ce XVIIIe siècle qui fut le siècle de Voltaire, de Marivaux et de Beaumarchais, a acquis une grande aptitude à prendre ce tour vif et rapide qui parvient à suivre les méandres d'une pensée fine et spirituelle. Mais, me direz-vous, quel rapport y a-t-il entre la tendance, souvent futile et parfois irritante, à « faire de l'esprit » et les chemins, qui, vus de loin, paraissent si austères, de la découverte scientifique ? Ce rapport existe cependant. Qu'est-ce en effet qu'avoir de l'esprit, si ce n'est être capable d'établir soudainement des rapprochements inattendus qui instruisent ou qui amusent ? Une langue alerte qui s'adapte aisément à de tels rapprochements pourra favoriser la découverte scientifique, et cela parce que le « trait d'esprit » des ironistes et le « trait de lumière » des grands découvreurs dont je parlais plus haut relèvent au fond d'agilités intellectuelles qui ne sont pas sans parenté. De ce point de vue encore, la langue française aussi apte à traduire les intuitions rapides et les fines remarques d'un esprit pénétrant qu'à exposer les raisonnements précis ou les analyses minutieuses a été et reste un instrument précieux pour l'expression de la pensée scientifique.

Louis de Broglie, *Sur les sentiers de la science*,

☞ Pour vous guider...

Ce texte compte 1400 mots environ ; la difficulté tient surtout, ici, au temps, puisqu'on demandait aux candidats de réaliser leur résumé en... une heure. Peu de problèmes de compréhension dans ce texte ; une écriture et une construction très claires (deux grandes parties : la langue et la science ; le Français et la Science). Le contenu du texte s'adapte bien aux préoccupations des futurs ingénieurs ; c'est souvent le cas pour ce type d'épreuves. Louis de Broglie, physicien fameux, reçut le Prix Nobel de physique en 1929. Il est célèbre pour ses recherches sur la théorie des quanta et la mécanique ondulatoire.

Résumé

Science et langage

Pour répondre au besoin moderne d'une large diffusion de la pensée scientifique, la langue du savant doit être parfaitement claire et accessible [1]. Or les langues, produits de l'histoire [2], reflètent un niveau de civilisation : trop primaires ou trop confuses, et elles sont inaptes à rendre les idées scientifiques. Parmi celles des pays développés, certaines, lourdes, chargées, s'accordent au discours philosophique, d'autres directes, concises, conviennent à la science [3].

> La langue française est intermédiaire ; bien que sa syntaxe soit rigide, l'ordre des mots contraignant, le style périodique rare [4], elle s'impose dans la précision logique. Les penseurs du XVIIe siècle lui impriment des règles de rationalité ; les philosophes des Lumières, sans négliger l'exigence rationnelle, la dotent de cette souplesse qui contribuera au formidable rayonnement de notre pensée scientifique [5].
>
> Souvent [6] les découvertes scientifiques résultent d'une illumination inattendue qui relève du génie intuitif. Le Français, reconnu spirituel, habile à la jonglerie verbale, bénéficie de qualités proches de celles du découvreur à l'intelligence alerte [7]. A la fois subtile et rigoureuse, la langue française sert bien à l'expression scientifique [8]. *(180 mots)*

Remarques sur le résumé

[l] On peut mesurer, dans cette phrase, l'importance du choix des mots : les adjectifs, l'adverbe, contiennent tous une forte charge sémantique qui raccourcit le propos.

[2] Cette incidente est un peu rapide pour rendre le développement sur l'histoire ; pourtant il ne s'agit, en fait, que d'une digression.

[3] Dans cette catégorie de langues, l'auteur propose une distinction binaire ; il faut la rendre en utilisant, par exemple, la symétrie de la forme.

[4] Exemple de cette « mise en facteurs communs » dont nous parlions : le verbe « être » n'est pas répété.

[5] Phrase probablement un peu longue ; elle veut faire l'historique du sujet. L'évolution (XVIIIe, puis XIXe siècles), l'aboutissement (fin XVIIIe, début XIXe siècles) sont difficiles à rendre précisément et brièvement.

[6] On regrettera l'absence de lien apparent entre ce paragraphe et le précédent. En vérité, il s'agit d'un effet de style ; l'auteur rompt son sujet qu'il reprend par la suite (le Français adapté à la science) ; le résumé suit le procédé.

[7] On notera, dans ce résumé et dans les suivants, l'importance accordée à la ponctuation : voilà un moyen gratuit (les virgules ne sont pas des mots !) de nuancer l'expression et de donner à la phrase une allure tout à la fois plus écrite et plus souple.

[8] La dernière phrase — conclusion du texte — doit avoir suffisamment de vigueur et de netteté pour exhiber l'idée essentielle du texte ; elle ne doit pourtant pas sacrifier la précision (les deux facettes de la langue française).

Texte 10

Concours d'Ingénieurs d'études et de fabrication de la Direction des constructions navales, 1992.
Proposez un résumé de ce texte en 200 mots.
Une tolérance de 5 % en plus ou en moins de ce format vous est consentie.

Il n'est pas rare que l'économie et l'environnement soient mis en opposition radicale. A l'heure où la protection de la nature acquiert une priorité jusqu'ici jamais atteinte dans la plupart des pays industrialisés, dans un contexte de croissance retrouvée, le moment paraît venu de faire tomber un certain nombre de tabous et idées fausses.

L'économie détruit l'environnement. Toute activité économique, même à l'âge de pierre, exige une exploitation des ressources naturelles : l'homme ne peut vivre qu'en prélevant sur la nature. L'économie est fondamentalement arbitrage entre les besoins quasi illimités des homme et la rareté des ressources. Il y a donc nécessairement destruction des ressources mais également renouvellement par création de richesses.

L'économiste a un rôle à jouer afin que l'activité économique assure l'entretien et le maintien de la base de ressources nécessaires au bien-être et au devenir des hommes. Pour ce faire, il faut que le marché reçoive les signaux adéquats, à savoir qu'une valeur monétaire — c'est-à-dire un prix — qui reflète leur rareté et leur utilité effectives soit imputée aux ressources environnementale (air, eau, faune, flore, ressources du sol, etc.). Mais attention !

Le marché est myope ; livré à lui-même, il ne donne pas spontanément un prix aux ressources écologiques dont la « gratuité » entraîne la surexploitation, le gaspillage et la dévastation. Pas plus qu'il n'a assuré la protection des travailleurs en l'absence de signaux extérieures (règles et contrainte) permettant un couverture décente des « coûts de l'homme », le marché ne peut réaliser une gestion efficace des ressources écologiques sans interventions exogènes (en particulier leur tarification par les pouvoirs publics en fonction de leur rareté ou de leur utilité).

Les chocs pétroliers ont permis une prise de conscience salutaire — mais hélas provisoire car nous avons la mémoire courte — de la rareté des ressources énergétiques. Peut-être un « choc écologique » — (le changement climatique ?) — pourrait-il déclencher un processus de tarification économiquement et écologiquement réaliste des ressources d'environnement.

Mais cela exige des choix de société, c'est-à-dire au bout du compte, des choix tutélaires qui délimitent le cadre dans lequel le marché peut et doit opérer, en l'absence de décision politique, aucune mesure ne sera prise pour remédier au changement climatique et a fortiori, le marché restera « inactif » dans ce contexte. par contre, en vertu d'un choix tutélaire, on peut tirer avantage des mécanismes du marché en décidant, par exemple, de taxer les émissions de gaz carbonique, d'accélérer la disparition des chlorofluorocarbones qui détruisent la couche d'ozone au moyen de taxes ou de quotas d'utilisation négociables.

Une critique souvent formulée est que le recours aux mécanismes du marché ne permettrait que des ajustements « à la marge » sans grands effets ni lendemains. Mais qui préconise encore une intervention marginale ? De nombreuses études aux Etats-Unis, dans les pays scandinaves et en RFA montrent que le « consentement à payer » des individus pour la protection des ressources naturelles et de la biosphère est considérable.

Ainsi, aux Etats-Unis, on a pu évaluer à 7,4 milliards de dollars par an la valeur de conservation esthétique du site du Grand Canyon et des zones aménageables en parc dans le sud-ouest du pays. En Norvège, la valeur attribuée à la seule conversation des poissons a été estimée à 1 % du PIB (en valeur 1982, année où le total des dépenses de lutte contre la pollution en Norvège était de 1,13 % du PIB).

Si de telles valeurs — révélées par les individus eux-mêmes et non fixées arbitrairement étaient internalisées dans le calcul économique, il en résulterait des changements significatifs dans les ajustements effectués par le marché, encore faudrait-il accepter de prendre en compte ces valeurs. On a coutume de dire que les comportements et mécaniques économiques sont fondés sur le principe « un dollar, un vote » ; force est de reconnaître que le « vote économique » pour la protection de l'environnement est en fait franc et massif.

Protéger l'environnement nuit à la croissance économique. Voilà un autre mythe qui a la vie dure. On dira, par exemple que l'environnement coûte cher. Il faut raison garder : dans les pays industrialisés, les dépenses de protection d'environnement (publiques et privées) représentent de 8 % à 1,7 % du PIB. En France, ce chiffre était de 1,3 % en 1988 et l'investissement industriel dans le domaine de l'environnement était de 1,8 % de l'investissement total, chiffre d'ailleurs en stagnation depuis plusieurs années. Il est vrai que des politiques de l'environnement plus ambitieuses (par exemple, traitant du changement climatique, des pluies acides, des substances toxiques), impliqueraient des dépenses beaucoup plus élevées. Ainsi, les Pays-Bas prévoient que leurs dépenses passeront à 3,5 % du PIB à l'horizon 2010, contre environ 1,4 % actuellement.

Tous les modèles macro-économiques indiquent des impacts économiques négligeables : effet à peine discernable sur le taux de croissance ; pression inflationniste quasi nulle (de 0,1 % à 0,6 % par an, selon les pays, et selon les périodes) ; légère variation de l'emploi (parfois stimulation, parfois baisse). Il faut souligner que ces modèles ne prennent en compte que les dépenses de protection de l'environnement.

Les avantages (ou bénéfices) obtenus grâce à ces dépenses (en particulier en termes de mortalité et de morbidité réduites grâce à une moindre pollution) n'y interviennent pas parce que non comptabilisés (faute d'évaluation économique fiable de ces avantages et d'un cadre comptable approprié).

Les économistes ne se soucient pas de l'environnement. Au cours de ces vingt dernières années s'est développée une branche nouvelle de l'économie dite « économie de l'environnement ». Cette discipline n'a d'autre raison d'être que d'assurer la meilleur gestion possible du patrimoine naturel, mais c'est, il faut bien le dire, un rôle ingrat, qui expose l'économiste à la vindicte des écologistes et à la méfiance des décideurs.

C'est un rôle ingrat de montrer aux décideurs que les objectifs des politiques de l'environnement, explicites ou implicites, n'ont aucune justification ni rationalité économiques en l'absence d'évaluation des coûts et avantages qui leur sont associés : si le coût des dommages à l'environnement est de 6 % du PIB (chiffre avancé pour la RFA), comment justifier des dépenses de prévention inférieures à 1,5 % du PIB ?

Qu'est-ce qui justifie l'acceptation d'un niveau de pollution donné plutôt qu'un autre ? L'économiste a une réponse : les dépenses (coûts) réalisés pour atteindre un objectif donné doivent égaliser (à la marge) les avantages obtenus (en général définis comme les dommages évités grâce à ces dépenses). Mais cela exige de rendre explicites des objectifs en général implicites, voire inexistants.

C'est un rôle ingrat de montrer que certaines politiques de l'environnement sont économiquement inefficaces, parce que fondées sur des dispositifs réglementaires lourds et coûteux. L'économie plaide pour des solutions souples telles que la tarification des ressources (taxes et redevances) ou l'échange de droits de pollution à l'intérieur d'une enveloppe fixe, autant d'instruments économiques qui permettent d'atteindre les objectifs à moindre coût.

Cette approche commence à faire son chemin dans nombre de pays ; une étude récente, portant sur quatorze pays, a mis en lumière quelque cent cinquante cas d'applications d'« *instruments économiques* » pour la production de l'environnement, mais cette approche économique progresse lentement, car il faut changer les mentalités et les habitudes...

Il est enfin quasi héroïque, face au court terme électoral et à la dépréciation du futur, de montrer, par le calcul économique, que les politiques à courte vue négligent ou bafouent les générations à venir, en particulier par la non-prise en compte des effets irréversibles (destruction des sites, extinction des espèces). L'absence d'évaluation économique des valeurs dites de « legs » (valeur que l'on impute à la conservation d'une ressource pour les générations futures) ou le choix erroné d'un taux d'actualisation pèsent lourdement sur les générations futures auxquelles, a-t-on pu dire, « *nous empruntons l'environnement* ».

Entre l'utopie du « tout préserver à tout prix » et la confiance aveugle en la main invisible, il y a place pour une gestion économique de l'environnement. Non seulement le marché peut être « corrigé » pour éviter la destruction de l'environnement, mais il peut être utilisé comme un puissant moyen de protection de l'environnement. Cela ne signifie nullement que le marché soit le seul moyen de protection de l'environnement.

D'autres approches complémentaires peuvent et doivent être mises en œuvre (en particulier les réglementations et contrats avec l'industrie). Cela n'implique pas non plus un abandon de l'environnement au libre jeu du marché. Stuart Mill lui-même n'écrivait-il pas : « *Il n'y a pas grand plaisir à considérer un monde où il ne resterait rien de livré à l'activité spontanée de la nature* ».

Jean-Philippe Barde, « La Nature hypothéquée »,
© *Le Monde*, 24 mars 1990.

☞ Pour vous guider...

On peut classer ce texte dans la rubrique économie, et les nombreux chiffres et pourcentages l'attestent. Sa thèse est simple : tenter de réconcilier les frères (étymologiques) ennemis économie et écologie. Aucun piège ni mystère donc, on pourra concentrer son effort sur la restitution synthétique des principales réfé-

rences chiffrées, sur la structuration ternaire indiquée par les intertitres, sur le regroupement nécessaire des paragraphes à la fois courts et nombreux.

Résumé

On a tort d'opposer économie et environnement. S'il est vrai que l'économie puise dans le patrimoine écologique, elle est bien placée pour attribuer un juste prix aux ressources naturelles. Un tel choix, de nature politique, permet ainsi d'utiliser des lois du marché pour assurer la préservation de l'environnement et responsabiliser les citoyens.

En second lieu, on peut montrer que la protection de la nature ne pénalise pas la croissance économique. La part de l'investissement industriel consacrée à l'écologie n'est pour l'instant, en France, pas très élevée et sans grande incidence sur les indices conjoncturels.

Enfin, on doit admettre que, depuis un quart de siècle, les économistes se sont intéressés à l'environnement. Ils sont les mieux aptes à choisir le bon équilibre entre la prédation et la protection, entre les avantages écologiques et les intérêts économiques. Sur ce point, les esprits évoluent et conviennent de la pertinence de l'outil économique.

Ces prises de conscience sont certes ralenties par les priorités politiciennes tournées vers la satisfaction de l'électeur. Pourtant, elles sont une bonne manière de concilier des exigences apparemment incompatibles. Même s'il en existe d'autres, ces réponses ne doivent pas être négligées. *(200 mots)*

Texte n° 11

Résumez ce texte en 200 mots (+ ou- 5 %).

Dans la même semaine, un article de M Jean-Claude Pecker sur Flammarion (*Le Monde* du 4 juin) et un entretien du professeur J. Hamburger avec Pierre Desgraupes (*Le Point* du 2 juin) ont à nouveau attiré l'attention sur la critique de la science et sur le « devoir du savant » qui, pour ces deux scientifiques, semble se réduire à « informer : indiquer les chemins possibles de la décision, montrer les conséquences de chacun de ces chemins, bref fournir les éléments des choix », comme le dit M. Hamburger en réponse à une question où on lui demandait, très directement, s'il n'est pas « du devoir du savant d'aider à empêcher ces retombées maléfiques » qui sont, et fort justement à notre avis, à l'origine du mouvement actuel de contestation.

Il y a longtemps — Archimède, déjà... — qu'il se trouve des scientifiques pour fournir à ceux qui gouvernent, M. Hitler inclusivement, l'information « aussi complète, aussi claire, aussi accessible que possible » que MM. Pecker et Hamburger leur font un « devoir » de communiquer (sans nous dire à qui), et pour leur faire entrevoir des possibilités que, réduits à leur seule culture politique, ils n'eussent jamais soupçonnées. Pour citer un exemple particulièrement démonstratif, on sait que, la fission de l'uranium ayant été découverte à Berlin en décembre 1938, les organismes américains, anglais, allemands et français, et fort probablement aussi les Soviétiques, furent tous informés avant mai 1939 (et dès la fin janvier aux Etats-Unis), des potentialités militaires des travaux en cours ; dans tous les cas, des physiciens de premier ordre, indépendamment les uns des autres et apparemment sans susciter la moindre opposition chez leurs collègues, prirent l'initiative de ces contacts et, au surplus, luttèrent pendant des mois et des années pour obtenir de leurs gouvernants, peu convaincus des possibilités à court terme, une aide massive que seul le gouvernement américain finit par accorder avec les conséquences que l'on sait. On pourrait faire des constatations analogues à propos du développement des armes chimiques, de l'aéronautique, du radar, des ordinateurs, des fusées, de la bombe H, etc. On voit mal comment il pourrait en être autrement puisque, au début, tout au moins, les scientifiques sont évidemment les seuls à entrevoir et à comprendre les développements futurs.

M. Pecker nous rassure en nous disant que « de tout temps on a fabriqué des engins de mort et en même temps amélioré le niveau de vie de l'homme » et que « c'est plus grave maintenant, peut-être, mais d'un strict point de vue quantitatif seulement ». Sans trop ironiser sur le niveau à partir duquel le « quantitatif » se change en qualitatif, notons d'abord que si, un jour, et comme tout le laisse prévoir dans un monde qui se fait la guerre depuis cinq cents siècles, une troisième guerre mondiale conduisait, grâce aux progrès conjugués de la physique nucléaire, de l'électronique et des techniques aéro-spatiales, à cinq cents millions de victimes incapables de se défendre, il ne suffirait pas, pour compenser cette erreur technologique maximale, de nous dire que le même progrès a permis aux hommes de traverser l'Atlantique en sept heures, de contempler chez eux M. Giscard d'Estaing en couleurs et en relief ou de se faire vacciner contre la tuberculose. Si l'on songe aux réactions provoquées par les exhibitions, pourtant modérées par comparaison, de la guerre du Vietnam, il se trouvera sans doute alors beaucoup de gens pour penser que le « progrès » dans les domaines en question avait quelque chose de fondamentalement mauvais, même si M. Pecker trouve « absurde » la distinction entre une science « bonne » et une science « mauvaise ».

Mille cinq cents polytechniciens

M. Hamburger nous dit que « ce n'est pas le progrès de la science qu'il faut mettre en accusation, mais bien l'usage que les hommes font de ce progrès ». Mais comment la notion de « progrès de la science » pourrait-elle avoir un sens indépendamment des hommes qui le font avancer, de ceux qui l'utilisent et des gouvernants qui la financent ? Comme le disait en 1969, le conseiller scientifique de M. Richard Nixon, ce n'est pas pour nous fournir des « parcs d'attraction » que les politiques nous attribuent tant de crédits ; dans notre pays, où la médecine dépend de la charité publique et où la physique et les techniques atomiques prospèrent, M. Hamburger est bien placé pour savoir que la répartition des crédits gouvernementaux détermine les branches qui progressent rapidement et celles qui végètent.

Quant aux retombées militaires (fort justement les plus controversées, car si la guerre est inévitable, la solution n'est pas de la transformer en massacre généralisé), on ne peut que constater l'énorme expansion, depuis 1940 et la guerre froide, des organismes spécialisés dans la recherche et le développement. Disposant de crédits fabuleux (8 à 10 milliards de dollars par an au Pentagone, 10 à 30 pour toute la planète) et d'un personnel d'un très haut niveau (mille cinq cents polytechniciens, plus les autres, en France, vingt ou cinquante fois plus ailleurs), ils sont, depuis trente ans, en contact permanent et organisé, aussi bien avec les milieux scientifiques d'où peut surgir l'innovation, avant tout dans les sciences physiques, où les « contrats de recherche » accélèrent artificiellement le progrès et favorisent les relations publiques... qu'avec les industries « de pointe » susceptibles de produire la quincaillerie. Leur mission est de saisir toutes les occasions qui se présenteront de transformer le progrès scientifique en progrès militaire, afin de contrer (ou, si elle n'existe pas encore, de susciter) la « menace technologique » que l'ennemi présumé fait peser sur nos têtes, comme l'écrit à peu près le directeur des recherches et moyens d'essais (D.R.M.E.) au ministère de la défense, mon collègue, le professeur Jacques-Emile Dubois, de Paris VII.

Quoique la culture de l'aveuglement thérapeutique soit fort répandue chez eux, tous les scientifiques finissent par découvrir ces organismes ; D.R.M.E. et direction des applications militaires (DAM), du commissariat à l'énergie atomique en France, offices de recherches de l'armée de l'air ou de la marine américaines, Rand, Lincoln Lab, Los Alamos, etc. aux Etats-Unis, par exemple ; pour l'U.R.S.S. voyez les allusions de Soljenitsyne et de Sakharov. Ils savent tous qu'il est hors de question d'éviter les éventuelles retombées « mauvaises » du progrès scientifique : les organismes spécialisés sont là pour les exploiter avec l'aide de centaines d'experts extérieurs désireux, comme tous les scientifiques, de recevoir l'admiration de leurs pairs en résolvant les premiers des problèmes difficiles, et éventuellement animés à l'égard de l'ennemi potentiel des impulsions idéologiques qui, au lendemain même de l'annonce par Truman de l'explosion atomique soviétique, conduisirent Lawrence, Alvarez et Lattimer à s'envoler de Berkeley pour aller réclamer à Washington un nouveau Manhattan thermonucléaire (qu'on leur accorda, malgré les avis contraires d'autres experts tout aussi qualifiés, après quelques mois de débats secrets).

Des pirouettes dialectiques

En attribuant tout le domaine gouverné par les sciences physiques et les techniques connexes une écrasante priorité aux applications militaires, ce système contribue à discréditer l'idée même de progrès scientifique, les utilisations pacifiques n'apparaissent plus que comme des retombées tardives (et qui, cyniquement, les « justifient ») des précédentes. Sa devise est fort simple : permettez-nous, avec votre argent, d'inonder le monde de B-52, de chasseurs et de fusées et nous vous permettrons d'utiliser 15 % de notre production pour traverser la Sibérie ou le Pacifique en quelques heures et pour rien. Mise à part la « lunatic fringe » (minorité contestataire) américaine, qu'on internerait en U.R.S.S. si elle s'y manifestait, tous les scientifiques (et *a fortiori* les ingénieurs, muets comme des carpes), s'accommodent fort bien de cette situation, notamment si c'est le laboratoire d'à côté qui fait liaison avec Lockheed ou la Direction des applications militaires du C.E.A.

Se borner à fournir de l'information aux décideurs (qui ne demandent en effet, rien d'autre. !) reviendrait dans ces conditions, et dans ces domaines, à s'en remettre pour la moralité des choix aux éminents successeurs de MM. Hitler, Churchill,

Truman et Staline, avec les résultats que tout le monde peut prévoir. Si cette conception de la responsabilité scientifique prévaut dans la corporation, quoi d'étonnant à ce que le public, peu habitué à ces pirouettes dialectiques, ne fasse pas de distinction entre la science à majuscule et ses applications ? Et si les décideurs décident de développer la bombe H et les gaz binaires ou de transformer la bactériologie pasteurienne en fléau de l'Apocalypse, MM. Hamburger et Pecker mettront-ils la main à la pâte ?

Après les expériences de notre temps, la seule éthique scientifique simplement décente est celle que M. Georges Wald a formulée, le 4 mars 1969, au Massachusetts Institute of technology (110 millions de dollars cette année-là, pour les salaires des professeurs et le système de guidage des missiles Poséidon) : *our business is with life, not death* (notre activité concerne la vie, non la mort). Le moins que l'on puisse alors faire est d'opposer un boycottage systématique et motivé à tous ceux, organismes et « collègues » (*equations do not make bombs*, Bertrand Russel : ce n'est pas avec des équations qu'on fait des bombes), dont la fonction est de transformer le progrès scientifique en instrument d'extermination de l'homme. Autrement, l'alternative la plus plausible est celle d'un « désert post-nucléaire où l'on pendra les scientifiques ». Ce serait bien la première fois, depuis Archimède, qu'ils mourraient, comme de vulgaires paysans, d'avoir fait la guerre !

Roger Godement, « Le Bon, le mauvais et la responsabilité du savant »,

☞ Pour vous guider...

Le texte, sur un sujet scientifique, est déjà ancien mais les questions qu'il soulève restent d'actualité. Les références, en revanche, datent. L'auteur est professeur de mathématiques à l'Université de Paris VII. Les intertitres sont probablement de la rédaction du journal Le Monde *ou l'article fut publié. Ils permettent de découper le texte, mais n'apportent rien dans la compréhension. Vous n'avez pas à les reprendre dans le résumé. Le texte n'est pas d'une grande difficulté, si ce n'est la restitution des nombreux exemples, le discours rapporté (l'auteur fonde son article à partir des positions de deux savants dont il cite le nom et les affirmations), le style souvent allusif (la deuxième partie), chargé (la première phrase), imagé (la fin). Le format de l'article est d'environ 1600 mots ce qui donne une proportion approximative de contraction de 1/8.*

Résumé

Le savant peut-il se contenter, comme le déclaraient encore récemment Messieurs Hamburger et Pecker [1], d'être un informateur neutre et détaché ? Les scientifiques savent pourtant bien que leurs découvertes ont toujours été utilisées à des fins militaires ; ils ont même parfois — comme pour la bombe atomique [2] — suggéré ces orientations. On ne peut guère, par ailleurs, prétendre excuser les conséquences meurtrières du progrès par des applications plus pacifiques [3].

Certes, les hommes qui l'utilisent, plus que la science elle-même sont à mettre en cause. Mais précisément, les crédits considérables et le personnel d'élite affectés à ce type de recherche, révèlent le choix des Etats. Bien que souvent conscients de cette récupération politique, les savants, stimulés par l'amour-propre, l'émulation ou le nationalisme [4], laissent faire.

On comprend alors les réticences de l'opinion publique face à un progrès scientifique dont l'essentiel est bel et bien consacré à l'armée ! D'autant plus que le silence de la majorité des savants est senti sinon comme une complicité, du moins comme une démission [5]. C'est en [6] ramenant la science à sa vocation humanitaire, en refusant concrètement [7] de cautionner l'œuvre de mort, que l'on sauvera le progrès et les savants [8]. *(200 mots)*

Remarques sur le résumé

[l] Nécessité absolue de citer (au moins une fois) le nom de ces deux hommes de science qui servent de point de départ au texte. On peut aussi les citer séparément pour « marquer leur différence ». Mais le résultat est évidemment plus long.

[2] Exemple important intercalé dans le discours par insertion incidente.

[3] Les exemples sont nombreux dans le texte et dans ce passage en particulier ; sans les reprendre, on doit remonter à l'idée abstraite qu'ils illustrent (ici, les deux faces du progrès).

[4] Trois termes pour expliquer les motifs des scientifiques : le choix des mots est ici fondamental.

[5] « Sinon... du moins... », un de ces « balancements » symétriques qui donne au résumé son style écrit et qui permet d'introduire des nuances. A noter que le texte se présente ici sous la forme d'une fausse interrogation : le résumé ne s'intéresse qu'à la réponse.

[6] « C'est en... que... » : tournure idiomatique commode pour introduire la proposition de solution.

[7] Adverbe qui permet de résumer, rapidement, la teneur des actions à mener.

[8] Trois paragraphes, conformément au découpage du texte : ce n'est pas une règle absolue, mais ici les alinéas s'imposent.

Texte n° 12

Concours ECRICOME 1991.
Résumez ce texte en 250 mots (plus ou moins 10 %).
Donnez un titre.

Il a tant été dit sur les périls que les techniques font courir à l'humanité, depuis les temps déjà lointains où le Saint-siège condamnait l'usage de l'arbalète comme inhumain, il a tant été écrit depuis quelques années sur les menaces que le monstre des techniques fait peser sur nos lendemains, on a tant répété que nos techniques nous dépassent peu à peu et risquent de nous engloutir — que le préhistorien ou l'historien des techniques mortes peuvent en venir à se demander s'il existe véritablement là un problème neuf ou si nous ne sommes pas seulement prisonniers de l'illusion de celui qui, parce qu'il se meut dans un tournant, peut penser qu'il se porte vers des horizons jamais vus par d'autres.

On a dit « les périls des propos habituels sur la technique qui, ne relevant d'aucun genre défini, offrent libre carrière au confusionnisme, à l'imprécision, à l'affectivité, à l'impressionnisme », on a dit aussi que « la technique est un sujet qui mérite autant de respect que la métaphysique pure ou la sociologie positive » ; ces sages observations consacrent, en quelque sorte, la séparation entre le technique dont le philosophe parle souvent sans réelle connaissance profonde et le philosophique ou le sociologique, valeurs respectées et familières. C'est comme antagonistes que se situent les menaçantes techniques, tenues pour des mineures à l'égard desquelles il est peut-être utile de provoquer une révision des jugements. Je ne sais si le problème est ainsi bien posé, mais il est certainement posé d'une manière révélatrice de la constante actualité du dialogue entre l'*homo sapiens* et l'*homo faber*.

Prenons le problème suffisamment près de sa racine : la Préhistoire connaît des créatures humaines dont elle découvre les squelettes et elle connaît le produit des techniques humaines sous la forme d'outils de pierre, les uns et les autres allant se perdre dans la pénombre à quelques centaines de milliers d'années de nous. Mais, ce sur quoi on n'insiste peut-être pas suffisamment, c'est que la science anatomique ne sait pas reconnaître les hommes à leur squelette : c'est seulement lorsqu'on leur a découvert des outils que les Australopithèques ou les Pithécanthropes sont devenus des hommes aux yeux de la science. Faute d'outils, ils auraient été condamnés à demeurer dans les limbes, entre les singes et nous. On a nié tout d'abord que les Pithécanthropes aient pu tailler des outils, jusqu'à ce qu'on en trouve auprès des Sinanthropes, des Atlanthropes, de tous les « anthropes » qui se multiplient d'année en année, en possession d'œuvres dont l'habileté est un défi au cerveau primitif de leur fabricant. La dernière victoire, toute récente, de la technique sur l'homme, est la découverte, au Tanganyika, de l'outillage des Australopithèques, les plus primitifs de tous les candidats à l'humanité, qu'on n'osera peut-être plus, dorénavant, nommer « pithèques » : mais sans doute « australanthropes ». « Hommes » ils l'étaient certainement, car une activité technique réfléchie est notre propre en face des animaux, mais est-il possible alors de conserver une image monolithique de l'humanité ? Il y a certainement, dans les discussions sur la qualité humaine, une confusion de langage : la technique en est responsable.

L'anatomiste, toujours démenti par les outils dans ses pronostics sur les fossiles, possède pourtant, à coup sûr, une image philosophiquement valable de l'humanité : il part de notre crâne, abritant une pensée reconnue humaine et, par soustraction, il atteint un point où il lui semble légitimement que le crâne fossile ne peut plus contenir tout à fait la pensée d'un homme. En d'autres termes, l'outil vaut mieux que le crâne de celui qui l'a fabriqué et les plus vieux « anthropes » étaient déjà dépassés par leurs techniques. Malgré son allure de facile paradoxe et le peu d'usage qui en a été fait, cette constatation ressort de la plus grande expérience : le « dépassement technique » et le dialogue entre l'intelligence humaine et l'outil naissent à peu de distance du point 0 de la technicité. De toutes les activités humaines, la technique est la seule qui ne revienne jamais à son point de départ : on repense Platon à chaque génération, on ne repense pas les techniques, on les apprend ; les millions de rencontres entre les ouvriers et l'outil font qu'elles progressent, cumulativement, par améliorations insensibles, comme évoluent les être vivants. De sorte que les techniques, produit de la pensée humaine, ont une vie qui échappe à l'humanité individuelle, chacun les prend au point où elles en sont et elles courent devant lui jusqu'à la génération suivante.

Parler de notre dépassement actuel par les techniques est donc une faux problème : les techniques sont normalement « dépassantes » et le point angoissant n'est probablement pas là. Pour celui qui parcourt de long en large l'espace empoussiéré des millénaires, le problème est plutôt dans le lien qui unit la technique au cerveau de l'homme : savoir si l'on est « homme » parce qu'on fabrique des outils, savoir si l'on peut, avec les philosophes, concevoir deux sortes d'humanité, successives d'abord, puis conjointes dans la vie de chacun, celle de l'*homo faber* et celle de l'*homo sapiens*, savoir si l'on pense *faber* et *sapiens* avec les mêmes coins du cerveau, si les plus vieux hommes n'ont pas commencé par un cerveau où la pensée sapienne n'avait qu'un nombre de cases très limité, si le cerveau technique n'a pas dépassé au départ le cerveau « cérébral ». En termes plus orthodoxes, on peut se demander si, dans l'extension reconnue du néopallium cérébral, les centres corticaux de la motricité manuelle et les zones d'association qui s'y rapportent n'ont pas précédé le développent du dispositif complexe dans lequel le langage mobilise les éléments d'une pensée intellectuelle. Sur le premier point, la paléontologie peut répondre de façon claire : la station droite, une face courte, une main libre de la marche sont les signes communs aux premiers fabricants d'outils et à nous. De tous les critères la station droite est le plus important, car il commande un remaniement crânien dont la conséquence la plus immédiate est l'élargissement de la partie moyenne du cerveau, celle qui correspond précisément avec les zones corticales intéressant la motricité manuelle et faciale. Les plus vieux anthropiens ont par conséquent une main, un visage, un cerveau équipés par des actes techniques et l'amorce du reste, probablement sous la forme d'un langage qui se distingue déjà des signaux animaux. Ce reste est ce qui, en quelques centaines de milliers d'années, formera peu à peu l'*homo sapiens*. Le rôle anatomiquement et historiquement infrastructural des techniques est par conséquent évident. Le problème se trouve orienté vers les modalités qui vont marquer, d'une part l'évolution d'un cerveau intellectuel dépassant lentement un cerveau technique acquis dès l'origine, et, d'autre part, l'évolution des techniques, dépassant rapidement les possibilités individuelles du cerveau. Toutefois, le dépassement technique n'a pas été totalement libre ; c'est dans la mesure où l'activité du cerveau intellectuel, de mieux en mieux équipé, se réfléchissait sur le reste du dispositif créateur que les techniques ont atteint les paliers successifs de leur évolution, avec cette marge constante de dépassement qui tient à leur nature.

On peut donc s'expliquer que les rapports entre l'homme et la technique aient relativement peu varié depuis l'origine et que l'*homo faber* que nous contenons soit le frère à peine aîné de celui des Australopithèques. Peut-être aussi peut-on comprendre l'ambiguïté de la technique, surplombée depuis longtemps, en nous, par la pensée proprement humaine, et nous surplombant, hors de nous, par le fait de son dynamisme propre.

Pendant de nombreux millénaires, les rapports entre l'intellectuel et le technique n'ont pas eu le caractère d'un dilemme : péniblement, la technicité travaillait à maîtriser un monde extérieur dont la provision de mystère semblait inépuisable. Ce mystère du monde naturel, que la technique allait grignoter progressivement, habillait la pensée intellectuelle qui travaillait à l'expliquer surnaturellement, et la magie, hybride du technique et du religieux, créait une liaison. Le dilemme s'est noué à mesure que la technique a perdu son rôle de personnage dans le drame cosmogonique. La rationalité intellectuelle a lancé l'homme dans une direction où les deux pôles de son activité ont pris forme de concurrents : d'Archimède à Diderot, le dialogue entre la philosophie religieuse et la technicité scientifique est devenu progressivement une empoignade.

Le point critique est atteint actuellement, et c'est là que réside probablement le vrai problème. Les moyens techniques ont dépassé les limites de résistance du monde naturel : le peu qui reste du mystère de la matière est si mince qu'il laisse passer le jour ; matériellement, la technique a rompu les limites du globe terrestre. L'automation a transporté la valeur *faber* hors du corps de l'homme, reconstruit des dispositifs d'associations motrices qui transposent les centres techniques du système nerveux humain. L'électronique franchit même la limite sacrée de la pensée intellectuelle et l'on peut parler, au sens propre, avec les machines qui pensent et qui, maîtrisant totalement l'instruction qu'on leur imprime, pensent plus vite et plus juste qu'un cerveau humain. Il n'est que fort naturel qu'une certaine angoisse se glisse dans le dialogue entre le robot et un homme dénudé de tous les mystères. Par une brutale transposition, la bête de l'Apocalypse est devenue l'hydre de la Technologie.

Ce qui nous arrive est sans doute grave, mais le privilège de vivre pendant les générations qui ont été choisies pour connaître l'instant où l'homme se retrouverait tout nu devant ses machines doit commander une réflexion confiante. La science est le produit d'un long dialogue entre l'*homo sapiens* et l'*homo faber* et il n'existe pas de « culture technique » qui soit pensable : le jour où les machines écriront des symphonies, il faudra des hommes pour les écouter ; leurs symphonies seront sans doute parfaites, mais elles ne feront qu'ajouter un degré à l'échelle qui va du battement sur les cuisses à l'orgue. Un jour, les machines à penser battront le philosophe, car elles pourront, en une fraction de seconde, penser dans tous les sens toutes les situations intellectuelles et morales possibles ; il y aura pourtant un philosophe devant leur distributeur de solution pour établir le programme d'intégration des solutions de solution. En quoi cela est-il autre chose qu'une dénudation méthodique du système naturel ?

Pour l'homme spirituel, il y aurait quelques raisons de se réjouir à voir disparaître l'un après l'autre ses faux problèmes : il n'y a pas de petit génie qui préside à la fonte des métaux, la terre tourne, l'homme ne descend pas du singe mais il monte de quelque chose qui a pu y ressembler très anciennement, le cerveau est une machine extraordinaire qu'on peut faire assister par des machines plus extraordinaires encore. Ce balayage d'une imagerie pourrait très bien laisser un sentiment de réconfort, car il consacre une étape de l'homme total et pas seulement la victoire de la moitié basse du cerveau. Il existe, assurément, un danger du vide, de la civilisation technique rigoureusement pure ; ce n'est certainement pas à nous de refuser le départ des mystères dans la crainte de découvrir notre vie spirituelle désespérément vide.

L'attachement au mystère facile a ses sources à l'origine même de l'homme et nous ne sommes pas encore très loin des origines : il est normal que nombreux soient ceux qui l'accrochent aux aspérités du magique dans une vie où il se dissout rapidement. L'occultisme, et à l'opposé, une pure « mystique » matérialiste recréent à volonté des formes de consolation enfantine qui ne valent ni mieux ni moins qu'une partie de ce que la religiosité orthodoxe a connu en d'autres siècles sur toute la terre. Ni les imprécations ni le refus de participer sans contrainte ne peuvent assurer la conversion qui s'offre. C'est pourquoi nous devons être les premiers à nous réjouir d'atteindre le moment où il faudra vivre religieusement dans une vie dépouillée de mystère.

Aurions-nous peur du dialogue direct et du difficile passage à la contemplation ? La soustraction du monde matériel et de ses illusions a toujours été le premier mouvement du mystique ; ne serait-ce pas dans la création d'une situation analogue mais généralisée qu'aboutirait finalement le progrès technique ? Que le monde des millénaires et des siècles passés ait été, dans son ensemble, plus « religieux » que le monde présent, c'est évident ; qu'il ait été plus « spirituel » n'est pas certain, car une grande partie de son activité religieuse s'assouvissait dans des opérations en quelque sorte complémentaires des techniques, dans des rites propres à assurer le succès de la chasse, de la pêche, de la culture, de tous les actes de la vie matérielle : il n'est pas assuré que, dans le monde qui apparaît maintenant, la somme humaine des véritables élans spirituels soit condamnée à décroître.

André Leroi-Gourhan, *Le Fil du temps*, © Fayard, 1983.

☞ Pour vous guider...

« Il n'était pas inconvenant de donner à lire aux candidats postulant l'admission dans de grandes écoles commerciales une réflexion solide, serrée et intelligente à propos de l'évolution de l'espèce humaine et sa relation inattendue avec le vague à l'âme dont souffrent nos contemporains. Sans doute, le développement d'A. Leroi-Gourhan était-il d'une précision scientifique aiguë. De même, le plan et les articulations du texte, quoiqu'explicites aux yeux du lecteur attentif sinon averti, ne pouvaient manquer d'embarrasser les esprits approximatifs. » (Rapport d'Ecricome 1991). *André Leroi-Gourhan (1911-1995) fut l'un de nos plus célèbres ethnologues et préhistoriens. On lui doit des livres importants comme* L'Homme et la nature *(1936),* L'Homme et la matière *(1943),* Le Geste et la parole *(1964-65)... et bien d'autres. C'est lui qui a dirigé les fouilles d'Arcy-sur-Cure et de Pincevent. A ses yeux c'est la technologie qui explique l'ethnologie. Le texte le démontre.*

Résumé

La reconquête de l'esprit

Instruit depuis des siècles, le traditionnel procès de la technique dépasse notre époque et semble recouvrir l'opposition entre le savoir technologique et la spéculation philosophique ou encore entre l'*homo faber* et l'*homo sapiens*. Or la confrontation des crânes des hommes préhistoriques avec leurs outils nous conduit à admettre la fort ancienne victoire de la technique sur l'esprit.

Le « dépassement « par la technique, au demeurant indiscutable, est donc une question moins pertinente que l'interrogation, soulevée par la paléontologie, du passage d'un cerveau tourné vers le *faber* à un cerveau accordant la priorité au *sapiens*. Comment, par exemple, la découverte de la station debout a-t-elle pu favoriser le développement d'un cerveau technique relayé par un cerveau intellectuel ?

Si les rapports entre l'homme pensant et la technique sont devenus préoccupants, c'est qu'à mesure que se développait la raison ils prenaient un caractère de plus en plus conflictuel. Au point de donner naissance, avec l'apparition de l'intelligence artificielle, à une véritable perception angoissée de la technologie.

Ce sentiment ne paraît guère justifié. En effet, tout nouveau triomphe de la machine ne fait que consacrer la supériorité de l'esprit humain. Plus encore, chaque progrès contribue, en dissipant les mystères de la nature, à grandir l'homme. Désormais privé des confortables et fallacieuses explications animistes, notre contemporain est alors mis en demeure d'assumer sa vie spirituelle. Paradoxalement, le progrès technique annonce ainsi la salutaire reconquête de l'esprit. *(200 mots)*

Texte n° 13

Résumez ce texte en 250 mots.

Un des traits du Siècle des Lumières, c'est le renouveau d'intérêt pour les sauvages ; intérêt double puisque — depuis la publication en 1703 des *Dialogues du baron de La Hontan* — il traverse tout le siècle, et divers : naturalistes, philosophes, médecins, romanciers ont affaire au Sauvage. Renouveau car, éteints les longs débats et polémiques surgis avec la découverte du Nouveau Monde, la curiosité pour les sauvages avait fini par s'user. En apparence donc, le XVIIIe siècle renouerait avec le discours de la Renaissance et l'existence, sur ce point, d'une telle filiation a été volontiers soulignée. Il est vrai que les mots sont demeurés les mêmes qui décrivent ou définissent les peuples sauvages — nature, liberté, innocence, indistinction du « tien » et du « mien » — et que, par exemple, Rousseau ou Diderot peuvent sûrement rappeler Ronsard ou Montaigne. Vrai aussi que, en des temps différents, des jugements de valeur semblables ont pu être formulés (rien là de surprenant, de tels jugements ne permettant que peu de possibilités distinctes) : encore n'ont-ils pas, chez des penseurs différents, une égale importance, et c'est lire étrangement Montaigne que faire de lui l'inventeur du « bon sauvage ». Reconstituer à partir de ces similitudes les idées relatives au sauvage — bon, mauvais ou l'un et l'autre ensemble — est possible ; cela s'est fait. Mais peut-être est-ce peu pertinent. Avec des mots semblables on peut tenir des discours sensiblement différents : le sens change, le regard porté à l'objet, et l'objet enfin. On n'a pas toujours dit la même chose des sauvages, on ne les a pas toujours placés à la même distance, et, sur ce thème plus tout à fait neuf, le XVIIIe siècle inaugure vraiment : plus que la continuité avec quelques penseurs de la Renaissance (ou que la préfiguration de ce qui ne sera réellement dit que plus tard), c'est la nouveauté, la rupture qui nous semblent significatives ; et une secrète affinité qui parcourt tout le siècle et lie entre elles des œuvres pourtant très différentes et des idées pourtant divergentes ou antagoniques. C'est dire que le discours qui s'élabore au XVIIIe siècle sur les sauvages possède une unité propre, et qui n'est pas l'unité d'une pensée mais tient plutôt à une forme particulière de discours et à des « universaux » communs. Unité d'ordre rhétorique qui, si elle n'interdit pas la diversité lui assigne des limites : des pensées ne sont plus possibles, d'autres ne le sont pas encore. Ordonnée à deux idées régulatrices, nature, raison (la première pour le moins ambiguë), qui, si elles ne s'opposent nullement, permettent cependant de subsumer respectivement l'état sauvage et le policé, la rhétorique du Siècle des Lumières n'a plus pour objet les sauvages, mais le Sauvage, au point que, à la limite, le sauvage n'est que son objet apparent.

Est-il bon, est-il méchant ?

« A. Ce discours me paraît véhément ; mais à travers je ne sais quoi d'abrupt et de sauvage, il me semble y retrouver des idées et des tournures européennes ». C'est que le Sauvage, quand il est appelé à faire son autoportrait, parle comme un philosophe. Qu'il se fasse direct et accusateur, comme le discours d'adieux à Bougainville que Diderot prête au vieillard tahitien, ou railleur et impertinent, comme les répliques du Huron au baron de La Hontan, le langage du Sauvage est celui d'un homme éclairé du siècle. Ainsi : « Nous sommes innocents, nous sommes heureux ; et tu ne peux que nuire à notre bonheur. Nous suivons le pur instinct de la nature... » Et déjà à l'orée du siècle : « Ha ! vive les Hurons qui sans lois, sans prisons et sans tortures passent la vie dans la douceur, dans la tranquillité et jouissent d'un bonheur inconnu aux François. Nous vivons simplement sous les lois de l'instinct et de la conduite innocente que la Nature sage nous a imprimés dès le berceau ». Procédé littéraire qui permet, par l'effet de contraste que produit l'éloge d'une société selon la nature, une critique prudente de la société policée ? Sans doute, et c'est dans ce seul but qu'on donne la parole aux sauvages. [...].

Quand on en appelle aux sauvages, ce n'est pas tellement d'eux qu'on parle, mais de soi, qu'il s'agisse de souligner les défauts d'une société actuelle ou, au contraire, de vanter ses mérites.

Les sauvages sont désormais l'objet d'un discours qui ne les tient en compte que pour autant qu'ils sont aptes à incarner l'idée d'une nature universelle ; quand on parle d'eux, on parle aussitôt de la Nature et d'elle seule : nature sage, raison naturelle, opposée à l'artifice et à la convention ; mais aussi nature dure, inefficacité et faiblesse du droit naturel en regard du droit positif La référence à la nature permet donc des controverses, elle entraîne aussi des visions opposées du Sauvage, mais dans tous les cas elle fait d'eux une figure de l'universel, un négatif. Partant, le Sauvage sert seulement à renvoyer aux civilisés l'image de ce qu'ils ne sont pas.

Quels sont les prédicats qu'enveloppe ce concept : sauvage ? L'Encyclopédie dit à l'article « Sauvage » : « Peuples barbares qui vivent sans lois, sans police, sans religion et qui n'ont point d'habitation fixe ». Elle explique par l'étymologie l'usage du mot, dérivé de *selvaticus*, « parce que les sauvages habitent ordinairement dans les forêts », et donne en exemple l'Amérique peuplée encore en grande partie de « nations » sauvages. Ni roi, ni loi, ni foi, et sans feu ni lieu : à première vue, une cascade de négations connote l'état sauvage, c'est-à-dire l'état naturel de la société (car, Rousseau excepté, on ne met guère en question que la sociabilité soit un fait de nature). C'est donc de société qu'il s'agit, et l'article poursuit : « La liberté naturelle est le seul objet de la police des sauvages ; avec cette liberté la nature et le climat dominent presque seuls chez eux ». Laissons de côté la question du climat. L'attribut premier de la sauvagerie, à quoi renvoient toutes les négations précédentes, c'est la liberté : c'est-à-dire à la fois l'état naturel des individus, et, comme tel, l'objet de législation de la société. Le « droit naturel » ne peut avoir d'autre fin (en tant qu'il est précisément conforme à la nature) que de garantir l'indépendance des hommes réunis en société).

Cette liberté, on s'attache à en préciser les différents modes. C'est en premier lieu dans l'ordre politique qu'elle se donne, c'est l'absence de subordination à une autorité quelle qu'elle soit. Elle engendre au mieux des sociétés qui se gouvernent par les usages, au pire l'anarchie pure et simple. Sur cette question, les témoignages des chroniqueurs de l'époque n'apportent que des confirmations : d'emblée, fonctions de ce débat, les descriptions semblent faites pour illustrer l'une ou l'autre de ces possibilités. Charlevoix rappelle la liberté excessive (néfaste à des gens trop stupides pour en faire bon usage) où étaient les Indiens du Paraguay avant l'établissement des jésuites, et l'anarchie où sont encore les Indiens du Canada. Ces exemples sont bien connus, ils ne sont pas les seuls. Le père Gumilla, l'un des fondateurs des missions de l'Orénoque, écrit, après une brève remarque sur la fonction des lois et du gouvernement : « Rien de semblable, pas même l'ombre d'une telle chose dans les nations dont je parle, ni en général, ni dans aucune d'elles en particulier. N'importe quelle fourmilière... se gouverne avec plus de régularité que chacune des nombreuses nations que j'ai vues ». Et, au désordre dans la société, correspond le désordre à l'intérieur des familles : nulle obéissance du fils au père, l'inconduite des femmes à peine remarquée et jusqu'à l'inceste qui ne suscite que plaisanteries. Pires que toutes, les familles des caciques qui, à cause de la pluralité des épouses, offrent le spectacle d'un désordre encore plus grand. En somme, l'illustration vivante de ce que Diderot nomme « l'état de troupeau » où les hommes « rapprochés par l'instigation simple de la nature... n'ont formé aucunes conventions qui les assujettissent à des devoirs, ni constitué d'autorité politique qui contraigne à l'accomplissement des conventions ». Plus tard, le père Gilij corrigera quelque peu les descriptions de son prédécesseur (mais c'est Gumilla qui est traduit et lu en France, non Gilij), non sans confirmer lui aussi l'inefficacité de l'organisation politique : et, s'il faut se garder de croire que la liberté des sauvages de l'Orénoque soit exemple de « préjudice d'éducation ou de coutume », reste que les caciques n'ont que du prestige, mais pas d'autorité et s'ils sont incapables de se faire obéir, c'est que, constate Gilij, leur volonté ne compte pas plus que celle des autres hommes. Qu'on le réprouve (et c'est la majorité des missionnaires : ne sont-ils pas là pour y mettre fin. ?) ou qu'on l'admire (le père Dobrizhoffer ne ménage pas ses louanges aux Abipons ?), le goût pour l'indépendance caractérise les Américains. Dans tout ce que l'Amérique compte encore de nations sauvages, c'est le même état d'insubordination politique qui est attesté. On comprend que Buffon puisse décrire la société sauvage comme « un assemblage tumultueux d'hommes barbares et indépendants qui n'obéissent qu'à leurs passions particulières ». Sans doute se trouve-t-il ailleurs des sauvages qui, quoique aussi dénués d'autorité politique, offrent l'exemple de sociétés paisibles : Tahiti, lorsqu'elle sera découverte, viendra faire contrepoids à l'exemple américain. Cela ne modifie guère le débat dont l'arrière-fond, ou plus exactement l'objet réel est ailleurs. Les controverses veulent établir que le « droit naturel », s'il n'est pas contraire à la raison, est à coup sûr trop fragile pour l'assurer : de là, la double figure de la sauvagerie qui donne aussi bien l'image de la paix et de l'innocence que celle de la violence et de la cruauté. Infiniment supérieur est, en regard, le « droit civil », conforme à la raison ou du moins tendant à réaliser cette conformité, et stable. Dans cet ordre-là (exception faite de Rousseau qui situe l'harmonie ou dans l'« état de société commencée » ou dans un ordre encore futur), ce n'est point la société sauvage qui est bonne, mais la présente société policée qui va poindre le bonheur avec l'avènement de la raison. Et si on invoque le Sauvage, c'est pour défendre l'idéal politique d'un libéralisme fort tempéré.

Seconde modalité de la liberté propre à l'état sauvage, l'absence d'impératifs religieux. « Sans religion », pour les rédacteurs de l'Encyclopédie, n'a plus le même sens qu'auparavant (sens qu'il garde pourtant dans les témoignages contemporains). Le « manque » est — si on peut dire — positif, dans la mesure où on veut y voir le signe d'une conformité à d'autres lois, celles de la nature et celles de la raison. Dans ce domaine, en effet, c'est une idéologie antireligieuse qu'ordonne la référence à ces deux grands principes ; aussi l'absence de religion laisse-t-elle apparaître, entre la Société sauvage et la société policée, une autre mesure que l'absence de gouvernement : la balance, cette fois, peut pencher en faveur de la première. La religion : un carcan de préceptes « opposés à la nature et contraires à la raison », intolérables donc aux esprits éclairés (étant entendu que ni Voltaire, ni les Encyclopédistes, ni Rousseau ne mettent en question leur utilité pour maintenir le peuple dans l'obéissance). On argumente moins ici pour savoir si la liberté est ou n'est pas bonne pour des sauvages, s'ils sont ou non capables d'en user avec sagesse : le scandale est qu'elle soit refusée aux meilleurs esprits que compte l'humanité. Chez les sauvages pas de religion, cela est à dire : la nature plutôt que des prêtres pour gouverner les mœurs, la raison qui dicte d'obéir aux inclinations les plus naturelles plutôt que des dogmes qui les entravent. Il importe peu aux théoriciens que les témoignages sur ce sujet soient loin d'offrir la même unanimité que sur le chapitre du politique, qu'il y règne au surplus quelque incertitude sur ce qu'il convient de nommer religion. Car les descriptions ne manquent pas de croyances et de rites, qu'on se contente d'y voir globalement un « ramas d'absurdités », comme dit de Brosses du fétichisme (et c'est le cas de Gumilla ou de Charlevoix), ou qu'on s'attache à montrer leur diversité et à faire valoir leur fonction de principes d'éthique et d'éducation pour chaque société (Dobrizhoffer ou Lafitau). Des chroniqueurs, n'est retenue que l'affirmation (fréquente en effet) que les sauvages sont sans religion, et elle n'a pas du tout chez ces derniers le contenu que d'autres lui donnent, puisqu'elle renvoie essentiellement à l'absence d'une idée de Dieu. On interprète donc ; surtout, on néglige ceux des témoignages qui s'attachent à décrire les croyances et les rites, et à expliquer leur fonction. Dobrizhoffer fut connu tard ; mais Lafitau était délibérément ignoré (en France en tout cas, moins, semble-t-il, en Angleterre) et

Voltaire par exemple ne le cite que pour le railler. Ce mépris n'est pas dû seulement à ce que le père Lafitau, en comparant les mœurs des Américains à celles des anciens temps, fait des Grecs des sauvages — Ulysse, le cacique d'une petite tribu ; le navire Argo, une pirogue ou au mieux une chaloupe — mais à ce qu'il s'occupe encore de ce qui, à cette époque, n'intéresse plus personne : les singularités. On y reviendra.

Les sauvages, enfin, n'ont « point d'habitation fixe ». Cela connote moins le nomadisme qu'une dernière propriété de l'état sauvage : l'égalité qui résulte de la non-appropriation de la terre. Les hommes, tirant leur subsistance de ce que produit la nature — chasse, pêche, cueillette —, doivent certes se déplacer. Mais on sait aussi qu'ils peuvent cultiver la terre (les chroniqueurs le disent ; l'Encyclopédie le précise des Américains) : ils ne la possèdent pas néanmoins, n'ayant pas plus l'idée de se la répartir que de se partager l'air ou le ciel. Pas de biens, hormis le peu d'objets dont ils se servent, les sauvages sont égaux. Inégalité et propriété naissent ensemble, et essentiellement avec la propriété privée de la terre. Rousseau n'est pas seul à le dire, avant et après lui les théoriciens qui s'interrogent sur l'origine de la propriété font surtout des variations sur ce thème. Est-ce un bien, est-ce un mal, c'est là que les pensées s'affrontent. Dépourvus de richesses, les sauvages ont également peu de besoins d'où, une fois encore, leur indépendance, et « quel joug, demande Rousseau, imposerait-on à des gens qui n'ont besoin de rien », d'où, aussi bien, la stagnation de leur société, l'ignorance des individus, leur paresse ou leur stupidité. Ou bien on dénonce, par comparaison, les maux qu'engendrent l'inégalité, l'excès de la richesse, la multiplication des besoins factices ; ou bien on fait valoir que ce sont là les conditions et le prix du progrès. Ainsi Turgot voit-il dans l'absence alléguée d'inégalité chez les sauvages une preuve de leur infériorité : l'inégalité, c'est la condition de la division du travail, donc de l'échange et du commerce, c'est-à-dire de tous les bienfaits économiques et sociaux. « Préférer les sauvages », par conséquent, « est une déclamation ridicule ». (Mais qui a jamais « déclamé » cela ?). Ainsi Raynal fait-il l'éloge de la propriété privée, génératrice de progrès : « On ne saurait douter que la maxime qui nous fait regarder la propriété privée comme la source de la multiplication des hommes et des subsistances ne soit une vérité incontestable ». Siècle nataliste qui, entre autres, expliquera par leur faible nombre la sauvagerie où sont restés les Américains. Raynal, en outre, nie que l'Etat inca ait pu être vraiment civilisé avec le type de propriété qui était le sien, même s'il n'attribue pas, par ailleurs, aux Indiens péruviens les mêmes défauts qu'aux autres sauvages (indolent, paresseux, ignorant, stupide... pour le Tahitien ; stupide, inconstant, paresseux à l'excès, lâche... pour le Guarani). C'est que les Péruviens, au moins, avaient des maîtres.

Il ne s'agit pas de penser une société où n'existe pas la propriété privée, l'autorité politique, etc., mais de juger où est la bonne société (celle qui concilie enfin la nature et la raison). Selon l'angle envisagé, ce peut être celle des sauvages, le plus souvent c'est celle que l'on voit se constituer. On se réfère aux sauvages, mesurés à ces deux normes immuables, pour le prouver ; quant au sauvage lui-même, il n'est presque toujours que jugé. Le sauvage est paresseux ? Signe de sa dégénérescence et de sa stupidité (Raynal, Charlevoix, d'autres encore) ; ou preuve qu'en lui n'est pas encore étouffée la nature, et c'est Rousseau (« Ne rien faire est la première et plus forte passion de l'homme... »), le seul philosophe du siècle des moralistes. Terminons cet aperçu par ce portrait moral du sauvage, dû au père Gumilla : « L'Indien, d'un point de vue général, est sans nul doute un homme. Mais, d'un point de vue moral, je ne crains pas d'affirmer que l'Indien barbare et sylvestre est un monstre jamais vu : sa tête est ignorance ; son cœur, ingratitude ; sa poitrine, inconstance ; ses épaules, paresse ; ses pieds, crainte ; quant à son ventre fait pour boire, et à son penchant à l'ivresse, ce sont des abîmes sans fin ».

Hélène Clastres, « Sauvages et civilisés au XVIIIe siècle », *Histoire des Idéologies*, dirigée par François Châtelet, (D.R.).

☞ Pour vous guider...

La compréhension de ce texte de nature philosophique est assez aisée, facilitée par une construction claire : 1. Le regain d'intérêt pour le sauvage ; 2. Définitions ; 3. La triple liberté du sauvage ; 4. Conclusions. La difficulté tient essentiellement à :

- *de nombreuses allusions à des penseurs et philosophes ;*
- *des citations d'ouvrages de l'époque ;*
- *des exemples nombreux et détaillés ;*
- *des problèmes de forme : coupes dans le texte ; intertitres ; citations sans références.*

Le format exigé (250 mots) est celui du concours commun à diverses écoles de commerce appelé ECRICOME. Dans cette épreuve le temps accordé est de 2 heures. Ce qui sera difficile ici.

Résumé

Le XVIIIe siècle a manifesté pour le sauvage un regain d'intérêt qui durera plusieurs décennies. Ce renouveau, qui paraîtrait, à travers des similitudes lexicales ou idéologiques, rejoindre une préoccupation de la Renaissance, marque une conception originale centrée sur les idées de Raison et de Nature.

D'ailleurs le sauvage apparaît dans son langage comme un frère du philosophe ; la société qu'il défend et représente n'est que le négatif de la société civilisée dont il permet la critique. L'*Encyclopédie* définit le sauvage par une série de négations qui renvoient toutes à l'idée de liberté.

Liberté, d'abord dans l'absence d'autorité politique à l'origine aussi bien de sociétés où règne le désordre social, familial, moral, que de groupes mieux équilibrés fondés sur les usages mais éloignés du bonheur qu'apporte le « droit civil ». Le modèle idéal restant presque toujours la société policée actuelle. Liberté ensuite par l'absence de contraintes religieuses, particularité discutable qui offre aux philosophes une image enviable. Liberté enfin car le sauvage ne possède pas la terre, même quand il la travaille. Cette égalité et cette indépendance sont certes appréciées par les théoriciens ; mais nombreux sont ceux qui la jugent insuffisante à compenser les bienfaits sociaux et humains du progrès.

Le projet du siècle des Lumières est donc principalement de définir, par la référence aux sauvages, la société idéale. Quant au Sauvage lui-même, rarement défendu, il est généralement jugé stupide, barbare, monstrueux. *(250 mots)*

Texte n° 14

Concours ECRICOME 1993.
Résumez ce texte en 250 mots. Donnez un titre.
(Temps : 2 heures)

Pour les anthropologues et les historiens du sacré, le mythe doit être conçu comme un récit : récit qui se réfère au passé (« En ce temps-là... », « Il était une fois... »), mais qui conserve dans le présent une valeur éminemment explicative dans la mesure où il éclaire et justifie certaines péripéties du destin de l'homme ou certaines formes d'organisation sociale. « Le mythe, écrit Mircea Eliade, raconte une histoire sacrée ; il relate un événement qui a lieu dans le temps immémorial, le temps fabuleux des commencements. Autrement dit le mythe raconte comment une réalité est venue à l'existence, que ce soit la réalité totale, le cosmos, ou seulement un fragment : une île, une espèce végétale, un comportement humain, une institution... » Pour d'autres, en revanche, la notion de mythe demeure confondue avec celle de mystification : illusion, phantasme ou camouflage, le mythe altère les données de l'observation expérimentale et contredit aux règles du raisonnement logique ; il s'interpose comme un écran entre la vérité des faits et les exigences de la connaissance. Pour d'autres enfin, lecteurs de Georges Sorel et des *Réflexions sur la violence*, le mythe est essentiellement appréhendé dans sa fonction d'animation créatrice : « ensemble d'images motrices » selon la formule même de Sorel, il est appel au mouvement, incitation à l'action et apparaît en définitive comme un stimulateur d'énergies d'une exceptionnelle puissance,

Chacune de ces formulations paraît effectivement correspondre à quelques-uns des principaux aspects du mythe politique, tel que celui-ci s'inscrit dans l'histoire de notre temps. Aucune ne paraît cependant susceptible d'en épuiser, ni même d'en cerner le contenu. Le mythe politique est bien fabulation, déformation ou interprétation objectivement récusable du réel, Mais, récit légendaire, il est vrai qu'il exerce aussi une fonction explicative, fournissant un certain nombre de clés pour la compréhension du présent, constituant une grille à travers laquelle peut sembler s'ordonner le chaos déconcertant des faits et des événements. Il est vrai encore que ce rôle d'explication se double d'un rôle de mobilisation : par tout ce qu'il véhicule de dynamisme prophétique, le mythe occupe une place majeure aux origines des croisades comme à celles des révolutions. C'est en fait sur chacun de ces plans que se développe toute mythologie politique, en fonction de ces trois dimensions qu'elle se structure et s'affirme. D'où la nécessité de se situer dans une perspective globale qui, sans ignorer chacune de ces dimensions, permette de toutes les retrouver dans leur conjonction et dans leur unité, D'où surtout la nécessité de prendre en considération la singularité d'une réalité psychologique d'une très évidente spécificité. Car c'est là sans doute, bien plus encore que dans les querelles terminologiques, que l'analyse risque de s'égarer dans les incertitudes et les détours d'un monde mal exploré. Au regard de tous ceux qui en ont tenté l'étude et au-delà de la foisonnante diversité de leur thématique, les manifestations de l'imaginaire mythologique présentent en effet un certain nombre de traits communs. Elles relèvent, en d'autres termes, d'un système particulier de discours ou, si l'on préfère, de modes originaux d'expression aussi éloignés sans doute de la construction rhétorique que peut être le langage musical des structures de la formulation verbale. Ne pas en tenir compte, si difficile qu'en soit parfois la compréhension, serait s'interdire toute possibilité d'approche.

Ce sont, à cet égard, les rapports d'analogie qui semblent pouvoir être légitimement établis entre la démarche mythique et celle du rêve lui-même qu'il convient tout d'abord de rappeler. Comme le rêve, le mythe s'organise en une succession, il vaudrait mieux dire en une dynamique d'images, et, pas plus que pour le rêve, il ne saurait être question de dissocier les fractions de cette dynamique : celles-ci s'enchaînent, naissent l'une de l'autre, s'appellent l'une l'autre, se répondent et se confondent ; par un jeu complexe d'associations visuelles, le même mouvement qui les fait apparaître les emporte vers une tout autre direction. Comme le rêve encore, le mythe ne peut être cerné, défini, enfermé dans des contours précis qu'à la suite d'une opération conceptualisante, obligatoirement réductrice, qui risque toujours de le trahir ou de n'en donner qu'une version appauvrie, mutilée, amputée de sa richesse et de sa complexité. Claude Lévi-Strauss ne manque pas de nous en faire souvenir : ce serait totalement ignorer la nature de la réalité mythique que de tenter d'appliquer à son étude les principes de l'analyse cartésienne, c'est-à-dire ceux de la décomposition en parties distinctes, de la division successive et de la numérotation. « Il n'existe pas, écrit-il, de terme à l'analyse mythique, pas d'unité secrète qu'on puisse saisir au bout du travail de décomposition. Les thèmes se dédoublent à l'infini, quand on croit les avoir démêlés les uns des autres et les tenir séparés, c'est seulement pour constater qu'ils se ressoudent en fonction d'affinités imprévues… »

Les mythes politiques de nos sociétés contemporaines ne se différencient guère sur ce point des grands mythes sacrés des sociétés traditionnelles, La même et essentielle fluidité les caractérise en même temps que l'indécision de leurs contours respectifs. Ils se chevauchent, s'interpénètrent, se perdent parfois l'un dans l'autre. Un réseau à la fois subtil et puissant de liens de complémentarité ne cesse de maintenir entre eux passages, transitions et interférences. La nostalgie des âges d'or révolus débouche généralement sur l'attente et la prédication prophétique de leur résurrection. Il est bien rare inversement que les messianismes révolutionnaires ne nourrissent pas leur vision du futur d'images ou de références empruntées au passé, Le pas est vite franchi, d'autre part, de la dénonciation des complots maléfiques à l'appel au Sauveur, au chef rédempteur : c'est à celui-ci que se trouve réservée la tâche de débarrasser la Cité des forces pernicieuses qui prétendent étendre sur elle leur domination. Comme le mythe religieux, le mythe politique apparaît comme fondamentalement polymorphe : il faut entendre par là qu'une même série d'images oniriques peut se retrouver véhiculée par des mythes apparemment les plus divers ; il faut également entendre par là qu'un même mythe est susceptible d'offrir de multiples résonances et de non moins nombreuses significations.

Significations non seulement complémentaires, mais aussi souvent opposées. Il n'est aucun des explorateurs de l'imaginaire qui ne manque d'insister sur cette dialectique des contraires qui semble constituer une autre de ses spécificités majeures : polymorphe, le mythe est également ambivalent. Il faut lire par exemple l'admirable série d'ouvrages que Gaston Bachelard a consacrés aux représentations psychologiques des grands éléments naturels, et plus particulièrement peut-être *La Terre et les Rêveries du repos*, pour voir jouer le phénomène dans toute l'ampleur et dans toute la diversité de sa thématique. Rêve de refuge, d'accueil, de sécurité, la maison peut devenir l'image du cachot, le symbole de l'oppression carcérale, de l'ensevelissement, voire du tombeau. Le thème de la grotte peut se charger d'effroi aussi bien que d'émerveillement. Le serpent est à la fois objet de dégoût, promesse de fécondité et instrument de séduction. La racine qui aspire pour les porter vers le ciel les sucs de la terre, mais qui grandit au royaume souterrain des morts, est perçue simultanément comme force de vie et force ténébrante... Les possibilités d'inversion du mythe ne font que répondre à la constante réversibilité des images, des symboles et des métaphores,

Le mythe politique n'échappe pas à cette règle. Le thème de la conspiration lui-même n'est pas nécessairement accompagné de seules connotations négatives : l'image du complot démoniaque a pour contrepartie celle de la sainte conjuration. S'il existe une ombre menaçante, il existe aussi une ombre tutélaire et les Fils de Lumière choisissent souvent la nuit pour mener leur combat. Seul le complot semble pouvoir déjouer le complot. Le secret, le masque, le serment initiatique, la communauté d'affidés, l'agissement occulte, bref, tout ce qui est dénoncé et redouté chez l'autre se revêt soudain, retourné contre celui-ci d'un sombre et tout-puissant attrait Le double légendaire que sécrète quasi obligatoirement l'imaginaire autour de la présence ou de la mémoire du Héros historique témoigne d'un semblable phénomène. Légende dorée ou légende noire, la vénération ou l'exécration s'alimentent aux mêmes faits, se développent à partir de la même trame. Entre les deux versions, entre Napoléon le Grand et l'Ogre de Corse, il n'y a guère qu'une opposition d'éclairage : auréolé de gloire ou cerné de nuées sinistres, c'est en fin de compte le même profil que l'on découvre, l'étrangeté des origines, la rapidité de l'ascension, la volonté dominatrice, la nature des triomphes, l'ampleur des désastres. C'est tout ce qui, dans un cas, contribue à façonner l'image de la grandeur qui, dans l'autre cas, constitue la marque de l'infamie. Les références thématiques sont les mêmes, mais leurs tonalités affectives et morales se trouvent soudain inversées.

Au-delà de son ambivalence, au-delà de sa fluidité, il existe pourtant ce que l'on est en droit d'appeler une logique — une certaine forme de logique — du discours mythique, Celui-ci ne relève en effet ni de l'imprévu ni de l'arbitraire. De même que les images que sécrètent nos rêves ne cessent de tourner dans un cercle assez court, qu'elles se trouvent soumises à certaines lois — assez facilement définissables d'ailleurs — de répétition et d'association, de même les mécanismes combinatoires de l'imagination collective semblent n'avoir à leur disposition qu'un nombre relativement limité de formules. La puissance de renouvellement de la créativité mythique est en fait beaucoup plus restreinte que les apparences pourraient le laisser croire. Si le mythe est polymorphe, s'il constitue une réalité ambiguë et mouvante, il retrouve l'équivalent d'une cohérence dans les règles dont semble relever le déroulement de sa démarche. Celle-ci peut être représentée et se présente effectivement comme une succession ou une combinaison d'images. Mais ni cette succession ni cette combinaison n'échappent à une certaine forme d'ordonnance organique. Elles s'insèrent dans un système, s'inscrivent dans une « syntaxe », pour reprendre le mot de Claude Lévi-Strauss : c'est, en d'autres termes, groupés en séries identiques, structurés en associations permanentes que se présentent les éléments constructifs du récit qu'elles composent. Ainsi le thème du Sauveur, du chef providentiel, apparaîtra-t-il toujours associé à des symboles de purification : le héros rédempteur est celui qui délivre, tranche les liens, terrasse les monstres, fait reculer les forces mauvaises. Toujours associé aussi à des images de lumière — l'or, le soleil ascendant, l'éclat du regard et à des images de verticalité — le glaive, le sceptre, l'arbre centenaire, la montagne sacrée. De même le thème de la conspiration maléfique se trouvera-t-il toujours placé en référence avec une certaine symbolique de la souillure : l'homme du complot s'épanouit dans les fétidités obscures ; assimilé aux animaux immondes, il rampe et se faufile ; visqueux ou tentaculaire, il répand le poison et l'infection

Dernier trait spécifique donc du récit mythique : c'est dans un code que l'on est en droit de considérer comme immuable dans son ensemble que celui-ci transcrit et transmet son message. Au regard de l'analyste, le fait ne peut manquer de prendre une particulière importance puisqu'il apparaît du même coup que c'est aussi en fonction d'une même grille que ce message sera susceptible d'être décrypté. Sans doute convient-il de tenir compte du caractère très singulier de cette « syntaxe » associative, comme il convient de tenir compte de l'originalité du complexe psychique dans lequel elle s'insère. De même pourtant que Freud fait reposer son interprétation du rêve sur les « engrenages particuliers » qu'il découvre dans son déroulement, sur « les relations intimes » qu'il parvient à établir entre les éléments apparemment incohérents dont il se compose, de même l'existence reconnue d'une *logique* de l'imaginaire représente-t-elle la chance d'une première prise offerte à l'intelligence critique, d'une première possibilité de lecture proposée à la volonté de compréhension objective. Dans ce déconcertant labyrinthe que constitue la réalité mythique, à celui qui a eu l'audace d'y pénétrer, elle apporte à tout le moins la promesse d'un fil conducteur. Toute la question est évidemment de savoir comment s'en servir, de savoir même comment le saisir.

Raoul Girardet, *Mythes et Mythologies politiques*,
© Seuil, 1986.

☞ Pour vous guider...

Raoul Girardet est professeur émérite d'histoire contemporaine à l'Institut d'études politiques de Paris et professeur à l'Ecole militaire de Saint-Cyr-Coëtquidan. Il a notamment publié Le Nationalisme français, 1871-1914 *(1966) et* L'idée coloniale en France *(1973). Le livre d'où est tiré ce texte décrit quatre « ensembles » politico-mythologiques ; la Conspiration, le Sauveur, l'Age d'or et l'unité. Le passage se situe au début de l'ouvrage, dans l'introduction. Pas de difficulté particulière, sauf peut-être les références et les exemples.*

Résumé

Pour comprendre le mythe politique

Suivant la qualité de l'observateur, le mythe est perçu comme un récit rétrospectif à valeur fondatrice, une production délirante de l'imagination ou un levier de l'action humaine. Le mythe politique, lui, relève des trois significations puisqu'il s'oppose au réel, qu'il recompose le passé à des fins édifiantes, qu'il peut être le moteur de l'histoire. Son interprétation nécessite donc une approche plurielle qui transcende les spécificités et invente de nouveaux outils conceptuels.

Ainsi, on rapprochera le mythe du rêve, car tous deux reposent sur une vision fragmentée de la raison. On reconnaîtra sa parenté avec les mythes sacrés traditionnels auxquels il emprunte une fonction utopique ou messianique, de forme et de portée variées. Il reproduit leur ambivalence, parvenant à concilier, tout comme pour les éléments naturels, des thématiques contradictoires. La conspiration, par exemple, tantôt oppressive, tantôt libératrice, accepte des interprétations opposées ; de même que le Héros légendaire paré, ici ou là, de vertus sublimes ou de perversions diaboliques.

Ce flou ambigu n'empêche pas la cohérence du mythe politique qui respecte des règles de fonctionnement repérables et limitées. Structuré en système, le discours mythique possède sa syntaxe constituée de motifs récurrents symboliques. Il est donc solidement codifié et réclame une lecture méthodique qui, sans négliger l'originalité du message, parvienne à isoler, derrière le désordre apparent, les lois logiques de sa composition. Cette condition est le préalable à toute étude. *(250 mots)*

Texte n° 15

Concours ECRICOME 1994.
Résumez ce texte en 250 mots (+ ou - 10 %). Donnez un titre.
(Temps : 2 heures)

C'est à partir de l'avènement de la parole et par son ministère que l'homme a d'abord accédé à la vérité. Mais l'univers de la parole est flou, évanescent, sujet à l'usure et à la corrosion de l'oubli. L'écriture, technique de fixation du langage, retient au passage la pensée ; elle affirme l'identité de l'homme et la constitution du monde, dont elle autorise la manipulation abstraite par le moyen du discours de la raison et de la science. La civilisation de l'image met en œuvre un langage plus efficace et plus universel que celui de la raison. Les images des films traversent les frontières linguistiques sans que l'on ait besoin de doubler autre chose que les paroles, d'ailleurs réduites à la portion congrue. L'image réalise sans peine la communication entre ceux que l'écriture sépare, en vertu de l'intelligibilité spécifique dont elle est animée.

L'ordre du langage parlé ou l'ordre de l'image ne déploient pas un réseau tendu au-dessus de la surface du monde, et qui traduirait la réalité du monde. Les mots et les images sont donateurs d'un monde qui se constitue à travers eux. Au même titre que le langage, l'image est créatrice d'univers, non pas projection sur le papier ou sur la pellicule photographique, sur l'écran du cinéma ou du téléviseur, d'une réalité qui subsisterait indépendamment du plan de projection. Le sens de l'image ne se cache pas derrière l'image ; l'image donne le sens et le sens donne l'image. Valeur signifiante d'autant plus grande que la manifestation du sens est directe, concrète, immédiate, dotée d'une valeur convaincante qui submerge toute résistance.

Le mode de formulation du langage parlé, mot à mot et phrase après phrase, en fait un instrument analytique et discursif, étalé dans la durée. Celui qui parle doit démembrer son message, l'organiser selon la logique de la construction verbale, et celui qui écoute doit procéder à l'opération inverse de la reconstitution du sens. Les termes du langage se présentent l'un après l'autre ; la situation qu'ils évoquent résulte de leur alignement en esprit, le résultat au bout du compte dépendant d'une totalisation réflexive. Quelle que soit la puissance d'incantation du verbe, mise en œuvre par les techniques de la rhétorique, elle n'agit qu'avec un certain retard, qui laisse sa chance, un délai qui permet de se mettre en état de défense.

L'image, simultanée et totalitaire, envahit l'espace mental par la porte ouverte de la vision, aggravée encore par l'effet multiplicateur de son, sans que puissent être interposés les filtres de l'esprit critique. L'imagination, la sensibilité sont exposés de plein fouet à l'effet de choc. La résistance à de telle contraintes est plus difficile ; l'image a toujours été un moyen de propagande privilégié ; certaines caricatures au siècle dernier, ont fait plus contre tel ou tel régime politique, que le traité le plus savant ou le plus spirituel pamphlet. L'image ouvre à l'action de l'homme la possibilité d'une expression totale. Que notre volonté claire y consente ou non, certaines images mobilisent notre affectivité ou notre passion, notre colère ou notre sensualité.

Cette exposition de l'être humain à la vertu des images soumet l'individu à une fascination inconsciente ou subconsciente, exploitée par les techniques de l'audio-visuel. La propagande politique des régimes totalitaires s'est d'abord emparée de ces moyens incomparables de persuasion forcé ; les régimes libéraux ont repris à leur compte ces méthodologies, qu'utilisent également les publicités commerciales. Une discipline nouvelle est née, la science de la communication, qui prétend faire la théorie de ces manipulations de toute espèce, formes nouvelles de l'exploitation de l'homme par l'homme, grâce aux ressources formidables des techniques de l'audio-visuel. On parle aujourd'hui de « matraquage publicitaire » ; l'image exprime la violence faite à la conscience de ceux qui sont exposés à cette forme de persécution, par les moyens conjugués de la presse, de l'affiche, de la radio et de la télévision. L'homme du nouveau milieu technique, à moins de se boucher les oreilles et de fermer les yeux, est soumis sans pouvoir se défendre à cette forme neuve d'agression.

Tout se passe comme si l'humanité, au lieu d'utiliser, d'un individu à l'autre, le mode du langage parlé, s'était mise à hurler pour un oui ou pour un non, à forcer sans mesure l'intonation, que le message consiste à proposer une lessive ou un programme de gouvernement. Peu importe l'intérêt de ce qui est dit, seule compte la puissance matérielle des amplificateurs ; il s'agit d'assourdir l'intelligence et de captiver la volonté, dans une régression générale de la réalité humaine. Les penseurs traditionnels, les sages avaient tendance à croire que la vérité possédait une puissance persuasive, qu'elle était en mesure de se défendre toute seule, sans qu'on ait besoin de forcer la voix. Aujourd'hui, la vérité a été détrônée par l'opinion, et celle-ci s'impose par la force, grâce aux conseils éclairés des « publicitaires », techniciens spécialisés dans le domaine de l'image et du son ; ils recrutent leur clientèle, indistinctement, parmi les partis politiques et parmi les firmes commerciales et industrielles. Les peuples d'aujourd'hui admettent cette situation ; même, ils éprouvent certaines satisfactions à jouir des images et des sons, parties intégrantes du genre de vie, auquel ils apportent la couleur et l'animation dont il est souvent dépourvu.

L'inflation sans mesure de la civilisation de l'image envahit même des domaines étrangers à la propagande et à la publicité. L'immense consommation des illustrés de toutes sortes, des romans photos, des films populaires et des séries télévisées exerce une puissance prodigieuse d'incantation sur la masse des peuples, elle contribue à un façonnement de la sensibilité et de l'imagination par de médiocres maîtres d'œuvre qui ignorent sans doute eux-mêmes la puissance dont ils disposent. Avides seulement de bénéfices commerciaux, ils se trouvent promus à la redoutable dignité de directeurs inconscients de la conscience universelle. [...]

Il est dérisoire de s'inscrire en faux contre l'irrésistible développement de la civilisation audio-visuelle. Certains mouvements d'opinion mettent en garde contre les dangers que fait courir à l'espèce humaine la multiplication incontrôlée des explosifs atomiques, et les gouvernements des grandes puissances se trouvent confrontés dans ce domaine avec des responsabilités qu'ils n'ont pas le droit de traiter par prétérition. Lorsque se manifeste une maladie nouvelle, et dangereuse, les savants du monde entier sont bien obligés de conjuguer leurs efforts en vue d'en arrêter le développement. Or le domaine de l'audio-visuel, dans sa croissance sauvage, met en question l'équilibre global de la réalité humaine et la santé mentale des individus. Un danger d'intoxication collective appelle une parade collective.

Le dépérissement de l'écriture et de la lecture, l'envahissement de la vie personnelle des individus par l'invasion incontrôlée de la production audio-visuelle mettent en cause les structures psycho-biologiques de la conscience aussi bien que l'ordre des pulsions instinctives. Besoins et tendances, qui assurent la régularisation de nos démarches, subissent le choc en retour des expériences faites, des sollicitations et contraintes subies. La sexualité superficielle et profonde, les désirs de puissance, les sympathies et antipathies qui nous habitent sont exposés aux pires dépravations comme aux sublimations les plus fécondes. L'aiguillage, le changement d'orientation dans le sens de la promotion ou de la dégradation peuvent dépendre d'une sollicitation de hasard. Chaque image, cause occasionnelle d'un test projectif, met en cause les intentions latentes, la libido et ses complexes ou encore les archétypes constitutifs de l'inconscient collectif. La civilisation de l'image soumet chacun d'entre nous à une immense expérimentation de psychologie réactionnelle, d'autant plus dangereuse qu'il s'agit d'une expérimentation sans expérimentateur et d'une psychologie sans psychologue ni psychiatre. Pris au piège d'une perception préfabriquée, dotée d'un effet de choc exceptionnel, l'enfant, l'adolescent, mais aussi l'adulte, risquent de modeler leurs réactions affectives et leurs conduites pratiques sur les précédents exemplaires du monde imaginaire, avec les effets lamentables que l'on constate tous les jours à la lecture des faits divers. L'éducation par le cinéma et la télévision, par les magazines, l'imagerie publicitaire et les bandes dessinées, est une éducation sans éducateur, d'autant plus pernicieuse qu'elle ne répond à aucune autre préoccupation que celle de l'efficacité commerciale.

Exposé aux germes pathogènes, l'organisme dispose de réactions immunitaires ; dans l'ordre psychologique et moral, l'éducation traditionnelle suscitait des moyens de défense, des inhibitions face aux menaces éparses dans le milieu humain. Le système s'est effondré, avec la complicité des maîtres et de toutes les autorités établies. Le relâchement de la pensée et des mœurs apparaît aux yeux d'une partie de nos contemporains comme la dernière conquête de la liberté. La grande industrie de l'image s'est mise en harmonie avec cette conjecture ; de là cette démagogie qui en fait l'une des procédures d'avilissement les plus efficaces à l'œuvre dans le monde où nous vivons. Du *logos* au *muthos*, l'immense développement des techniques audio-visuelles favorise la régression de la sensibilité en sensualité, de la force en violence, de l'humanité en bestialité. L'image étale souverainement les hantises obsessionnelles du sadisme, du crime, de la pornographie, de l'obscénité. La perversion systématique du langage, de la pensée et des mœurs est tenue de s'affirmer d'une manière de plus en plus radicale, sous peine de voir ses effets s'émousser.

Les apprentis sorciers professionnels des industries audiovisuelles veulent s'imposer, malgré les effets d'accoutumance suscités par le nouveau milieu des images et des sons. Pour capter malgré tout l'attention d'un public assourdi et blasé par les excitations violentes, il convient d'augmenter toujours davantage l'intensité des signaux qui finissent par susciter une ambiance hallucinatoire, dans la subversion des défenses du bon sens et de la réflexion. De là une surenchère dévastatrice, un règne de la terreur, qui risquent de rendre sourde et aveugle l'humanité de demain. Les lieux de réjouissance dans lesquels s'entassent les fanatiques des musiques et danses modernes sont des enceintes étroites et obscures où se déchaîne un vacarme assourdissant dans une obscurité traversée d'éclairs aveuglants. Cela s'appelle une « boîte », et le mot dit bien ce qu'il veut dire ; s'il s'agit de comprimer dans un petit espace le plus grand nombre possible d'individus, proie passive d'excitations violentes et contradictoires, dont l'intention est de faciliter le déchaînement d'une hystérie collective. La parole n'a pas cours dans cette orgie sensorielle où la voix humaine est écrasée par le vacarme ; seules subsistent dans le déferlement des rythmes, les réactions élémentaires d'un organisme livré aux fascinations de la sensualité. L'individualité ainsi prise au piège, excentrée et décentrée, sombre dans une aliénation artificielle, provoquée par la totalisation d'excitants contradictoires, avec l'aide parfois de diverses drogues et le secours de l'alcool.

On peut penser que ces expériences aberrantes correspondent, chez nos contemporains, au désir de s'évader à tout prix d'une civilisation dont les contraintes et les angoisses deviennent de plus en plus insupportables. La retraite, le silence, le recueillement correspondent à un luxe hors de portée des adhérents de la civilisation de masse, victimes d'une existence sans issue et dont le seul recours est de tenter de s'évader d'eux-mêmes. Le cinéma, le magazine illustré, la télévision proposent aux amateurs les formes modernes de l'opium du peuple. Dans ses variétés usuelles, l'image sollicite l'homme par le bas, l'arrache à lui-même et le met en état de dépendance ; elle suscite des besoins nouveaux, et le cas échéant, des frustrations, des sentiments de carence correspondant à une véritable intoxication.

Une expérience à très grande échelle se poursuit sous nos yeux. Les enfants d'aujourd'hui sont les enfants de la télévision et du magnétoscope, fascinés, dès avant de savoir lire et même de savoir parler, par la lucarne magique du récepteur d'images. Avec la complicité des parents, bénéficiaires de la tranquillité achetée à ce prix, ils passent des heures chaque jour à consommer tout ce qui se montre sur l'écran, qu'ils comprennent ou non le sens du message ; l'image leur suffit. Cette forme neuve d'éducation ne semble pas retenir l'attention des éducateurs, ou prétendus tels. L'humanité de l'an 2 000, libérée des contraintes de la civilisation du livre, devra ses raisons d'être, pour la plus grande part, à la culture audio-visuelle abandonnée à des gens sans aveu, entrepreneurs de démoralisation publique, trafiquants en toute impunité de drogues dangereuses en vente libre.

Georges Gusdorf, *Auto-bio-graphie, Lignes de vie 2*,

☞ Pour vous guider...

Texte de longueur correcte pour cette épreuve (2175 mots) écrit avec élégance sur un « sujet accablant de truismes » (Rapport Ecricome). Une introduction sémiologique qui compare les images à la parole et à l'écrit ; une première partie sur l'efficacité supérieure du discours iconique ; une deuxième partie sur les effets dévastateurs de l'image sur les spectateurs et, notamment, sur les enfants. Gusdorf est un philosophe français contemporain ; Auto-bio-graphie, *en trois volumes, est une réflexion sur sa vie et l'écriture de soi.*

Résumé

Vénéneuses images

Si la parole, et son support l'écriture, ont permis à l'homme de penser le monde, elles sont supplantées par l'image en matière de communication. En effet l'image, au même titre que le langage, est porteuse de sens, mais mieux que lui, elle s'offre sans mystère, dispensant de tout effort de décodage intellectuel. Son pouvoir est dès lors infaillible et, souvent, dangereux.

Ainsi, après avoir servi la propagande politique, elle est devenue un insidieux ressort du capitalisme. De savants stratèges s'appliquent à investir la conscience de l'acheteur, à le persuader, par de tapageuses campagnes publicitaires, des vertus bénéfiques de produits idéologiques ou commerciaux. Cette tyrannie pénètre également le champ de la culture abandonné désormais à d'indélicats marchands.

L'humanité mesure mal les menaces qui découlent de cette intoxication. Elle modifie, par exemple, les comportements psychologiques : les choix individuels s'en remettent aux influences fortuites des images et, s'alignant sur le sensationnel, perdent leur authenticité. D'autant que les timides bastions de résistance — la morale, l'école — cèdent devant cette puissance vénéneuse qui bafoue les plus nobles valeurs humaines.

La consécration de l'image impose enfin une incroyable escalade audio-visuelle dont le symbole est la discothèque, cage surpeuplée cernée d'abrutissantes agressions sonores et visuelles, d'où l'individu sort exténué et soumis. Loin de trouver là une échappatoire à ses tourments métaphysiques, l'homme moderne s'épuise, s'avilit et s'aliène dans cette course illusoire. Quant aux enfants, saturés d'images, ils sont les otages passifs de criminels manipulateurs. *(250 mots)*

Texte n° 16

Concours ECRICOME, 1997.
Résumez ce texte en 250 mots (+ ou - 10 %). Donnez un titre.
(Temps : 2 heures)

Il n'y eut jamais d'entreprise plus charitable que de soigner les souffrants. Les autres sciences sont nées de la « volonté de savoir » ; la médecine sort tout droit de la volonté de servir : pitié envers les hommes, presque aussi vieille qu'eux.

Le souci des autres lui compose une nature double, où l'élan de compassion se combine à l'étude objective du corps. Quoique n'offrant entre eux nulle ressemblance, les deux éléments sont nécessairement mêlés. Sans l'habileté technique, pas de bienfait concevable, la pitié ne suffisant pas à guérir, et sans révolte contre la douleur, pas de médecine, puisque les états morbides n'inspireraient qu'indifférence ou dégoût à ceux qui se borneraient à les observer.

Il y a donc en elle de la contradiction. Elle est du côté de la pure science, quand elle constate les phénomènes, les analyse, les reproduit expérimentalement, les traduit en un langage explicatif. Mais devant eux, elle explose aussi de colère. Pourquoi le mal ? Pourquoi la souffrance ? Elle ne peut, par charité, accepter ce que, par science, elle ne cesse d'approfondir. Elle est donc à la fois la raison qui rend compte de ce qu'elle observe et la passion qui se scandalise de la normalité reconnue aux maladies.

Tantôt grecque, tantôt juive, suivant qu'elle use d'objectivité ou se raidit dans la protestation. Les Grecs avaient en effet mis de la complicité entre la nature et la médecine. Ils affirmaient que la première partageait les desseins de la seconde, étant elle-même éprise d'harmonie. Dotée d'un pouvoir régulateur, elle fournissait au corps malade les armes de sa lutte, et le médecin ne faisait que lui prêter main-forte « L'art imite la nature », d'après Aristote. Sereine appréciation les maladies et pas seulement les malades avaient envie de guérir.

Chez les Juifs, la nature perdait son souci du beau. Elle infligeait les plus horribles disgrâces en y mettant un malin plaisir : le démon tirait les ficelles, le péché expliquait les dégâts subis par la chair, corruptible aux deux sens du mot. Notre nature physique y laissa son renom de bienfaisance. Même aujourd'hui où, laïcisée, la médecine ne perçoit plus dans le mystère des maladies le relent des diables ou des dieux, elle dénonce une légitimité qu'elle juge tout aussi inacceptable : le normal et le pathologique font partie des événements réguliers d'une matière vivante, parfaitement insensible aux incommodités qu'elle provoque. Seul le médecin fait de la santé une norme.

Son art est à la nature ce que le *devoir être* est à l'*être*, l'idéal de perfection au registre médiocre ou tragique de la réalité : une distance considérable les sépare. A l'indifférence de la vie, la médecine oppose son amour de la vie. Elle entend soumettre à sa loi ces désordres qui sont pourtant dans l'ordre des choses, et imposer le préférable au naturel. Aussi cherche-t-elle à augmenter sa puissance sur les faits et invente-t-elle des instruments pour l'exercer. Combinant la connaissance « à la révolte, elle sert son parti pris d'humanité et change son étude en combat : Ce qui est naturel, c'est le microbe ; le reste, la santé, l'intégrité, la pureté, c'est un effet de la volonté et d'une volonté qui ne doit jamais s'arrêter ». Ainsi s'exprime le médecin qui, dans le roman de Camus, engage avec la peste une lutte désespérée.

J'ai parlé d'une double vocation médicale. Il fallait dire triple dans sa partie opératoire, les connaissances qu'elle exige font d'elle une science ; la maîtrise dont elle a besoin fait aussi d'elle un art ; et présidant à cet art et cette science, l'esprit de « philanthropie », comme disaient les Grecs, avant que Paracelse fît inscrire sur sa tombe que « toute médecine est amour ».

Une science, un art, un esprit. Un savoir, un pouvoir, un vouloir, le tout pour guérir. Qui trouve à se plaindre ? Ne nageons-nous pas en pleine éthique ?

Nous sommes même au cœur d'une religion. La thérapeutique fonde ses clergés, coiffée de grandes prélatures, elle se distribue en vastes diocèses où rayonne tel hôpital, flambe telle spécialité. Mais déjà au temps où la médecine ne brillait guère par ses œuvres, elle déléguait sur tout le territoire de modestes desservants, qui vivaient en effet leur profession comme un sacerdoce. Sur les routes, par tous les temps, à toutes les heures, un dévouement illimité les faisait voler au secours de la misère humaine. Le médecin de campagne partageait la sainteté du curé de village. Mais que leur zèle fût le même ne signifiait pas que les parts de gloire fussent égales, Peu de guérisons, par le fait du bon docteur. Beaucoup d'absolutions chez M. le curé. Le monopole des âmes l'emportait sur celui des viscères. Parlant de salut (qui en latin veut dire santé), le prêtre, sûr de lui, affirmait que les ordonnances de l'Eglise, si elles étaient suivies, menaient au ciel, et qui d'ici-bas a prouvé le contraire ? Mais le médecin était voué à « condamner » plus souvent qu'à « sauver ». L'ordre hospitalier pécha longtemps par jansénisme forcé. Le salut pour très peu[1]. La masse, rivée à son lit. Une modeste chirurgie, une pharmacopée sommaire ne combattaient en effet que les maladies qui, à quelques exceptions près, auraient guéri sans son assistance. La carrière d'un médecin faisait de lui, jusqu'à ce siècle, le témoin consterné d'agonies dont il ne pouvait seulement calmer les affres. Mais si grand était son crédit, que l'on ne se passait pas de son concours. Homme de miséricorde, intacte malgré les soins inutiles, et en cela vrai médecin.

1. On notera que l'on tenait peu rigueur à la médecine de sa sévérité, c'est-à-dire de son impuissance. Le malade avait tort de l'être : vieille réminiscence d'un fond populaire qui impute aux misères du corps une faute morale. Le vocabulaire des soins, encore en vigueur, repose sur la métaphore d'une culpabilité des souffrants, dont le médecin se fait juge : il « ordonne », il « prescrit », il prononcera son « verdict » ou sa « sentence », « condamne » ou « sauve ». Perversion du langage ou sagesse ? On fait comme si la vie dépendait de la volonté d'un homme fort ; celui-ci semble moins effrayant que l'impuissance radicale dissimulée sous le vocabulaire illusoire.

Mais quand sa pratique se donne les moyens auxquels elle aspirait depuis les origines, que, guérie de son impuissance, elle fournit les plus grands services à ceux qu'elle visite, alors la médecine honore sa vocation primitive qui réunit la capacité à la volonté de guérir. Elle prend enfin sa véritable stature.

Elle tient en main les deux brins utiles. Ne cumule-t-elle pas aussi désormais la vieille éthique des intentions qui déjà rendait respectable, et l'éthique, à peine née, des réalisations ?

Eh bien non. Loin d'être deux fois éthique, la médecine se fait soupçonner de ne plus l'être du tout. L'éloge naguère appliqué au stérile dévouement se gèle, comme si l'efficacité des gestes s'obtenait aux dépens de la bienveillance. Par ses structures collectives, ses techniques d'investigation, son insuffisance de personnel, l'hôpital dilate l'angoisse que le malade éprouve du fait de sa maladie. C'est une banalité de dire que les contacts personnels se raréfient, qu'on a affaire à des gens toujours pressés ou haut perchés derrière leurs grades ou leur dossiers. Il est vrai que le spécialiste hospitalier, vers qui les patients affluent en raison de sa notoriété, n'est pas tenu de leur marquer des signes d'affection, comme les médecins de famille ; ceux-ci mettraient en fuite les clients qu'ils traiteraient de haut. La bonté devient chez lui une vertu seconde : s'il en est pourvu, tant mieux, mais ce n'est pas à cause d'elle qu'on le consulte. Le médecin qui guérit se différencie-t-il donc de celui qui ne guérissait pas par le retrait de l'amabilité, simple succédané de l'incompétence ? Mais il faut rendre justice à la réalité : c'est un travers ordinaire chez le patient de récriminer contre les personnes plutôt que contre les faits, qui sont sourds et bêtes. Faute donc de pouvoir se fâcher avec sa rate ou son rein, il vilipende les gens qui soignent les organes. Enfin l'hôpital souffre d'une solide réputation, jadis fondée mais qu'il serait aujourd'hui honnête de moduler. Ceux qui passent par ses services en reviennent avec des impressions contrastées : elles tiennent à la variété des tempéraments qu'ils ont rencontrés. Mais il faut voir comme se généralise, quand le client est déçu, le jugement prononcé : « Ils sont indifférents, on est traité comme un numéro. » Oui, oui, toutes les Françaises sont rousses. Mais nul n'ose élever en maxime universelle l'agréable surprise qu'il a pu éprouver en pareil lieu, d'un personnel attentif et délicat.

Cependant le soupçon ne s'en tient pas à ce grief somme toute mineur. Il vise une seconde déshumanisation, liée aux progrès, et plus redoutable que la froide technique. L'homme de la rue s'ouvre, en une phrase de ses alarmes ; il ressemble trait pour trait à cet homme d'intérieur qu'est le bonhomme Chrysale : « Mais jusqu'où iront-ils ? » Une vieille expérience l'a instruit des marches forcées de toutes les puissances. Peu importe qui les détient : l'Etat, le prêtre, le juge, l'armée, et, depuis peu, la science. L'excès s'embusque derrière la magistrature conquise. Par un irréversible penchant, les règnes se concentrent sur eux-mêmes, afin de se maintenir et de s'étendre. A cette contagion, la médecine ne s'échappe pas. Quand elle aura vaincu les maladies, elle ne sera pas venue à bout des pestes du pouvoir. Piquée de ce dard, elle redoublera d'ambitions et dans sa frénésie ne daignera considérer les conséquences de ses succès. Hydropique médecine, on ne sait quel médecin mander à son secours.

Notre interlocuteur poursuit : une limite, dit-il, est franchie par ces pouvoirs sorciers. Une limite ? Que veut-il dire par limite ? Il nous semble au contraire que de l'état de maladie à la pratique du médecin, il y a continuité et que celui qui voudrait mettre une frontière être l'une et l'autre aggraverait le sort du malade : le médecin n'a-t-il pas pour seul devoir de soigner, sinon de guérir ? Si toute la science peut devenir domination, en médecine c'est la maladie qui est dominée, non le malade ; qu'importe donc cette fièvre de conquête si elle conjure les maux dont nous souffrons ?

Mais lui secoue la tête : l'expérience, hélas, contredit cette logique aimable. le pouvoir de guérir jette des menaces : il vise la cible des maladies, sa flèche s'égare et vient frapper le patient. Nouveaux périls ! Ils en savent trop dans les laboratoires : on est en train de démonter l'homme, comme les enfants qui cassent un jouet pour voir comment c'est fait, puis n'arrivent pas à le réparer. Ils braquent les lampes brutales sur ses délicats assemblages, se donnent le droit d'y toucher, d'en déplacer les éléments et seront bientôt fiers d'exhiber le bricolage réalisé de leurs mains.

Confusément, notre ami éprouve le sentiment d'un sacrilège, d'une barrière outrepassée par une science ivre, que rien n'effraie, et qui court, l'étincelle au sabot, indifférente à ce qu'elle piétine, pas moins que l'humanité ! « On vous demandait de nous guérir. Maintenant, de grâce, supplie notre homme, respectez-nous ! « Guenille si l'on veut, ma guenille m'est chère » ; je crains d'être mal à l'aise dans les beaux atours que vous êtes en train de nous tailler. Laissez-nous donc comme nous sommes. », gémit cette pensée commune. A tort ou à raison ? Est-ce que, du pas dont nous allons, la guérison des maladies, ce rêve de toujours, passe par un arrachement à notre condition et fait que l'homme ne se reconnaît plus dans l'homme. C'est la question posée par des lèvres simples. Le monde éthique pour nous est né.

France Quéré, *L'Ethique et la vie*, © Odile Jacob, 1991.

☞ Pour vous guider...

Beau texte, de rédaction récente et posant des questions à la fois scientifiques et philosophiques. La densité du propos, la souplesse de l'argumentation ne sont pas faciles à rendre. On respectera la nette rupture vers le milieu (« Eh bien non), on *tiendra compte de la note (importante), on tâchera de restituer l'esprit du dialogue final. Le nom de « Chrysale » renvoie à la comédie de Molière* Les Femmes savantes. *Le personnage incarne le bon sens bourgeois un peu épais.*

Résumé

La Nouvelle Némésis médicale

La médecine, outre la traditionnelle volonté scientifique de savoir, poursuit le désir humanitaire de soulager la souffrance. Cette double exigence explique ses tiraillements entre le froid diagnostic et la révolte compatissante, entre la tentation hellénistique de se soumettre aux épreuves de la nature et la volonté judéo-chrétienne de refuser les manifestations du mal. De cette dernière attitude procède la vision moderne d'un corps vulnérable et d'une médecine chargée de lutter contre une nature hostile. Ajoutons aux deux vertus précédentes — science et pitié — une troisième, liée à la pratique médicale, l'art.

Rattrapée par l'éthique, la médecine peut alors être rapprochée de la religion car, comme elle, elle s'en remet à des officiants dévoués chargés de combattre le mal. Sauf que l'Eglise décernait jadis de bienveillants viatiques quand la Faculté, impuissante, se contentait d'accompagner le mourant. Depuis, d'appréciables progrès permettent à la médecine de remplir sa mission thérapeutique doublée, on pourrait l'espérer, d'un accomplissement éthique.

Or cette éthique, attendue à deux niveaux, semble aujourd'hui désespérément absente. La froideur déprimante de l'hôpital, la distance hautaine du spécialiste — marque présumée de sa compétence — sont des preuves d'indifférence dénoncée par des patients prompts à la critique. Reproche plus grave, cette médecine conquérante ne se connaîtrait plus de limites ; et plutôt que de louer ses avancées prometteuses on agite le spectre des dérives iatrogéniques, des manipulations dangereuses.

Ainsi, entre l'intégrité de l'homme et le développement médical, c'est à l'éthique de trancher. *(250 mots)*

Chapitre 3
Les textes longs

Les exercices qui précèdent portaient sur des textes n'excédant pas 2600 mots. Ils ont dû permettre de s'exercer à affronter des épreuves relativement courtes, dont le temps de composition ne va jamais au-delà de deux heures.

Pour compléter ce parcours et atteindre la difficulté maximale dans ce type de travail, nous allons aborder une série de résumés portant sur des textes allant de 3 à 4000 mots, à réduire, pratiquement toujours, au 1/10 et dans un temps limité à trois, voire quatre heures.

C'est par exemple ce type d'épreuve qui est proposé à la majorité des concours d'Ecoles supérieures de commerce (H.E.C., E.S.S.E.C., diverses « sup. de co. » de province). L'épreuve apparaît également dans divers concours administratifs de niveau « A ».

Les textes sont choisis dans des registres assez différents ; ils sont classés par ordre de longueur, puis par difficulté. Dans certains cas nous réduirons les indications destinées à « vous guider », de façon à respecter les règles du concours. Toutefois nous fournirons toujours un, voire deux exemples de résumés à valeur de modèle.

Texte n° 17

Résumez ce texte en 350 mots (plus ou moins 5 %).
(Temps : 3 heures)

Il n'y a pas d'auteur au théâtre. Les plus grands noms de la littérature sont des noms d'auteurs dramatiques, mais justement parce que ces noms éclatants recouvrent une époque, non un homme. Shakespeare, Molière, Racine, sont les plus grands anonymes qui soient. C'est un symbole frappant qu'il ne reste d'eux aucun manuscrit. On sait seulement, par trois documents bien étrangers au théâtre, qu'ils savaient signer, les deux premiers un nom qui n'était pas le leur. L'auteur dramatique n'est pas une pensée, un style durable, c'est-à-dire une responsabilité. Il n'est qu'une voix, et pas la sienne. Il est ce qu'était tout auteur aux âges jeunes, l'organe même de la parole de son âge : un acteur. Il est le premier, par ordre chronologique naturellement, des acteurs de sa troupe. Il a même cette particularité de les être tous, et de les rester tous. Sophocle, Lope de Vega, Corneille, ont été les créateurs et demeurent les doubles de tous leurs rôles. La grandeur de leur gloire vient de ce que leurs noms subsistent d'abord en eux-mêmes, dégagés de toute œuvre, comme des noms de scène, des noms de ténors, et de ce que, de ces ténors disparus, splendide supplément, la voix subsiste. C'est là aussi le caractère de l'œuvre dramatique, et le privilège de sa beauté quand l'immortalité se pose sur elle : elle est éphémère. L'essentiel du théâtre n'est pas l'auteur, mais le théâtre. Supprimez les noms propres, rangez les pièces anglaises de la période élisabéthaine sous le vocable de Théâtre anglais, les pièces du règne de Louis XIV sous le vocable de Théâtre français, vous ne sentirez pas plus en vous l'obligation d'en identifier les auteurs que de vous demander, dans les recueils du théâtre italien, quelles pièces sont attribuées à Marivaux. Mon bien est là où je le trouve, disait Molière. Parce qu'il n'y a pas de plagiat en art dramatique, et il n'y a pas de plagiat parce qu'il n'y a pas de propriété. L'attribution est la seule paternité que puisse revendiquer le vrai auteur, le vrai père d'une pièce. A l'auteur dramatique moderne lui-même, dont les instincts de propriétaire n'ont pas besoin d'être excités, il suffit d'entrer au théâtre où l'on joue sa pièce pour comprendre, une fois que la première représentation l'a donnée à la troupe, qu'elle ne lui appartient pas, qu'elle ne lui a jamais appartenu. S'il n'y est pas jugé importun, s'il y est accueilli fraternellement chaque soir, si les acteurs le laissent circuler autour de la scène, c'est parce qu'il y joue. Parce que personne ne joue mieux que lui ce rôle de comparse effacé qui donne pourtant leur raison aux portants, leur relief aux montants, le rôle de souffleur du souffleur, de pont entre la salle et la scène, le rôle qui perce le rideau de fer, l'équivoque du public : le rôle de l'acteur qui ne joue pas. Il est à la pièce et à la représentation ce qu'est Elise à Esther, ou Pylade à Oreste, son confident. C'est aussi en vertu d'un droit d'ancienneté qui ne lui est point contesté, celui d'avoir été le premier spectateur de sa pièce. Racine a été le premier à entendre Andromaque. Cela crée toutes nos obligations envers lui. Il en est aussi le mime. Vers 1677, quand Racine se levait brusquement, ou remuait le petit doigt, ou agitait le pied, il mimait Phèdre. Mais c'est là le seul titre de l'auteur dramatique. Non pas celui qui confère aux auteurs de maximes et de romans la propriété de leur pensée et de leur style, mais celui que vous donne le privilège de l'intimité avec les personnages dramatiques. L'humain qui a les plus hautes fréquentations, voilà ce qu'est l'auteur dramatique. Il n'a d'égal sur ce point que le magicien. Ils sont les seuls tous deux à ressusciter. Mais le magicien est seul à pouvoir à nouveau anéantir. Evocateurs de figures qui peuvent procréer et prospérer et se dédoubler elles-mêmes dans leur monde demi-vivant, mais sur lesquelles ils n'ont plus aucune prise, dont ils tentent parfois, et vainement, pour croire qu'ils disposent d'elles, de modifier les paroles et les traits, Racine, et Goethe, et Claudel savent mieux que personne la beauté du mystère dramatique : une annonciation, et, au lieu du fils attendu, tendre et de votre sang, un être de chair insaisissable, ou un spectre d'airain. Telle est l'indépendance de votre tragédie, de votre comédie, de votre drame, tandis que votre sonnet, votre rondeau, votre maxime ou votre conte vous suit partout en vous appelant père, et les mille personnages en quête d'un auteur ne l'ont atteint jamais que pour l'abandonner. Du faible rôle que joue l'auteur dans la conception dramatique, un fait ressort. Toutes les grandes époques peuvent ne pas être de grandes époques théâtrales, mais il ne peut y avoir d'époque théâtrale que dans une grande époque. Elles seules peuvent fournir, au-dessus des auteurs particuliers, cet auteur général qui diffère d'ailleurs pour chacune. Deux des époques les plus magnifiques du théâtre, le XVIe espagnol, le XVIIe français, vont nous donner l'illustration de cette vérité.

En Espagne, à la fin du XVIe et au commencement du XVIIe siècle, cet auteur est le peuple espagnol lui-même. Il est le responsable de cette floraison dramatique dont le moindre examen suffit à infirmer pour toujours les affirmations de ceux qui voient le théâtre naître de la liberté et de la prospérité. Le régime espagnol est la personnification de toutes les contraintes. Les contraintes morales, terreur religieuse, protocole, népotisme, y sont poussées jusqu'au billot et au bûcher. Les contraintes physiques, la maladie, la misère, la faim, y sont déchaînées. La population est passée de vingt millions à sept. Treize millions de paysans, d'artisans, ou de gentilshommes ont payé de leur vie l'hégémonie de l'Espagne sur le monde. La campagne héritée fertile des arabes devient un désert. Le commerce et l'industrie entrent en pleine décadence. On n'y travaille que les entrailles brutes de la terre, que l'or et le fer, et il naît plus d'hommes d'acier en Espagne, dit un contemporain, que d'enfants de chair. Mais l'Espagnol, pris d'un côté entre cette terrible vie personnelle et la vie merveilleuse de sa nation, les considère toutes deux comme un décor, et admet comme seules réalités les sentiments et leur expression. Resserré de plus en plus entre les deux monuments du régime, l'Eglise et le Trésor, il crée sur la même place le troisième, le monument de l'imagination, le Théâtre, qui n'est pas réservé, comme en France au XVIIe siècle, et en Allemagne au XIXe, à la noblesse et à la bourgeoisie. Il est au peuple. Chaque ville a son théâtre, chaque bourgade ses arènes ouvertes. D'innombrables troupes parcourent le pays et il est joué en tous lieux chaque soir. Le spectateur fournit à peu près tout lui-même, la légende, les règles théâtrales. Il vient à la représentation comme il viendra à la course de taureaux, non pas pour voir chaque fois une pièce nouvelle et des héros nouveaux, mais pour voir lutter et se défendre et vaincre et mourir devant lui un personnage connu, mais dans des circonstances nouvelles. Devant la Célestine, devant Don Juan, devant la haine, devant l'orgueil, devant la luxure, fauves toujours à point, il ne demande à l'auteur, *prima spada*, que de faire un bon combat. S'il n'aime pas que les acteurs improvisent sur leur canevas, c'est d'abord parce qu'ils obligent ainsi les femmes à venir voilées, car l'acteur est mal élevé et, quand il improvise, se laisse trop souvent dans sa fougue aller à quelque propos mal sonnant. C'est surtout que les auteurs, bien plus que les règles de bienséance, possèdent à fond le répertoire complet des coups, d'épée ou de théâtre, autorisés dans cette tauromachie suprême. C'est qu'ils sont les professionnels de ces manies, de ces axiomes, de ces habitudes en apparence aussi artificiels que les règles de la course, mais dont le maniement est indispensable pour amener à leur expression totale les réalités profondes, l'honneur et l'amour ; c'est qu'ils peuvent en créer eux-mêmes, et c'est l'invention de ces détails et de ces formules qui fait choisir au peuple espagnol pour favoris ceux qui sont les maîtres de l'imagination et de ses mondes. Si Tirso de Molina écrit trois ou quatre cents pièces, Calderon huit cents, Lope de Vega dix-huit cents, dont plus de cent vingt en un jour, — et il a même le temps, un de ces jours-là, le matin, après ses deux premiers actes, de composer une épître en cinquante tercets et d'arroser son parterre —, c'est d'ailleurs que leur rôle était, non pas d'en finir avec un caractère, une intrigue, mais simplement, entre la prière du matin et le binage et l'arrosage, de changer les noms des héros et des héroïnes, de dorer leurs épées, de leur donner une nouvelle ombre sous ces deux soleils, l'honneur et l'amour, de planter un nouveau méandre pour les allées et leurs venues dans ces deux jardins, l'honneur et l'amour, bref, d'être les premiers accessoiristes, les premiers machinistes de ces milliers d'auteurs qui viendront ce soir prendre connaissance de cette pièce déjà écrite en eux par l'honneur et par l'amour. Et si l'Eglise n'intervient pas contre cette dévotion unanime à une tierce existence, si elle ne frappe pas d'interdit cette vie d'imagination qui se déroule dans la crudité des propos, la licence de l'action, sous le pillage moral qu'exerce dans l'Espagne entière des comédiens recrutés parmi les éléments les plus turbulents et les plus immoraux du pays, c'est qu'elle s'est aperçue que ces milliers de pièces, outre l'auteur qui écrivait et l'auteur qui écoutait, en avaient un troisième, qui était Dieu. Elle ne l'avait pas su au début. Après une série d'édits hostiles, elle avait même prescrit qu'un théologien examinât chaque pièce pour y rechercher les atteintes au dogme. L'alternance des pièces étant quotidienne, il devait y avoir finalement au théâtre le théologien de service. Mais jamais le théologien ne put découvrir dans aucune pièce et dans aucun personnage un mot ou un geste suspect. Il ne pouvait vraiment que constater l'analogie du principal moteur dramatique, le coup du théâtre, avec le principal jeu divin, la grâce. Par ses morts subites, ses colères soudaines, ses repentirs, ses passages brusques de la fortune à l'infortune, chaque pièce n'était qu'une illustration de la doctrine la plus stricte de la grâce. L'auteur d'autre part, était conduit, par son amour de la situation imprévue et du dénouement romanesque, à recourir au coup de théâtre suprême, qui est le miracle. L'intervention du miracle lui paraissait, et paraissait aux spectateurs, le comble de la logique. Au point final de son évolution le théâtre espagnol reprend ainsi les dons de son enfance, les dons du mystère. La scène n'est plus qu'une terre à laquelle le ciel prête son transparent. Les accessoires ne sont plus seulement ceux d'une vie romanesque, tels que les a employés notre théâtre, épée ou cor, mais ceux de la vie surnaturelle : on reconnaît un enfant disparu non à la croix de sa mère, mais à une marque de la vraie croix, non à une brûlure, mais à un stigmate. C'est en plein triomphe mondain que Calderon écrit sa *Dévotion à la Croix*, où la Croix est le principal personnage, où le public sait que la péripétie se prépare dès que la scène représente un chemin en croix, dès qu'un acteur a les bras fermés et en forme de croix, dès que deux répliques, au lieu de se succéder, se croisent. Que de nombreux moines s'échappent pour rejoindre des compagnies d'acteurs ; que les plus célèbres prédicateurs de Madrid viennent chaque soir au théâtre entendre Pénafil pour apprendre le vrai langage, que, le Mercredi des Cendres, le plus célèbre des comédiens du temps, Sébastien de Prado, celui même qui vint jouer à Paris pour le mariage de Louis XIV et de l'infante, soit touché de la grâce ; que les plus aimées des jeunes premières, Francisca Baltasara, Maria Calderon, Maria Damiana prennent l'habit religieux, parfois en pleine scène, — comme Maria Cilacho qui, jouant un rôle de religieuse, déclare soudain qu'elle ne quitterait plus jamais ce voile, et par les coulisses où les acteurs s'inclinent et s'agenouillent, passe de la scène au couvent qu'elle n'abandonne jamais plus ; que Marcela, la fille adoptive de Lope de Vega, pour laquelle le poète se plaît à amasser des fortunes, qu'il élève dans le luxe et tous les raffinements, le quitte à quinze ans pour entrer chez les Carmélites ; que Lope de Vega lui-même, à l'époque de sa vogue, prenne l'habit de l'ordre de Saint-François, dise sa messe chaque matin avant de se mettre au travail dans les larmes et les tremblements, et se donne la discipline sans s'épargner ; que Tirso de Molina devienne frère de la Merci, Calderon chapelain de la congrégation de Saint-Pierre ; que Philippe enjoigne au cardinal Esperiosa de lui rendre un acteur confisqué pour les représentations des sacristies, que le roi et le grand inquisiteur, d'accord pour régner, l'un sur le monde réel, l'autre sur le monde spirituel, se disputent avec acharnement le seul être qui fut amphibie, et qui appartînt à la fois à ces deux univers, un acteur : voilà par quoi sont prouvés et le caractère indispensable de ces auteurs qui habillent, et truquent, et rénovent, et maquillent, et jouent dans le jeu du cœur aux échecs, aux jonchets, et aux quilles, mais aussi leur modestie — car, s'ils ont signé, c'est que l'anonymat ou le pseudonyme sont réservés aux vrais ermites ou aux vrais saints, pour les autres sont les signatures de l'orgueil — ; mais aussi leur irresponsabilité — car celui qui prend à son compte personnel aussi bien les statues des rois et des élus sur les cathédrales que dans leur niche éphémère les statues des sentiments humains, ce ne sont pas les sculpteurs, ce ne sont pas les écrivains, c'est d'en bas le peuple tout entier, et d'en haut le Très-Haut.

Dans la France du XVIIe siècle, il n'est pas moins facile de distinguer la signature du théâtre français. Théâtre français est d'ailleurs beaucoup dire, et l'expression de théâtre parisien ou de théâtre versaillais convient infiniment mieux. Le peuple ici n'est pour rien dans son essor ou dans sa gloire. Ce théâtre est aux antipodes de la naïveté, de l'improvisation, et, il faut le dire, de la simplicité. Sa carrière est la carrière même de la royauté française. Il est uni à elle, et vit par elle. Ses transformations et ses enrichissements sont ceux mêmes de la cour. Quand le roi épouse une Italienne ou une Espagnole, le théâtre reçoit aussi un présent italien ou espagnol *Le Cid* est un acompte sur la dot de la future femme du petit roi. La représentation n'est plus que le tournoi d'esprit et de raffinement d'une cour qui n'est elle-même que le miroir à facettes de son souverain. La grandeur de la littérature française, qui compense alors largement son manque de jeunesse et d'élan, vient de ce qu'elle a pris pour base la plus basse à ses études sur l'homme, le roi. Le roi, qui est dans toutes les autres conceptions humaines le point d'arrivée, est ici le point de départ. Tout ce qui est pensé et publié en France est donc la nourriture spirituelle du futur roi, du futur dauphin, de la future abeille reine, est la pensée paternelle. Combien peut-on citer d'œuvres, sous ce règne, qui ne furent pas écrites *ad usum delphini*. La formule du Roi-Soleil est, autant qu'une formule de splendeur, une formule d'unanimité. La pensée du siècle est royale. L'objet de l'écrivain est toujours l'étude des conflits normaux humains, mais cet humain est doué d'une âme royale. Les héros de Racine, de Quinault, ou de Pradon sont des rois, non parce que les auteurs aiment les sujets rares, mais au contraire parce que le roi, est, en France, le personnage moyen et universel. Peut-être d'ailleurs est-ce cette conscience, non pas royaliste, mais royale de l'homme, qui, beaucoup plus que la conscience humaine du XVIIIe siècle, a amené la Révolution et a fait l'égalité, comme disent les chants révolutionnaires, non par un peuple d'hommes, mais par un peuple de rois.

On voit dès lors quelle forme doit prendre sous Louis XIV la question du théâtre. Bien avant qu'il fût lui-même l'inspirateur des sujets tragiques ou comiques, il en était totalement responsable. Un roi n'est responsable que devant Dieu. Il n'admet que cette responsabilité, mais celle-là, il la reconnaît entièrement et humblement. Le destin du théâtre de Louis XIV sera celui que lui laissera le dénouement de la lutte qui se joue dans la conscience du roi. Ce n'est pas l'insuccès, le manque de génie, la désaffection d'une clientèle, la maladie, qui tout d'un coup, installent le silence sur une scène où la voix résonnait à son plus haut timbre : c'est le léger coup donné à la porte du roi par son confesseur, le léger coup donné à son âme par le scrupule, c'est l'âge du roi. Au moment où le théâtre entre dans sa pleine jeunesse, le roi entre dans son âge adulte. Au moment où la littérature parvient par ses triomphes dans ce stade si rarement atteint qui est la liberté, la liberté de penser, avec Molière, et la liberté de savoir, avec Racine — et aussi va peut-être atteindre cette liberté d'éprouver qu'est l'orgueil, le roi, sous le poids d'une royauté lourde, est amené à changer cette notion élyséenne de la vie qui était la sienne contre l'idée de ses devoirs, et s'incliner devant leur nouveau symbole, la modestie. C'est par modestie que le siècle de Louis XIV a borné la carrière de son génie, de même que c'est par modestie que Racine s'est tu après *Phèdre*. Au moment où la comédie tire enfin de tous les oripeaux de la comédie italienne ces hommes nus qui sont *Don Juan* et le *Tartufe*, où la tragédie dégage de toute la garde-robe de Lulli et de Quinault cette femme nue qu'est Phèdre, le personnage fatidique intervient, que ce soit sous la forme du scrupule, du prêtre, ou de Mme de Maintenon, et fait remarquer au roi que ni *Don Juan*, ni *Tartufe*, ni *Phèdre* ne sont de lui, ne peuvent être signés de lui. Molière dépêche deux acteurs, jusqu'au milieu de la guerre des Flandres, envoie trois placets pour obtenir cette signature. Racine désespérément attend un signe, et l'endossement par le roi de sa tragédie. Le roi hésite : va-t-il consentir à continuer d'être Molière, d'être Racine ? Non... *Tartufe*, et *Phèdre* étaient sortis de la vérité, de la modestie royale, et avec eux leurs auteurs. Ils apparaissent dès lors aussi étranges et irrévérencieux, aussi vains, que des somnambules sur les toits de Versailles. Les deux pièces n'étaient pas signées Louis XIV, elles devenaient infamantes pour leurs auteurs. Molière s'en est tiré par la mort, Racine par le silence. Mais c'est fini. L'âge classique a vécu, et nous trouvons là, pas hasard, la vraie définition du mot classique, c'est celle que nous avons énoncée déjà ; c'est celle qui nous nomme aussi le véritable auteur des pièces de théâtre sous Louis XIV : l'art classique est celui d'une certaine classe, qui est la classe royale...

Jean Giraudoux, « L'auteur au théâtre », *Littérature*, © Grasset, 1939.

☞ Pour vous guider...

*Rappelons que Giraudoux (1882-1944) fut à la fois un auteur dramatique célèbre (*Amphitryon 38, Intermezzo, La guerre de Troie n'aura pas lieu, Electre, Ondine*), un romancier (*Suzanne et le Pacifique, Siegfried et le Limousin, Bella*), mais également, comme ici, un critique littéraire. Le texte est extrait de* Littérature, *recueil d'articles et de conférences paru en 1939. La 4*e *partie de l'ouvrage comporte cinq études consacrées toutes au théâtre, dont la nôtre qui n'est pas coupée. Le texte compte environ 3500 mots. Le sujet est de nature littéraire, ce qui, convenons-en, est plutôt rare. L'écriture est, comme souvent chez Giraudoux, très soignée, très elliptique aussi. Ce qui fera difficulté. De même que la longueur des phrases et l'absence de paragraphes qui gênent le découpage en*

« unités de lectures ». Nombreuses références culturelles. La fin de l'article n'est pas d'une compréhension aisée.

Résumé

L'auteur de théâtre se confond avec une époque dont il se fait l'écho. Premier et quasi unique acteur de sa pièce, son nom — sauf pour les plus grands — ne survit pas à l'œuvre. Celle-ci illustre anonymement la production d'une époque, d'un lieu.

L'auteur dramatique, aujourd'hui encore, n'est pas le propriétaire de sa pièce, mais le faire-valoir d'une œuvre qui appartient aux acteurs, même s'il entretient un rapport privilégié avec des personnages nés de sa chair mais prêts à lui échapper. Moins que dans les auteurs, c'est dans les époques qu'il faut chercher le germe du grand théâtre.

L'Espagne du XVIe siècle en fournit le premier exemple. Alors que sur un fond d'oppression, de disette, de guerre meurtrière, de dégradation économique s'installait la grandeur politique du pays, naissait un authentique théâtre populaire. Fidèles aux exigences d'un public de connaisseurs, les auteurs reprennent des situations données qu'ils renouvellent avec habileté. Autour du couple honneur/amour, Tirso de Molina, Calderon, Lope de Vega brodent des milliers de variations.

L'Eglise pardonne les excès de ce théâtre où elle voit, après examen des sujets, la présence de Dieu. En effet dans le coup de théâtre, dans le recours aux dénouements miraculeux, aux accessoires surnaturels, on reconnaît l'avatar laïque de la grâce divine. L'intérêt des religieux pour le théâtre, l'attirance des comédiens et des auteurs célèbres pour l'état monastique, l'attachement des autorités séculières et spirituelles à la personne de certains acteurs, attestent l'importance des auteurs habiles mais dépourvus et de vanité et de prétention.

Le théâtre français du XVIIe siècle fut aussi marqué par son époque. Plus raffiné, nourri des péripéties de cour et des agissements royaux il doit éduquer le dauphin ; le roi laisse son empreinte sur les affrontements psychologiques de la scène. Louis XIV a porté très tôt la responsabilité de la production théâtrale de son temps par la modestie d'inspiration religieuse qui marque sa vieillesse. Molière et Racine sont alors désavoués et l'âge classique, lié à la classe royale, s'achève. *(350 mots)*

Texte n° 18

Concours d'Ingénieurs de l'armement, 1978.
Résumez ce texte en 350 mots.
(Temps : 3 heures)

Le Programme

Peu de phénomènes se manifestent avec autant d'évidence dans le monde vivant que la formation du semblable par le semblable. Très vite, l'enfant s'aperçoit que le chien naît du chien. Très tôt, l'homme a su interpréter et exploiter la permanence des formes à travers les générations. Cultiver des plantes, élever des animaux, les améliorer pour les rendre comestibles ou domestiques, c'est déjà avoir acquis une longue expérience. C'est déjà se faire une certaine idée de l'hérédité pour la réutiliser à son profit. Car, pour obtenir de bonnes récoltes, il ne suffit pas d'attendre la pleine lune ou de sacrifier aux dieux avant d'ensemencer. Il faut encore savoir choisir ses variétés. Il en était un peu des fermiers de la préhistoire comme de ce héros voltairien qui se faisait fort d'anéantir ses ennemis grâce à un mélange judicieux de prières, d'incantations et d'arsenic. C'est peut-être dans le monde vivant qu'il a été le plus difficile de séparer l'arsenic de l'incantation. Même une fois établies les vertus de la méthode scientifique dans le monde physique, ceux qui étudiaient le monde vivant ont encore, pendant plusieurs générations, pensé l'origine des êtres en fonction de croyances, d'anecdotes, de superstitions. Une expérimentation relativement simple suffit à faire justice de la génération spontanée et des hybridations impossibles. Pourtant jusqu'au XIXe siècle ont persisté, sous une forme ou sous une autre, certains aspects des vieux mythes par quoi se fondait l'origine de l'homme, des bêtes et de la terre.

L'hérédité se décrit aujourd'hui en termes d'information, de messages, de code. La reproduction d'un organisme est devenue celle des molécules qui le constituent. Non que chaque espèce chimique possède l'aptitude à produire des copies d'elle-même. Mais parce que la structure des macromolécules est déterminée jusque dans le détail par des séquences de quatre radicaux chimiques contenus dans le patrimoine génétique. Ce qui est transmis de génération en génération, ce sont les « instructions » spécifiant les structures moléculaires. Ce sont les plans d'architecture du futur organisme. Ce sont aussi les moyens de mettre ces plans à exécution et de coordonner les activités du système. Chaque œuf contient donc, dans les chromosomes reçus de ses parents, tout son propre avenir, les étapes de son développement, la forme et les propriétés de l'être qui en émergera L'organisme devient ainsi la réalisation d'un programme prescrit par l'hérédité. A l'intention d'une Psyché s'est substituée la traduction d'un message. L'être vivant représente bien l'exécution d'un dessein, mais qu'aucune intelligence n'a conçu. Il tend vers un but, mais qu'aucune volonté n'a choisi. Ce but, c'est de préparer un programme identique pour la génération suivante. C'est de se reproduire.

Un organisme n'est jamais qu'une transition, une étape entre ce qui fut et ce qui sera. La reproduction en constitue à la fois l'origine et la fin, la cause et le but. Avec le concept de programme appliqué à l'hérédité, disparaissent certaines des contradictions que la biologie avait résumées par une série d'oppositions : finalité et mécanisme, nécessité et contingence, stabilité et variation. Dans l'idée de programme viennent se fondre deux notions que l'intuition avait associées aux êtres vivants : la mémoire et le projet. Par mémoire s'entend le souvenir des parents que l'hérédité trace dans l'enfant. Par projet, le plan qui dirige dans le détail la formation d'un organisme. Autour de ces deux thèmes ont tourné bien des controverses. D'abord avec l'hérédité des caractères acquis. Que le milieu enseigne l'hérédité, cela représente une confusion, intuitivement naturelle, entre deux sortes de mémoire, génétique et nerveuse. C'est là une vieille histoire puisque la Bible en fait déjà mention. Pour éviter de nouveaux malentendus avec son beau-père, Jacob cherche à constituer des troupeaux de moutons faciles à reconnaître par les taches et les mouchetures de la robe. Il prend des baguettes d'arbre, les écorce de bandes claires et les place là où s'accouplent les bêtes en venant boire. « Elles s'accouplèrent donc devant les baguettes et mirent bas des petits tachetés et mouchetés ». A travers les siècles, les expériences de ce genre se sont répétées à l'infini, sans toujours atteindre à un pareil succès. Pour la biologie moderne, ce qui caractérise notamment les êtres vivants, c'est leur aptitude à conserver l'expérience passée et à la transmettre. Les deux points de rupture de l'évolution, l'émergence du vivant d'abord, celle de la pensée et du langage plus tard, correspondent chacun à l'apparition d'un mécanisme de mémoire, celui de l'hérédité, celui du cerveau. Entre les deux systèmes se manifestent certaines analogies. D'abord parce qu'ils ont tous deux été sélectionnés pour accumuler l'expérience passée et pour la transmettre. Aussi parce que l'information enregistrée ne se perpétue que dans la mesure où elle est reproduite, à chaque génération. Mais il s'agit de deux systèmes nerveux différents, tant dans leur nature que dans la logique de leurs opérations. Par la souplesse de ses mécanismes, la mémoire nerveuse se prête particulièrement bien à la transmission des caractères acquis. Par sa rigidité, celle de l'hérédité s'y oppose.

Le programme génétique, en effet, est constitué par la combinatoire d'éléments essentiellement invariants. Par sa structure même, le message de l'hérédité ne permet pas la moindre intervention concertée du dehors. Chimiques ou mécaniques, tous les phénomènes qui contribuent à la variation des organismes et des populations se produisent en toute ignorance de leurs effets. Ils surviennent sans liaison aucune avec les besoins de l'organisme pour s'adapter. A une mutation, il y a des « causes » qui modifient un radical chimique, cassent un chromosome, inversent un segment d'acide nucléique. Mais en aucun cas il ne peut y avoir de corrélation entre la cause et l'effet de la mutation. Et cette contingence ne se limite pas aux seules mutations. Elle s'applique à chacune des étapes par quoi se constitue le patrimoine génétique d'un individu, à la ségrégation des chromosomes, à leur recombinaison, au choix des gamètes qui participent à la fécondation et même, dans une large mesure, à celui des partenaires sexuels. Dans aucun de ces phénomènes il n'y a la moindre liaison entre un fait particulier et son résultat. Pour chaque individu le programme résulte d'une cascade d'événements, tous contingents. La nature même du code génétique empêche tout changement délibéré du programme sous l'effet de son action ou du milieu. Elle interdit toute influence sur le message des produits de son expression. Le programme ne reçoit pas les leçons de l'expérience.

Quant au projet, c'est encore une notion que l'intuition a depuis longtemps associé à l'organisme. Tant que le monde vivant représentait, pour ainsi dire, un système à régulation externe, tant qu'il était géré du dehors par un pouvoir souverain, ni l'origine, ni la finalité des êtres vivants ne soulevaient de difficultés. Elles restaient confondues avec celles de l'univers. Mais, après la constitution d'une physique au début du XVIIe siècle, l'étude des êtres vivants s'est trouvée placée devant une contradiction. Et depuis lors, l'opposition n'a fait que croître entre, d'un côté, l'interprétation mécaniste de l'organisme et, de l'autre, l'évidente finalité de certains phénomènes comme le développement d'un œuf en adulte ou le comportement d'un animal C'est ce contraste que résume ainsi Claude Bernard : « En admettant que les phénomènes vitaux se rattachent à des manifestations physico-chimiques, ce qui est vrai, la question dans son ensemble n'est pas éclaircie pour cela ; car ce n'est pas une rencontre fortuite de phénomènes physico-chimiques qui construit chaque être sur un plan et suivant un dessin fixés et prévus d'avance... Les phénomènes vitaux ont bien leurs conditions physico-chimiques rigoureusement déterminées ; mais en même temps, ils se subordonnent et se succèdent dans un enchaînement et suivant une loi fixés d'avance : ils se répètent éternellement, avec ordre, régularité, constance, et s'harmonisent, en vue d'un résultat qui est l'organisation et l'accroissement de l'individu, animal ou végétal. Il y a comme un dessin préétabli de chaque être et de chaque organe, en sorte que si, considéré isolément, chaque phénomène de l'économie est tributaire des forces générales de la nature, pris dans ses rapports avec les autres, il révèle un lien spécial, il semble dirigé par quelque guide invisible dans la route qu'il suit et amené dans la place qu'il occupe ». Il n'y a pas un mot à changer aujourd'hui à ces lignes. Pas une expression que la biologie moderne ne reprenne à son compte. Simplement, avec la description de l'hérédité comme un programme chiffré dans une séquence de radicaux cliniques, la contradiction a disparu.

Dans un être vivant, tout est agencé en vue de la reproduction. Une bactérie, une amibe, une fougère, de quel destin peuvent-elles rêver sinon de former deux bactéries, deux amibes, plusieurs fougères ? Il n'y a d'êtres vivants aujourd'hui sur la terre que dans la mesure où d'autres êtres se sont reproduits avec acharnement depuis deux milliards d'années ou plus. Qu'on imagine un monde encore sans habitants. On conçoit que puissent s'y organiser des systèmes possédant certaines propriétés du vivant, comme le pouvoir de réagir à certains stimulus, d'assimiler, de respirer, de croître même ; mais non de se reproduire. Va-t-on qualifier de vivants de tels systèmes ? Chacun d'eux représente le fruit d'une longue et pénible élaboration. Chaque naissance constitue un événement unique, sans lendemain. Chaque fois, c'est un recommencement. Toujours à la merci de quelque cataclysme local, de telles organisations ne peuvent avoir d'existence qu'éphémère. En outre, leur structure se trouve d'emblée rigidement fixée, sans possibilité de changement. Emerge-t-il, au contraire, un système capable de se reproduire, même mal, même lentement, même au prix fort, celui-là sans aucun doute est vivant. Il va se répandre là où les conditions le lui permettent. Plus il se dissémine, plus il se trouve à l'abri de quelque catastrophe. Une fois achevée la longue période d'incubation, cette organisation se perpétue par la répétition d'événements identiques. Le premier pas est fait une fois pour toutes. Mais, pour un tel système, la reproduction qui constitue la cause même de l'existence devient aussi la fin. Il est condamné à se reproduire ou à disparaître. Et l'on sait des êtres qui se sont succédé, immuables pendant un nombre énorme de générations. On connaît des plantes annuelles chez qui rien n'a changé pendant des millions d'années, donc à travers au moins autant de cycles successifs. La Limule des plages est restée identique à ce que montrent les fossiles du secondaire. C'est dire que pendant tout ce temps le programme n'a pas varié, que chaque génération a ponctuellement joué son rôle qui consistait à reproduire le programme pour la génération suivante.

Mais si, de surcroît, survient dans le système un événement qui se trouve « améliorer » le programme et faciliter, d'une manière ou d'une autre, la reproduction de certains descendants, ceux-ci tout naturellement héritent le pouvoir de se multiplier mieux. La finalité du programme transforme ainsi certains changements de programme en facteurs d'adaptation. Car la variabilité est une qualité inhérente à la nature même du vivant, à la structure du programme, à la manière dont il est recopié à chaque génération. Les modifications du programme surviennent à l'aveugle. C'est après coup seulement qu'intervient un triage par le fait même que tout organisme qui apparaît est aussitôt mis à l'épreuve de la reproduction. La fameuse « lutte pour la vie » ne représente en fin de compte qu'un concours pour la descendance. Concours sans fin car il recommence à chaque génération. Dans cette compétition éternelle, il n'y a jamais qu'un seul critère, la fécondité. L'emportent automatiquement les plus prolifiques à travers une partie subtile entre les populations et leur milieu. A force de tirer toujours vers ceux qui ont le plus de descendants, la reproduction finit par faire dériver les populations dans des voies bien précises. La sélection naturelle n'exprime que la régulation imposée à la multiplication des organismes par ce qui les entoure. Si le monde vivant évolue à l'encontre du monde inanimé, s'il se dirige non pas vers le désordre, mais vers un ordre croissant, c'est grâce à cette exigence imposée aux êtres vivants de se reproduire toujours plus, toujours mieux. Par la nécessité de la reproduction, cela même qui conduirait immanquablement un système inerte à la désagrégation devient, chez le vivant, source de nouveauté et de diversité.

La notion de programme permet d'établir une distinction nette entre les deux domaines d'ordre que tente d'instaurer la biologie dans le monde vivant. Contrairement à ce qu'on imagine souvent, la biologie n'est pas une science unifiée. L'hétérogénéité des objets, la divergence des intérêts, la variété des techniques, tout cela concourt à multiplier les disciplines. Aux extrémités de l'éventail, on distingue deux grandes tendances, deux attitudes qui finissent par s'opposer radicalement. La première de ces attitudes peut être qualifiée d'intégriste ou d'évolutionniste. Pour elle, non seulement l'organisme n'est pas dissociable en ses constituants, mais il y a souvent intérêt à le regarder comme l'élément d'un système d'ordre supérieur, groupe, espèce, population, famille écologique. Cette biologie s'intéresse aux collectivités, aux comportements, aux relations que les organismes entretiennent entre eux ou avec leur milieu. Elle cherche dans les fossiles la trace de l'émergence des formes qui vivent actuellement. Impressionnée par l'incroyable diversité des êtres, elle analyse la structure du monde vivant, cherche la cause des caractères existants, décrit le mécanisme des adaptations. Son but, c'est de préciser les forces et chemins qui ont conduit les systèmes vivants à la faune et à la flore d'aujourd'hui. Pour le biologiste intégriste, l'organe et la fonction n'ont d'intérêt qu'au sein d'un tout constitué, non pas seulement par l'organisme, mais par l'espèce avec son cortège de sexualité, de proies, d'ennemis, de communication, de rites. Le biologiste intégriste refuse de considérer que toutes les propriétés d'un être vivant, son comportement, ses performances peuvent s'expliquer par ses seules structures moléculaires. Pour lui, la biologie ne peut se réduire à la physique et à la chimie. Non qu'il veuille invoquer l'inconnaissable d'une force vitale. Mais parce que, à tous les niveaux, l'intégration donne aux systèmes des propriétés que n'ont pas leurs éléments. Le tout n'est pas seulement la somme des parties.

A l'autre pôle de la biologie se manifeste l'attitude opposée qu'on peut appeler tomiste ou réductionniste. Pour elle, l'organisme est bien un tout, mais qu'il faut expliquer par les seules propriétés des parties. Elle s'intéresse à l'organe, aux tissus, à la cellule, aux molécules. La biologie tomiste cherche à rendre compte des fonctions par les seules structures. Sensible à l'unité de composition et de fonctionnement qu'elle observe derrière la diversité des êtres vivants, elle voit dans les performances de l'organisme l'expression de ses réactions chimiques. Pour le biologiste tomiste, il s'agit d'isoler les constituants d'un être vivant et de trouver les conditions qui lui permettent de les étudier dans un tube à essai. En variant ces conditions, en répétant les expériences, en précisant chaque paramètre, ce biologiste tente de maîtriser le système et d'en éliminer les variables. Son espoir, c'est de décomposer la complexité aussi loin que possible pour analyser les éléments avec l'idéal de pureté et de certitude que représentent les expériences de la physique et de la chimie. Pour lui, il n'est aucun caractère de l'organisme qui ne puisse, en fin de compte, être décrit en termes de molécules et de leurs interactions. Certes, il n'est pas question de nier les phénomènes d'intégration et d'émergence. Sans aucun doute, le tout peut avoir des propriétés dont sont dépourvus les constituants. Mais ces propriétés résultent de la structure même de ces constituants et de leur agencement.

On voit combien diffèrent ces deux attitudes. Entre les deux, il n'y a pas seulement une différence de méthode et d'objectif, mais aussi de langage, de schémas conceptuels et par là même d'explications causales dont est justifiable le monde vivant. L'une s'occupe des causes lointaines qui font intervenir l'histoire de la terre et des êtres vivants pendant des millions de générations. L'autre, au contraire, des causes immédiates qui mettent en jeu les constituants de l'organisme, son fonctionnement, les réactions à ce qui l'entoure. Bien des controverses et des malentendus, sur la finalité des êtres vivants notamment, sont dus à une confusion entre ces deux attitudes de la biologie. Chacune d'elles vise à instaurer un ordre dans le monde vivant. Pour l'une, il s'agit de l'ordre par quoi se lient les êtres, s'établissent les filiations, se dessinent les spécialisations. Pour l'autre, de l'ordre entre les structures par quoi se déterminent les fonctions, se coordonnent les activités, s'intègre l'organisme. La première considère les êtres vivants comme les éléments d'un vaste système qui englobe toute la terre. La seconde s'intéresse au système que forme chaque être vivant. L'une cherche à établir un ordre parmi les organismes. L'autre au sein de l'organisme. Les deux ordres viennent s'articuler au niveau de l'hérédité qui constitue, pour ainsi dire, l'ordre de l'ordre biologique. Si les espèces sont stables, c'est que le programme est scrupuleusement recopié, signe par signe, d'une génération à l'autre. Si elles varient, c'est que de temps à autre le programme se modifie. D'un côté, il s'agit donc d'analyser la structure du programme, sa logique, son exécution. De l'autre, il importe de rechercher l'histoire des programmes, leur dérive, les lois qui régissent leurs changements à travers les générations en fonction des systèmes écologiques. Mais dans tous les cas, c'est la finalité de la reproduction qui justifie aussi bien la structure des systèmes vivant actuellement que leur histoire. Le moindre organisme, la moindre cellule, la moindre molécule de protéine est le résultat d'une expérimentation qui s'est poursuivie sans relâche pendant deux milliards d'années. Quelle signification pourrait bien avoir un mécanisme réglant la production d'un métabolite par une cellule, sinon une économie de synthèse et d'énergie ? Ou l'effet d'une hormone sur le comportement d'un poisson, sinon de lui faire protéger sa descendance ? C'est à des fins précises qu'une molécule d'hémoglobine change de conformation suivant la tension d'oxygène ; qu'une cellule de la surrénale produit de la cortisone ; que l'œil de la grenouille repère les formes bougeant devant lui ; que la souris fuit devant le chat ; qu'un oiseau mâle se pavane devant sa femelle. Dans tous les cas, il s'agit d'une propriété qui confère à l'organisme un avantage dans la compétition pour la descendance. Ajuster une réponse au milieu, à un ennemi en puissance, à un éventuel partenaire sexuel, c'est très exactement s'adapter. Dans la sélection naturelle, un programme génétique qui impose l'automatisme de telles réactions est assuré de l'emporter sur celui qui ne les possède pas. Comme est assuré de l'emporter un programme permettant l'apprentissage et l'adaptation du comportement par divers systèmes de régulation. Dans tous les cas, c'est la reproduction qui fonctionne comme opérateur principal du monde vivant. D'une part, elle constitue un but pour chaque organisme. De l'autre, elle oriente l'histoire sans but des organismes. Longtemps le biologiste s'est trouvé devant la téléologie comme auprès d'une femme dont il ne peut se passer, mais en compagnie de qui il ne veut pas être vu en public. A cette liaison cachée, le concept de programme donne maintenant un statut légal.

La biologie moderne a l'ambition d'interpréter les propriétés de l'organisme par la structure des molécules qui le constituent. En ce sens, elle correspond à un nouvel âge du mécanisme. Le programme représente un modèle emprunté aux calculatrices électroniques. Il assimile le matériel génétique d'un œuf à la bande magnétique d'un ordinateur. n évoque une série d'opérations à effectuer, la rigidité de leur succession dans le temps, le dessein qui le sous-tend. En fait, les deux sortes de programmes diffèrent à bien des égards. D'abord par leurs propriétés. L'un se modifie à volonté, l'autre non : dans un programme magnétique, l'information s'ajoute ou s'efface en fonction des résultats obtenus ; la structure nucléique au contraire n'est pas accessible à l'expérience acquise et reste invariante à travers les générations. Les deux programmes diffèrent aussi par leur rôle et par les relations qu'ils entretiennent avec les organismes d'exécution. Les instructions de la machine ne portent pas sur ses structures physiques ou sur les pièces qui la composent. Celles de l'organisme, au contraire, déterminent la production de ses propres constituants, c'est-à-dire des organes chargés d'exécuter le programme. Même si l'on construisait une machine capable de se reproduire, elle ne formerait que des copies de ce qu'elle est elle-même au moment de les produire. Toute machine s'use à la longue. Peu à peu les filles deviendraient un peu moins parfaites que les mères. En quelques générations, le système dériverait chaque fois un peu plus vers le désordre statistique. Le lignée serait vouée à la mort. Reproduire un être vivant, au contraire, ce n'est pas recopier le parent tel qu'il est au moment de la procréation. C'est créer un nouvel être. C'est mettre en route, à partir d'un état initial, une série d'événements qui conduisent à l'état des parents. Chaque génération repart, non de zéro, mais du minimum vital, c'est-à-dire de la cellule. Dans le programme sont contenues les opérations qui parcourent chaque fois le cycle tout entier, conduisent chaque individu de la jeunesse à la mort. En outre, tout n'est pas fixé avec rigidité par le programme génétique. Bien souvent, celui-ci ne fait qu'établir des limites à l'action du milieu, ou même de donner à l'organisme la capacité de réagir, le pouvoir d'acquérir un supplément d'information non innée. Des phénomènes tels que la régénération ou les modifications induites par le milieu chez l'individu montrent bien une certaine souplesse dans l'expression du programme. A mesure que se compliquent les organismes et que s'accroît l'importance de leur système nerveux, les instructions génétiques leur confèrent des potentialités nouvelles, comme la capacité de se souvenir ou d'apprendre. Mais le programme intervient jusque dans ces phénomènes. Il se manifeste dans l'apprentissage, par exemple, pour déterminer ce qui peut être appris et quand doit avoir lieu l'apprentissage au cours de la vie. Ou dans la mémoire, pour limiter la nature des souvenirs, leur nombre, leur durée. La rigidité du programme varie donc selon les opérations. Certaines instructions sont exécutées à la lettre. D'autres se traduisent par des capacités ou des potentialités. Mais en fin de compte, c'est le programme lui-même qui fixe son degré de souplesse et la gamme des variations possibles.

François Jacob, *La Logique du vivant, une histoire de l'hérédité*,

☞ Pour vous guider...

Nous est proposé à résumer ici la première partie du livre de François Jacob, biologiste français né en 1920, prix Nobel de physiologie et de médecine en 1965 (en compagnie de Jacques Monod et André Lwoff). Le texte, de nature scientifique, est assez technique et suppose quelques connaissances préalables dans les domaines de la génétique. La difficulté n'est pourtant pas insurmontable. La compréhension est servie par les effets d'analogies, les exemples, la rigueur de la démonstration et le très fort effet de plan dans la dernière partie.

Résumé

A travers les manifestations animales ou végétales, l'hérédité, ressentie très tôt par l'individu, a longtemps reçu des explications peu rationnelles. Or aujourd'hui on la définit comme la transmission d'un plan préétabli réalisable par des moyens également prédéterminés.

Cette idée de programme intègre d'abord la notion de « mémoire », nerveuse ou génétique suivant qu'elle transmet les caractères acquis ou les invariants spécifiques de l'organisme. Le programme suppose ensuite un « projet », véritable plan de formation de l'être. En effet, occultés par des siècles d'obscurantisme, les phénomènes vitaux n'ont pu recevoir de la physique d'explication satisfaisante sans recourir — comme l'affirmait Claude Bernard — à l'image du schéma directeur préalablement établi.

La caractéristique de l'être vivant est donc qu'il tend toujours à reproduire de l'identique. A la différence de certains systèmes inférieurs, l'être vivant s'affirme et se perpétue selon un programme quasi immuable. Quand il infléchit ce programme, c'est dans le sens d'une amélioration imposée par les circonstances, mais c'est cette tendance à la multiplication qui assure sa pérennité et son progrès.

Cette notion de programme permet encore de souligner les deux voies qu'emprunte la biologie. À une biologie « intégriste » qui réinsère l'organisme dans un tout dont on cherche à expliquer les comportements et les effets, répond une biologie « tomiste » qui s'efforce plutôt d'analyser en profondeur la structure des parties de l'être vivant. La première attitude remonte aux causes lointaines du monde vivant, la seconde détermine les causes immédiates qui régissent les organismes, l'une établit les règles de filiation à l'intérieur d'un système, l'autre les lois de structure propres à chaque être vivant. Mais qu'on cherche à expliquer la nature et l'exécution d'un programme ou sa formation historique et son évolution, l'objectif est toujours de définir les schémas de la reproduction.

Ce programme, qui se fonde aujourd'hui sur la structure des molécules, suggère souvent une analogie avec l'ordinateur. Mais, parce qu'il peut s'ajuster, modifier son propre contenu, parce qu'il oriente lui-même la nature de ses constituants, parce qu'il module la rigidité de son action sur la diversité des champs d'application, il est d'une souplesse infiniment supérieure. *(350 mots)*

Pour mieux aider à la perception de l'essentiel, nous proposons ici un « résumé court » (appelé parfois « sommaire »), c'est-à-dire une tentative pour rendre en une cinquantaine de mots la teneur du texte. Vous aurez intérêt, de temps à autre, à vous imposer cette pratique pour tenter de dégager, même pour vous seul, la substance fondamentale de l'énoncé.

Sommaire

C'est un programme codé dans sa nature et dans son application qui régit, avec souplesse, la reproduction dés êtres vivants. Expliquer l'hérédité en remontant à la construction de ce programme ou en examinant sa nature et son exécution, voilà le double objet de la biologie moderne. *(48 mots)*

Texte n° 19

Résumez ce texte en 400 mots (+ ou - 5 %).
(Temps : 3 heures)

Vers le socialisme

Malgré l'ampleur de leurs désaccords, occidentaux et marxistes sont plus proches qu'ils ne pensent dans leur conception de la politique. Les premiers ont pratiquement renoncé à un idéalisme qui camouflait mal des comportements concrets tout différents. Ils admettent aujourd'hui que les facteurs socio-économiques jouent un rôle essentiel dans le développement des antagonismes politiques. Au niveau primitif, où les techniques sont rudimentaires, ces facteurs socio-économiques sont surtout géographiques : ils dépendent du climat et des ressources naturelles. Ensuite, ils deviennent des facteurs techniques : le degré d'équipement conditionne le niveau de vie, qui conditionne lui-même les luttes politiques. Cette analyse reste éloignée des schémas marxistes. Mais les différences portent finalement sur des points secondaires. Pour l'essentiel, occidentaux et soviétiques croient que le développement technique est la base de l'évolution des structures sociales, dont dépend l'évolution des luttes et de l'intégration politique

De leur côté, les marxistes commencent à donner plus d'importance aux facteurs culturels. Ils maintiennent toujours formellement la distinction de la base et des superstructures. En pratique, ils reconnaissent à celles-ci une influence et une autonomie croissantes. Certes, ils pensent que les facteurs culturels restent secondaires par rapport aux facteurs socio-économiques, au moins dans la phase actuelle du développement humain. Mais beaucoup d'occidentaux ont la même opinion, qui est sans doute fondée. Même les théories psychologiques ne sont pas convaincantes, à cet égard : car les tempéraments et les complexes psychiques, et le « moi » lui-même, dépendent plus peut-être de l'environnement social que de dispositions innées. Il est probable que marxistes et occidentaux sous-estiment l'influence des systèmes de valeurs : les croyances désintéressées, les idéaux, les grands desseins, jouent un rôle politique fondamental, qui paraît même s'accroître au fur et à mesure que l'élévation du niveau de vie permet à tous les hommes de se libérer du *primum vivere* pour accéder au *deinde philosophari.* Cette erreur est commune aux deux doctrines : elle les unit plus qu'elle ne les sépare.

Sur le passage de la lutte à l'intégration, le rapprochement est encore plus net. Les programmes khroutchéviens, relatifs au communisme de 1980, ressemblent étrangement aux descriptions de l'*American way of life*, faites de l'autre côté de l'Atlantique. L'image occidentale de la société de l'abondance, confortable et dépolitisée, est très proche de l'image soviétique de la phase supérieure du communisme et du dépérissement de l'Etat. Les deux pèchent par le même excès d'optimisme. Occidentaux et marxistes n'ont certes pas la même vision globale de la politique. Mais les uns et les autres n'imaginent plus des univers radicalement différents, sans commune mesure. Désormais, les ressemblances entre leurs conceptions respectives sont presque aussi fortes que les différences.

La convergence des évolutions de fait est probablement plus forte encore. En apparence, on l'a dit, les deux mondes développés — l'Est et l'Ouest — sont figés chacun sur leurs positions, sans conversion possible de part et d'autre. En réalité, une transformation en profondeur les rapproche lentement l'un de l'autre. L'U.R.S.S. et les démocraties populaires ne deviendront jamais capitalistes ; les U.S.A. et l'Europe ne deviendront jamais communistes. Mais les uns et les autres semblent marcher vers le socialisme, par un double mouvement : de libéralisation à l'Est, de socialisation à l'Ouest. Que ce double mouvement se heurte à d'énormes obstacles, qu'il soit très long, qu'il comporte beaucoup de retours en arrière, c'est probable. Mais il semble irrésistible.

Naturellement, chaque pays voit mieux l'évolution de l'autre que la sienne. En Occident, on a pris conscience du processus de libéralisation du monde soviétique, lié au progrès technique et au développement économique. Dans les sociétés industrielles où le bien-être devient possible, l'aspiration au bien-être devient irrésistible. Les citoyens des régimes socialistes ont envie de profiter de la vie, de cueillir l'heure qui passe, de goûter aux fruits des arbres que la Révolution a plantés. Ils veulent le faire en toute tranquillité, en toute « sûreté », comme on disait en 1789, sans la férule des maîtres et le contrôle de la police. L'aspiration à la liberté est inséparable de cette aspiration au bien-être. On veut sortir du pays, voir l'étranger, connaître ses œuvres. On veut exprimer ses propres opinions, dire ce qu'on pense, discuter les points de vue officiels, connaître d'autres points de vue. En un mot, on veut se promener sur toutes les routes, et même en dehors des routes, au lieu de rester entre deux rails d'acier, traîné pas la locomotive de l'Etat.

En même temps, les nécessités du développement technique obligent à diffuser largement une culture supérieure, qui nourrit l'esprit de comparaison, l'esprit critique, c'est-à-dire l'esprit de liberté. Les contacts avec l'étranger sont essentiels pour la recherche scientifique et le progrès des inventions : le stalinisme a provoqué des retards importants dans plusieurs secteurs. La multiplication des moyens de communication empêche l'isolement nécessaire aux dictatures. Bientôt, tous les soviétiques pourront prendre sur leurs écrans la télévision occidentale, et voudront le faire, sans que leur gouvernement soit capable de les en empêcher. La libéralisation sera lente et difficile. Les gens de l'appareil feront tout pour la retarder. Les crises internationales provoqueront des ajournements et des retours en arrière provisoires. Mais toute évolution économique et technique empêche que la marche du communisme vers le socialisme démocratique puisse être effectivement stoppée.

Les pays du Tiers-Monde peuvent beaucoup pour l'accélérer ou la freiner. Tout porte à croire que les nations prolétaires déboucheront un jour, elles aussi, sur le chemin du socialisme démocratique. Le problème est de savoir si elles s'y engageront directement, ou si elles feront le détour par le communisme ou le capitalisme, comme les autres. Dans le premier cas, elles hâteront l'évolution vers le socialisme démocratique ; dans le second cas, elles le ralentiront. Que beaucoup de pays d'Afrique, d'Asie ou d'Amérique latine, dans les prochaines décennies, s'alignent plus ou moins sur la Chine, et la libéralisation sera freinée en U.R.S.S. et dans les démocraties populaires d'Europe. D'abord, parce que les staliniens s'y trouveront renforcés. Ensuite, parce que les réactions inévitables de l'Occident rendront plus fragile la coexistence pacifique et réveilleront plus ou moins la guerre froide.

Aucune hypothèse d'ensemble ne peut être formulée, quant à un comportement futur des nations sous-développées. Seuls quelques points paraissent acquis. Le Tiers-Monde ne pourra pas se moderniser par la voie capitaliste. Ses pays ne disposent pas de capitaux intérieurs suffisants. Les capitaux étrangers ne s'investissent dans les nations prolétaires que s'ils y trouvent avantage, c'est-à-dire sous forme d'entreprises à caractère colonial, exploitant telle ou telle richesse naturelle exceptionnelle, sans souci de l'équilibre général du pays (bananes en Amérique Centrale, sucre à Cuba, diamants au Katanga, pétrole dans divers pays). Cependant, laisser les capitaux étrangers créer des entreprises de ce genre, pendant un certain temps, et nationaliser celles-ci ensuite, peut aider à l'équipement des pays sous-développés. Ils utilisent assez souvent cette technique, dans la mesure où les entreprises colonialistes ne dominent pas leurs gouvernements, par l'intermédiaire de policiers ou de militaires.

L'établissement direct d'un socialisme réellement démocratique paraît également exclu. On a dit que les structures des nations prolétaires y rendent très difficiles le fonctionnement de la démocratie et le développement des libertés. Le socialisme du Tiers-Monde sera nécessairement autoritaire. Le choix se limite finalement au degré d'autorité et à la forme du socialisme. Il n'est pas sûr que la voie la plus brutale soit la plus efficace. Le modèle chinois demeure contestable à cet égard. Mais il n'existe pour l'instant aucun autre modèle. On peut imaginer un socialisme moins violent, développant quelques libertés politiques, qui constituerait une première étape vers le socialisme démocratique. Plusieurs pays, en Afrique et au Moyen-Orient, cherchent leur voie dans cette direction. On ne peut dire qu'ils l'aient encore trouvée.

La socialisation de l'Ouest sera peut-être plus longue et plus difficile que la libéralisation de l'Est. Mais elle semble également impossible à éviter. Elle ne suivra probablement pas la voie tracée par le marxisme. La lutte des classes s'affaiblit plutôt qu'elle ne s'aggrave, dans les sociétés industrielles, et la révolution prolétarienne y est d'autant moins possible que nul n'a plus l'esprit révolutionnaire, et que le prolétariat est en train de disparaître. Cependant, trois faits massifs se développent, dont les occidentaux ne paraissent pas mesurer les conséquences : la supériorité technique de la production planifiée sur la production capitaliste ; l'impossibilité de construire une véritable communauté humaine sur la base des principes capitalistes ; enfin, la dévalorisation même de ces principes.

Les économistes américains eux-mêmes prennent conscience de l'infériorité du capitalisme dans le secteur tertiaire. Beaucoup de services ne peuvent être assurés convenablement que par la collectivité, en abandonnant la règle de la rentabilité : c'est-à-dire par des méthodes socialistes. Or, plus les sociétés sont développées, plus le secteur tertiaire est important, et plus il commande l'ensemble de l'économie. D'une façon plus générale, la supériorité du socialisme sur le capitalisme n'est autre chose que la supériorité de l'organisation sur l'absence d'organisation. Le capitalisme assure une organisation parfois excellente à l'intérieur des firmes et des entreprises : mais, par sa nature même, il est insuffisant dans le cadre d'une économie globale. Tant que les techniques de la prévision restent peu développées, aucune organisation générale de l'économie n'est possible. A ce niveau, le socialisme est inférieur au capitalisme, parce que la coordination d'ensemble de la production, suivant un plan ajustant chaque partie au tout, reste encore plus grossière, plus approximative, moins satisfaisante, que la coordination établie spontanément par les mécanismes de la concurrence. Les progrès de l'analyse économique ont changé la situation. Si imparfaites que soient encore les techniques de prévision, elles permettent déjà d'établir des plans aboutissant à une meilleure coordination que celle résultant de la libre entreprise et des lois du marché. Et leur précision progressera certainement dans les années à venir.

Cette planification globale n'est pas possible dans le cadre du capitalisme. Chaque firme peut établir des plans pour son propre compte, basés sur des analyses et des calculs concernant sa branche d'activité. Mais ces plans sont nécessairement erronés, parce qu'ils ne peuvent tenir compte des facteurs généraux du comportement des consommateurs, de l'évolution des coûts des matières premières et de la main-d'œuvre, etc. Dans le système capitaliste, la planification et l'organisation peuvent atteindre, au maximum, le niveau d'une catégorie de production, par le développement des ententes et des trusts. Mais il ne peut y avoir une planification et une organisation globale, considérant la société entière. Seul, le pouvoir politique, l'Etat, peuvent appliquer les techniques de calcul et de prévision à toute la collectivité, et baser sur elles un plan d'ensemble. Ce plan n'a pas de signification si les différentes activités privées ne sont pas contraintes de s'y soumettre. Cette contrainte implique elle-même la limitation de la liberté des propriétaires de firmes, base fondamentale du capitalisme.

Ainsi l'évolution tend au socialisme, par un processus qu'on peut résumer ainsi : 1° le développement technique permet l'organisation globale de l'économie ; 2° cette organisation globale est plus efficace que les ajustements approximatifs résultant de la concurrence ; 3° elle ne peut pas être réalisée dans un système capitaliste ; 4° celui-ci devient moins efficace pour satisfaire l'ensemble des besoins sociaux et individuels ; 5° donc il tend à disparaître au profit d'un système de production planifiée, impliquant la disparition du pouvoir des propriétaires de firmes, quant aux décisions fondamentales (volume des investissements, orientation de la production, etc.). Cela dit, deux formes de socialisation sont concevables : la suppression pure et simple de la propriété privée des instruments de production, c'est-à-dire le socialisme au sens courant, ou la diminution des prérogatives des propriétaires, par ailleurs maintenus dans leur fonction.

Le capitalisme peut suivre deux voies dans son évolution vers le socialisme, analogues à celles qu'a suivies l'autocratie pour faire place à la démocratie : la voie de la République ou la voie de la monarchie britannique. On peut imaginer que les propriétaires de firmes n'aient un jour, dans leurs entreprises, pas plus de pouvoirs que la reine d'Angleterre aujourd'hui. Cette évolution est déjà commencée dans beaucoup de pays occidentaux, où l'entreprise a cessé d'être une monarchie absolue pour devenir une monarchie constitutionnelle. François Bloch-Lainé a fait la théorie de ce capitalisme « orléaniste ». Si le mouvement se poursuit jusqu'à son terme, il reste à savoir par quoi se justifierait le maintien des monarques-patrons et celui de leur « liste civile », c'est-à-dire de leurs profits. Cependant, le sociologue constate que des institutions demeurent longtemps après qu'elles ont cessé d'être utiles, pourvu qu'elles ne soient point trop gênantes.

Certes, la planification globale de l'économie comporte des inconvénients. Les erreurs de prévision inévitables, les freinages impliqués par la coordination des efforts, les « pertes de charge » au long des transmissions administratives, tout cela diminue l'efficacité du système. L'excès de centralisation entraîne des défauts sérieux, dont l'U.R.S.S. et les démocraties populaires fournissent beaucoup d'exemples. Le problème de la décentralisation nécessaire n'est pas facile à résoudre. Cependant, beaucoup des défauts de la planification tiennent encore à son imperfection actuelle. Ils se corrigeront progressivement. De toute façon, les pertes qui résultent de la planification sont moins graves que celles engendrées par l'énorme gaspillage des économies capitalistes développées. Parce que nous sommes dedans, nous mesurons mal l'absurdité vertigineuse d'un système qui repose de plus en plus sur la création de besoins artificiels par la publicité, afin de vendre des produits inutiles dont les consommateurs ne retirent pas de véritable satisfaction, pour assurer les profits des capitalistes qui peuvent ainsi se procurer un peu plus d'objets également inutiles. La supériorité de la planification ne tient pas seulement à l'organisation des moyens, mais à la définition des buts. Elle substitue une démarche normale, cohérente, orientée, aux mouvements aberrants de l'économie capitaliste, qui font penser à ceux des animaux décervelés, dans les expériences de vivisection.

On rejoint ici le second facteur de l'évolution de l'Occident vers le socialisme : l'impossibilité de construire une véritable communauté humaine sur la base des principes capitalistes. Par sa nature, le capitalisme est antisocial : il centre l'activité de chaque individu sur lui-même, il enferme chaque homme dans son égoïsme. Faire de l'intérêt personnel le moteur essentiel de la vie collective, c'est lui ôter tout caractère véritablement collectif, c'est détruire le principe de toute société, qui est la solidarité de ses membres. Dans le système capitaliste, cette solidarité n'est qu'une interdépendance matérielle : la société assure seulement une meilleure satisfaction des intérêts individuels, un épanouissement plus complet des égoïsmes. La théorie du « service social » n'est qu'un camouflage publicitaire. Le producteur ne cherche pas à « servir » le consommateur, mais à réaliser le maximum de profit. Même s'il était vrai qu'en poursuivant ainsi son intérêt personnel il assure la meilleure satisfaction possible des besoins de tous, cette orientation égoïste de toute l'activité humaine n'en serait pas moins contraire à une véritable vie communautaire.

Le parallélisme entre le développement contemporain du confort et celui de la solitude, entre la croissance de l'interdépendance matérielle des hommes et l'affaiblissement de leur sentiment de solidarité, illustre bien ce vice fondamental du capitalisme. La renaissance du sentiment religieux en Occident en découle probablement. Elle repose moins sur un besoin de transcendance et d'éternité que sur une soif de communion. Elle s'oppose directement aux principes mêmes du capitalisme. Entre le christianisme et le capitalisme, il a toujours existé une contradiction fondamentale. Quand les sociétés occidentales se réclament à la fois de l'un et de l'autre, elles prétendent servir deux maîtres incompatibles ; en fait, elles n'en servent qu'un, l'autre n'étant qu'un alibi. Dans une première phase, leur christianisme a surtout servi à camoufler leur capitalisme. On peut se demander si l'on n'approche pas d'une seconde phase, où le retour à un christianisme plus authentique contribuerait à détruire les bases mêmes du capitalisme, où la religion cesserait d'être « l'opium du peuple », pour contribuer à sa délivrance.

La supériorité de la planification sur l'anarchie, l'impossibilité de construire une véritable communauté sur la base des principes capitalistes, entraînent déjà une dévalorisation de ceux-ci. De façon plus profonde et plus générale, la propriété privée des moyens de production, base même du système, est en train de perdre sa légitimité, aux yeux des citoyens d'Occident. Ses justifications pratiques disparaissent une à une. Le progrès technique résulte aujourd'hui de recherches fondamentales, de nature désintéressée, conduite avec des moyens énormes, que seuls l'Etat ou des institutions non capitalistes peuvent mener à bien. Les risques sont plus grands pour les salariés, qui n'ont pas la sécurité de l'emploi, que pour les propriétaires d'entreprises. La poursuite de l'intérêt personnel, comme moteur de l'activité économique, ne signifie pas grand-chose pour les patrons des grandes firmes. Cet intérêt peut être développé pour les dirigeants salariés par la participation aux bénéfices. Le système de la gérance fonctionne aussi bien dans les succursales des magasins d'Etat que dans les succursales des chaînes capitalistes. L'organisation des entreprises géantes est à peu près analogue en U.R.S.S. et aux Etats-Unis. La compétition est possible entre les firmes publiques, dans une économie socialiste décentralisée, plus peut-être qu'entre les oligopoles privés du capitalisme moderne.

Sur le plan des valeurs, la propriété privée des moyens de production est encore plus contestée. L'évolution est moins avancée en Amérique : mais déjà les techniciens et les savants y sont placés au sommet de l'échelle des valeurs, et non plus les entrepreneurs et le « big business ». En Europe, la propriété des entreprises apparaît de plus en plus sous son vrai jour : un pouvoir sur les hommes, de nature héréditaire. Ouvriers et employés sont plus soumis à son autorité qu'à celle de l'Etat. Plus de la moitié de leur vie consciente (sommeil déduit) en relève directement ; et l'autre en dépend indirectement, qui est liée au niveau des salaires, à l'aménagement des congés et des heures de travail, etc. Certes, toute entreprise, toute organisation, capitaliste ou non, a besoin d'un chef ; mais le caractère fondamental de l'entreprise capitaliste, c'est que l'autorité y repose sur le même droit divin qui fondait le pouvoir dans l'Etat, il y a des siècles.

Sous cet angle, la propriété privée des moyens de production est foncièrement contraire au système de valeurs occidentales. On n'admet plus que le fils succède au père dans l'armée, dans l'administration, dans la politique, dans la science, etc. Qu'il succède encore au père dans l'économie, cela paraît de moins en moins naturel. Dans les sociétés industrielles, où la majorité de la population est salariée, où les vieux jours sont assurés par des retraites, où l'éducation est plus rentable que l'héritage, la propriété privée des moyens de production fait figure d'anachronisme. On l'admet mieux pour les petites entreprises familiales que pour les grandes firmes, car elle s'y confond plus avec la propriété des biens d'usage. Mais celles-ci, moins bien adaptées aux techniques modernes, disparaissent progressivement. Même dans l'agriculture, même dans la paysannerie, la propriété privée perd sa valeur. L'hérédité du pouvoir économique apparaît de moins en moins justifiable, comme toutes les autres formes d'hérédité.

Finalement, le capitalisme n'a plus guère, en Occident, qu'une légitimité négative. On croit de moins en moins à ses principes de base. Mais on préfère la société qu'ils engendrent à la seule forme de socialisme qui a fonctionné jusqu'ici : la dictature communiste. Staline a renforcé le capitalisme, en assimilant le socialisme au totalitarisme, comme les Jacobins avaient renforcé la monarchie, en assimilant la République à la Terreur. Les maladies infantiles des nouveaux régimes freinent les évolutions qui conduisent vers eux : elles ne peuvent les stopper définitivement. Le jour où l'U.R.S.S. et les démocraties populaires d'Europe seront parvenues à un véritable socialisme démocratique, on s'apercevra que la peur du communisme totalitaire restait le principal fondement du capitalisme, en Occident. Il est possible d'ailleurs que le capitalisme disparaisse avant ce jour, par une évolution interne, et que le socialisme démocratique s'établisse à l'Ouest avant d'apparaître à l'Est. Aucune prévision valable ne peut être faite à cet égard.

Une seule chose paraît certaine : la convergence des évolutions de l'Est et de l'Ouest vers le socialisme démocratique (les pays du Tiers-Monde marchant dans le même sens, avec un décalage important). Néanmoins, cette convergence reste limitée. Les différences de cultures et de traditions sont trop profondes pour disparaître un jour entièrement : les structures nouvelles n'abolissent jamais complètement les systèmes de valeurs et les mentalités engendrées par les structures anciennes. Pas plus que les hommes n'échappent à leur passé, les sociétés ne se libèrent totalement de leur histoire. Le fait même que les marxistes aient commencé d'abord par la socialisation, puis développent ensuite la libéralisation dans le cadre ainsi créé, alors que les occidentaux ont établi premièrement la démocratie politique et construisent le socialisme après elle et en elle, suffit à exclure que l'Est et l'Ouest aboutissent finalement au même type de régime, bien que le progrès technique général pousse à l'uniformité.

Maurice Duverger, *Introduction à la politique*,

☞ Pour vous guider...

Il s'agit d'un texte de nature politique. L'auteur, né en 1917, est professeur et journaliste, spécialiste de sociologie, de sciences économique et politique, de droit. Il a écrit de nombreux ouvrages sur les institutions et partis politiques français. Le texte est extrait d'un de ses livres les plus célèbres Introduction à la politique *(1964). Le passage à résumer constitue la conclusion du livre et reprend, en quelque sorte, l'essentiel des thèses développées. L'ouvrage est déjà ancien, et il sera intéressant de confronter les thèses abordées à la situation actuelle. Le texte compte un peu plus de 3700 mots, ce qui devrait faciliter la contraction en 400 mots.*

Résumé

Occidentaux et marxistes semblent évoluer vers des conceptions politiques assez voisines. Les uns reconnaissent enfin l'importance des facteurs socio-économiques, les autres se décident à prendre en considération les facteurs culturels jusque là négligés. Les promesses identiques d'une intégration sociale heureuse, accentuent encore ce rapprochement.

Mais la convergence va plus loin. Il semble qu'on assiste, en dépit de difficultés et de lenteurs normales, à un mouvement irréversible de libéralisation à l'Est et de socialisation à l'Ouest. Ainsi, les peuples communistes aspirent maintenant au bien-être matériel, à la liberté individuelle et tendent à obtenir, péniblement mais inéluctablement, le droit à la critique. Cette évolution s'accélérerait si l'inévitable passage au socialisme des pays du Tiers-Monde se faisait de manière directe. Malheureusement les nations prolétaires, pour qui la voie du capitalisme est exclue, s'orientent surtout vers un socialisme autoritaire.

De leur côté les Etats occidentaux connaissent un patient mais sûr processus de socialisation. D'une part la planification offre une supériorité technique indiscutable car le secteur tertiaire, de plus en plus grandissant, exige un certain collectivisme et une organisation rigoureuse qui font défaut au capitalisme limité à des plans étroitement sectoriels. Il va également devenir nécessaire de remettre en cause la propriété privée des moyens de production, soit par une suppression totale, soit par une limitation concertée, conformément à l'alternative vécue par la Révolution qui eut à opter entre la République et la Monarchie constitutionnelle. Certes, la planification est souvent trop centralisatrice, mais, bien conçue, elle est meilleure que le gaspillage effréné des sociétés capitalistes.

D'autre part, il paraît impossible de bâtir une communauté humaine sur des principes capitalistes essentiellement égoïstes et anti-sociaux. Ainsi, parallèlement au confort, s'accroît la solitude dont certains se sauvent par l'illusion religieuse. Il faut bien constater, en troisième lieu, que ces principes capitalistes eux-mêmes s'affaiblissent. Celui de la propriété privée des moyens de production, par exemple, perd son crédit quand on sait que seul l'Etat est capable de financer la recherche fondamentale ou d'assurer la gestion des grandes entreprises. L'image du chef d'entreprise investi d'une autorité quasi divine et transmissible par la naissance n'est plus guère acceptable. Et si le capitalisme se maintient encore c'est surtout parce que le socialisme a souvent dévié vers un totalitarisme inquiétant.

La convergence paraît donc irrémédiable, mais elle sera corrigée par les particularismes historiques qui, en modifiant l'ordre des priorités, maintiendront des régimes distincts. *(400 mots)*

Texte n° 20

Concours d'Ingénieurs de l'armement, 1979.
Résumez ce texte en 400 mots.
(Temps :3 heures)

Introduction

Parmi les objets nouveaux, qui pendant mon séjour aux Etats-Unis, ont attiré mon attention, aucun n'a plus vivement frappé mes regards que l'égalité des conditions. Je découvris sans peine l'influence prodigieuse qu'exerce ce premier fait sur la marche de la société ; il donne à l'esprit public une certaine direction, un certain tour aux lois ; aux gouvernants des maximes nouvelles, et des habitudes particulières aux gouvernés.

Bientôt je reconnus que ce même fait étend son influence fort au-delà des mœurs politiques et des lois, et qu'il n'obtient pas moins d'empire sur la société civile que sur le gouvernement : il crée des opinions, fait naître des sentiments, suggère des usages et modifie tout ce qu'il ne produit pas.

Ainsi donc, à mesure que j'étudiais la société américaine, je voyais de plus en plus, dans l'égalité des conditions, le fait générateur dont chaque fait particulier semblait descendre, et je le retrouvais sans cesse devant moi comme un point central où toutes mes observations venaient aboutir.

Alors je rapportai ma pensée vers notre hémisphère, et il me sembla que j'y distinguais quelque chose d'analogue au spectacle que m'offrait le nouveau monde. Je vis l'égalité des conditions qui, sans y avoir atteint comme aux Etats-Unis ses limites extrêmes, s'en rapprochait chaque jour davantage ; et cette même démocratie, qui régnait sur les sociétés américaines, me parut en Europe s'avancer rapidement vers le pouvoir.

De ce moment j'ai conçu l'idée du livre qu'on va lire.

Une grande révolution démocratique s'opère parmi nous ; tous la voient, mais tous ne la jugent point de la même manière. Les uns la considèrent comme une chose nouvelle, et, la prenant pour un accident, ils espèrent pouvoir encore l'arrêter ; tandis que d'autres la jugent irrésistible, parce qu'elle leur semble le fait le plus continu, le plus ancien et le plus permanent que l'on connaisse dans l'histoire.

Je me reporte pour un moment à ce qu'était la France il y a sept cents ans : je la trouve partagée entre un petit nombre de familles qui possèdent la terre et gouvernent les habitants ; le droit de commander descend alors de générations en générations avec les héritages ; les hommes n'ont qu'un seul moyen d'agir les uns contre les autres, la force ; on ne découvre qu'une seule origine de la puissance, la propriété foncière.

Mais voici le pouvoir politique du clergé qui vient à se fonder et bientôt à s'étendre. Le clergé ouvre ses rangs à tous, au pauvre et au riche, au roturier et au seigneur ; l'égalité commence à pénétrer par l'Eglise au sein du gouvernement, et celui qui eût végété comme serf dans un éternel esclavage, se place comme prêtre au milieu des nobles, et va souvent s'asseoir au-dessus des rois.

La société devenant avec le temps plus civilisée et plus stable, les différents rapports entre les hommes deviennent plus compliqués et plus nombreux. Le besoin des lois civiles se fait vivement sentir. Alors naissent les légistes, ils sortent de l'enceinte obscure des tribunaux et du réduit poudreux des greffes, et ils vont siéger dans la cour du prince, à côté des barons féodaux couverts d'hermine et de fer.

Les rois se ruinent dans les grandes entreprises ; les nobles s'épuisent dans les guerres privées ; les roturiers s'enrichissent dans le commerce. L'influence de l'argent commence à se faire sentir sur les affaires de l'Etat. Le négoce est une source nouvelle qui s'ouvre à la puissance, et les financiers deviennent un pouvoir politique qu'on méprise et qu'on flatte.

Peu à peu, les lumières se répandent : on voit se réveiller le goût de la littérature et des arts ; l'esprit devient alors un élément de succès, la science est un moyen de gouvernement, l'intelligence une force sociale ; les lettres arrivent aux affaires.

A mesure cependant qu'il se découvre des routes nouvelles pour parvenir au pouvoir, on voit baisser la valeur de la naissance. Au XIe siècle, la noblesse était d'un prix inestimable ; on l'achète au XIIIe ; le premier anoblissement a lieu en 1270, et l'égalité s'introduit enfin dans le gouvernement par l'aristocratie elle-même.

Durant les sept cents ans qui viennent de s'écouler, il est arrivé quelquefois que, pour lutter contre l'autorité royale ou pour enlever le pouvoir à leurs rivaux, les nobles ont donné une puissance politique au peuple. Plus souvent encore, on a vu les rois faire participer au gouvernement les classes inférieures de l'Etat, afin d'abaisser l'aristocratie. En France, les rois se sont montrés les plus actifs et les plus constants des niveleurs. Quand ils ont été ambitieux et forts, ils ont travaillé à élever le peuple au niveau des nobles ; et quand ils ont été modérés et faibles, ils ont permis que le peuple se plaçât au-dessus d'eux-mêmes. Les uns ont aidé la démocratie par leurs talents, les autres par leurs vices. Louis XI et Louis XIV ont pris soin de tout égaliser au-dessous du trône, et Louis XV est enfin descendu lui-même avec sa cour dans la poussière.

Dès que les citoyens commencèrent à posséder la terre autrement que suivant la tenure féodale, et que la richesse mobilière, étant connue, put à son tour créer l'influence et donner le pouvoir, on ne fit point de découvertes dans les arts, on n'introduisit plus de perfectionnements dans le commerce et l'industrie, sans créer comme autant de nouveaux éléments d'égalité parmi les hommes. A partir de ce moment, tous les procédés qui se découvrent, tous les besoins qui viennent à naître, tous les désirs qui demandent à se satisfaire, sont des progrès vers le nivellement universel. Le goût du luxe, l'amour de la guerre, l'empire de la mode, les passions les plus superficielles du cœur humain comme les plus profondes, semblent travailler de concert à appauvrir les riches et à enrichir les pauvres.

Depuis que les travaux de l'intelligence furent devenus des sources de force et de richesse, on dut considérer chaque développement de la science, chaque connaissance nouvelle, chaque idée neuve, comme un germe de puissance mis à la portée du peuple. La poésie, l'éloquence, la mémoire, les grâces de l'esprit, les feux de l'imagination, la profondeur de la pensée, tous ces dons que le ciel répartit au hasard, profitèrent à la démocratie... Les conquêtes de celle-ci s'étendirent donc avec celles de la civilisation et des lumières, et la littérature fut un arsenal ouvert à tous, où les faibles et les pauvres vinrent chaque jour chercher des armes.

Lorsqu'on parcourt les pages de notre histoire, on ne rencontre pour ainsi dire pas de grands événements qui depuis sept cents ans n'aient tourné au profit de l'égalité.

Les croisades et les guerres des Anglais déciment les nobles et divisent leurs terres ; l'institution des communes introduit la liberté démocratique au sein de la monarchie féodale ; la découverte des armes à feu égalise le vilain et le noble sur le champ de bataille ; l'imprimerie offre d'égales ressources à leur intelligence ; la poste vient déposer la lumière sur le seuil de la cabane du pauvre comme à la porte des palais ; le protestantisme soutient que tous les hommes sont également en état de trouver le chemin du ciel. L'Amérique, qui se découvre, présente à la fortune mille routes nouvelles, et livre à l'obscur aventurier les richesses et le pouvoir.

Si, à partir du XIe siècle, vous examinez ce qui se passe en France de cinquante en cinquante années, au bout de chacune de ces périodes, vous ne manquerez point d'apercevoir qu'une double révolution s'est opérée dans l'état de la société. Le noble aura baissé dans l'échelle sociale, le roturier s'y sera élevé ; l'un descend, l'autre monte. Chaque demi-siècle les rapproche, et bientôt ils vont se toucher.

Et ceci n'est pas seulement particulier à la France. De quelque côté que nous jetions nos regards, nous apercevons la même révolution qui se continue dans tout l'univers chrétien. Partout on a vu les divers incidents de la vie des peuples tourner au profit de la démocratie ; tous les hommes l'ont aidée de leurs efforts : ceux qui avaient en vue de concourir à ses succès et ceux qui ne songeaient point à la servir ; ceux qui ont combattu pour elle, et ceux mêmes qui se sont déclarés ses ennemis ; tous ont été poussés pêle-mêle dans la même voie, et tous ont travaillé en commun, les uns malgré eux, les autres à leur insu, aveugles instruments dans les mains de Dieu.

Le développement graduel de l'égalité des conditions est donc un fait providentiel, il en a les principaux caractères : il est universel, il est durable, il échappe chaque jour à la puissance humaine ; tous les événements, comme tous les hommes, servent à son développement. Serait-il sage de croire qu'un mouvement social qui vient de si loin, pourra être suspendu par les efforts d'une génération ? Pense-t-on qu'après avoir détruit la féodalité et vaincu les rois, la démocratie reculera devant les bourgeois et les riches ? S'arrêtera-t-elle maintenant qu'elle est devenue si forte et ses adversaires si faibles ? Où allons-nous donc ? Nul ne saurait le dire ; car déjà les termes de comparaison nous manquent : les conditions sont plus égales de nos jours parmi les chrétiens, qu'elles ne l'ont jamais été dans aucun temps ni dans aucun pays du monde ; ainsi la grandeur de ce qui est déjà fait empêche de prévoir ce qui peut se faire encore.

Le livre entier qu'on va lire a été écrit sous l'impression d'une sorte de terreur religieuse produite dans l'âme de l'auteur par la vue de cette révolution irrésistible qui marche depuis tant de siècles à travers tous les obstacles, et qu'on voit encore aujourd'hui s'avancer au milieu des ruines qu'elle a faites.

Il n'est pas nécessaire que Dieu parle de lui-même pour que nous découvrions des signes certains de sa volonté ; il suffit d'examiner quelle est la marche habituelle de la nature et la tendance continue des événements... Si de longues observations et des méditations sincères amenaient les hommes de nos jours à reconnaître que le développement graduel et progressif de l'égalité est à la fois le passé et l'avenir de leur histoire, cette seule découverte donnerait à ce développement le caractère sacré de la volonté du souverain maître. Vouloir arrêter la démocratie paraîtrait alors lutter contre Dieu même, et il ne resterait aux nations qu'à s'accommoder à l'état social que leur impose la Providence.

Les peuples chrétiens me paraissent offrir de nos jours un effrayant spectacle ; le mouvement qui les emporte est déjà assez fort pour qu'on ne puisse le suspendre, et il n'est pas encore assez rapide pour qu'on désespère de le diriger : leur sort est entre leurs mains ; mais bientôt il leur échappe...

Il faut une science politique nouvelle à un monde tout nouveau. Mais c'est à quoi nous ne songeons guère : placés au milieu d'un fleuve rapide, nous fixons obstinément les yeux vers quelques débris qu'on aperçoit encore sur le rivage, tandis que le courant nous entraîne et nous pousse à reculons vers des abîmes.

Il n'y a pas de peuples de l'Europe chez lesquels la grande révolution sociale que je viens de décrire ait fait de plus rapides progrès que parmi nous ; mais elle y a toujours marché au hasard. Jamais les chefs de l'Etat n'ont pensé à rien préparer d'avance pour elle ; elle s'est faite malgré eux ou à leur insu. Les classes les plus puissantes, les plus intelligentes et les plus morales de la nation n'ont point cherché à s'emparer d'elle, afin de la diriger. La démocratie a donc été abandonnée à ses instincts sauvages ; elle a grandi comme ces enfants, privés des soins paternels, qui s'élèvent d'eux-mêmes dans les rues de nos villes, et qui ne connaissent de la société que ses vices et ses misères. On semblait encore ignorer son existence, quand elle s'est emparée à l'improviste du pouvoir. Chacun alors s'est soumis avec servilité à ses moindres désirs ; on l'a adorée comme l'image de la force ; quand ensuite elle se fut affaiblie par ses propres excès, les législateurs conçurent le projet imprudent de la détruire au lieu de chercher à l'instruire et à la corriger, et sans vouloir lui apprendre à gouverner, ils ne songèrent qu'à la repousser du gouvernement.

Il en est résulté que la révolution démocratique s'est opérée dans le matériel de la société, sans qu'il se fît, dans les lois, les idées, les habitudes et les mœurs, le changement qui eût été nécessaire pour rendre cette révolution utile. Ainsi nous avons la démocratie, moins ce qui doit atténuer ses vices et faire ressortir ses avantages naturels ; et voyant déjà les maux qu'elle entraîne, nous ignorons encore les biens qu'elle peut donner.

Quand le pouvoir royal, appuyé sur l'aristocratie, gouvernait paisiblement les peuples de l'Europe, la société, au milieu de ses misères, jouissait de plusieurs genres de bonheur, qu'on peut difficilement concevoir et apprécier de nos jours.

La puissance de quelques sujets élevait des barrières insurmontables à la tyrannie du prince.. Placés à une immense distance du peuple, les nobles prenaient cependant au sort du peuple cette espèce d'intérêt bienveillant et tranquille que le pasteur accorde à son troupeau... N'ayant point conçu l'idée d'un autre état social que le sien, n'imaginant pas qu'il pût jamais s'égaler à ses chefs, le peuple recevait leurs bienfaits et ne discutait point leurs droits. Il les aimait lorsqu'ils étaient cléments et justes, et se soumettait sans peine et sans bassesse à leurs rigueurs, comme à des maux inévitables que lui envoyait le bras de Dieu. L'usage et les mœurs avaient d'ailleurs établi des bornes à la tyrannie et fondé une sorte de droit au milieu même de la force.

Le noble n'ayant point la pensée qu'on voulût lui arracher des privilèges qu'il croyait légitimes, le serf regardant son infériorité comme un effet de l'ordre immuable de la nature, on conçoit qu'il pût s'établir une sorte de bienveillance réciproque entre ces deux classes si différemment partagées du sort. On voyait alors dans la société, de l'inégalité, des misères, mais les âmes n'y étaient pas dégradées. Ce n'est point l'usage du pouvoir ou l'habitude de l'obéissance qui déprave les hommes, c'est l'usage d'une puissance qu'ils considèrent comme illégitime, et l'obéissance à un pouvoir qu'ils regardent comme usurpé et comme oppresseur.

D'un côté étaient les biens, la force, les loisirs, et avec eux les recherches du luxe, les raffinements du goût, les plaisirs de l'esprit, le culte des arts ; de l'autre, le travail, la grossièreté et l'ignorance. Mais au sein de cette foule ignorante et grossière, on rencontrait des passions énergiques, des sentiments généreux, des croyances profondes et de sauvages vertus. Le corps social ainsi organisé pouvait avoir de la stabilité, de la puissance, et surtout de la gloire.

Mais voici les rangs qui se confondent ; les barrières élevées entre les hommes s'abaissent ; on divise les domaines, le pouvoir se partage, les lumières se répandent, les intelligences s'égalisent ; l'état social devient démocratique, et l'empire de la démocratie s'établit enfin paisiblement dans les institutions et dans les mœurs.

Je conçois alors une société où tous, regardant la loi comme leur ouvrage, l'aimeraient et s'y soumettraient sans peine ; où l'autorité du gouvernement étant respectée comme nécessaire et non comme divine, l'amour qu'on porterait au chef de l'Etat ne serait point une passion, mais un sentiment raisonné et tranquille. Chacun ayant des droits, et s'étant assuré de conserver ses droits, il s'établirait entre toutes les classes une mâle confiance, et une sorte de condescendance réciproque, aussi éloignée de l'orgueil que de la bassesse. Instruit de ses vrais intérêts, le peuple comprendrait que, pour profiter des biens de la société, il faut se soumettre à ses charges. L'association libre des citoyens pourrait remplacer alors la puissance individuelle des nobles, et l'Etat serait à l'abri de la tyrannie et de la licence.

Je comprends que dans un l'Etat démocratique, constitué de cette manière, la société ne sera point immobile ; mais les mouvements du corps social pourront y être réglés et progressifs ; si l'on y rencontre moins d'éclat qu'au sein d'une aristocratie, on y trouvera moins de misères ; les jouissances y seront moins extrêmes et le bien-être plus général ; les sciences moins grandes et l'ignorance plus rare ; les sentiments moins énergiques et les habitudes plus douces ; on y remarquera plus de vices et moins de crimes.

A défaut de l'enthousiasme et de l'ardeur des croyances, les lumières et l'expérience obtiendront quelquefois des citoyens de grands sacrifices ; chaque homme étant également faible sentira un égal besoin de ses semblables ; et connaissant qu'il ne peut obtenir leur appui qu'à la condition de leur prêter son concours, il découvrira sans peine que pour lui l'intérêt particulier se confond avec l'intérêt général.

... Mais nous, en quittant l'état social de nos aïeux, en jetant pêle-mêle derrière nous leurs institutions, leurs idées et leurs mœurs, qu'avons-nous pris à la place ?

Le prestige du pouvoir royal s'est évanoui, sans être remplacé par la majesté des lois ; de nos jours, le peuple méprise l'autorité, mais il la craint, et la peur arrache de lui plus que ne donnaient jadis le respect et l'amour. J'aperçois que nous avons détruit les existences individuelles qui pouvaient lutter séparément contre la tyrannie ; mais je vois le gouvernement qui hérite seul de toutes les prérogatives arrachées à des familles, à des corporations ou à des hommes : à la force quelquefois oppressive, mais souvent conservatrice, d'un petit nombre de citoyens, a donc succédé la faiblesse de tous. La division des fortunes a diminué la distance qui séparait le pauvre du riche ; mais en se rapprochant, ils semblent avoir trouvé des raisons nouvelles de se haïr, et jetant l'un sur l'autre des regards pleins de terreur et d'envie, ils se repoussent mutuellement du pouvoir ; pour l'un comme pour l'autre, l'idée des droits n'existe point, et la force leur apparaît, à tous les deux, comme la seule raison du présent, et l'unique garantie de l'avenir...

Ce qui arrive dans le monde intellectuel n'est pas moins déplorable.

Gênée dans sa marche ou abandonnée sans appui à ses passions désordonnées, la démocratie de France a renversé tout ce qui se rencontrait sur son passage, ébranlant ce qu'elle ne détruisait pas. On ne l'a point vue s'emparer peu à peu de la société, afin d'y établir paisiblement son empire ; elle n'a cessé de marcher au milieu des désordres et de l'agitation d'un combat. Animé par la clameur de la lutte, poussé au-delà des limites naturelles de son opinion par les opinions et les excès de ses adversaires, chacun perd de vue l'objet même de ses poursuites et tient un langage qui répond mal à ses vrais sentiments et à ses instincts secrets. De là l'étrange confusion dont nous sommes forcés d'être les témoins...

Il est un pays dans le monde où la grande révolution sociale dont je parle semble avoir à peu près atteint ses limites naturelles ; elle s'y est opérée d'une manière simple et facile, ou plutôt on peut dire que ce pays voit les résultats de la révolution démocratique qui s'opère parmi nous, sans avoir eu la révolution elle-même.

Les émigrants qui vinrent se fixer en Amérique au commencement du XVIIe siècle dégagèrent en quelque façon le principe de la démocratie et tous ceux contre lesquels il luttait dans le sein des vieilles sociétés de l'Europe, et ils le transplantèrent seul sur les rivages du nouveau-monde. Là, il put grandir en liberté, et, marchant avec les mœurs, se développer paisiblement dans les lois.

Il me paraît hors de doute que tôt ou tard nous arriverons, comme les Américains, à l'égalité presque complète des conditions. Je ne conclus point de là que nous soyons appelés un jour à tirer nécessairement, d'un pareil état social, les conséquences politiques que les Américains en ont tirées. Je suis très loin de croire qu'ils aient trouvé la seule forme de gouvernement que puisse se donner la démocratie ; mais il suffit que dans les deux pays la cause génératrice des lois et des mœurs soit la même, pour que nous ayons un intérêt immense à savoir ce qu'elle a produit dans chacun d'eux.

Ce n'est donc pas seulement pour satisfaire une curiosité, d'ailleurs légitime, que j'ai examiné l'Amérique ; j'ai voulu y trouver des enseignements dont nous puissions profiter. On se tromperait étrangement si l'on pensait que j'aie voulu faire un panégyrique ; quiconque lira ce livre sera bien convaincu que tel n'a point été mon dessein ; mon but n'a pas été non plus de préconiser telle forme de gouvernement en général ; car je suis du nombre de ceux qui croient qu'il n'y a presque jamais de bonté absolue dans les lois ; je n'ai même pas prétendu juger si la révolution sociale, dont la marche me semble irrésistible, était avantageuse ou funeste à l'humanité ; j'ai admis cette révolution comme un fait accompli ou prêt à s'accomplir, et, parmi les peuples qui l'ont vue s'opérer dans leur sein, j'ai cherché celui chez lequel elle a atteint le développement le plus complet et le plus paisible, afin d'en discerner clairement les conséquences naturelles, et d'apercevoir, s'il se peut, les moyens de la rendre profitable aux hommes. J'avoue que dans l'Amérique j'ai voulu plus que l'Amérique ; j'y ai cherché une image de la démocratie elle-même, de ses penchants, de son caractère, de ses préjugés, de ses passions ; j'ai voulu la connaître, ne fût-ce que pour savoir du moins ce que nous devions espérer ou craindre d'elle.

Alexis de Tocqueville, *De la démocratie en Amérique*, 1835.

☞ Pour vous guider...

Tocqueville (1805-1859), parti en Amérique avec un ami pour étudier le régime pénitentiaire, accumula, au cours d'un séjour de près d'un an, une importante somme d'observations qui vaudra le livre le plus neuf sur les Etats-Unis et... sur la démocratie en général. Il fut aussi député et ministre des Affaires étrangères. Le texte à résumer constitue l'introduction (presque complète) de son livre célèbre, De la démocratie en Amérique *dont les deux premières parties furent publiées dès 1835. On y lit les regrets d'un aristocrate et les prophéties d'un visionnaire. Les difficultés tiennent essentiellement à la langue romantique, qui s'éloigne sensiblement du ton des textes de sciences humaines habituellement proposés. Il faudra savoir rendre les nombreux exemples, ne pas être déconcerté par le grand nombre de paragraphes et... s'adapter à l'énonciation à la première personne. Quelques coupures ont été effectuées, et le texte compte ainsi environ 3600 mots.*

Résumé

L'image frappante qu'offre les Etats-Unis de l'égalité des conditions dans la vie politique et sociale, m'a imposé un rapprochement avec la tendance vers la démocratie que connaît l'Europe.

Cette « révolution démocratique », généralement admise, est l'aboutissement d'un long processus historique. En effet, le règne de la grande propriété foncière héréditaire du XIe siècle fut successivement contesté par la promotion sociale des prêtres, par l'appauvrissement de l'aristocratie et par la diffusion des « lumières ». Parallèlement, les princes œuvrent dans le sens de l'égalité, amorçant un recul de la féodalité foncière qui oriente tout progrès vers un nivellement social glorifié par les sciences et les lettres.

De même, tous les grands événements contribuent à égaliser les hommes et chaque demi-siècle marque le rapprochement des classes. Ce mouvement, vérifié dans toute la chrétienté, semble inspiré par une fatalité irrésistible propre à répondre à nos incertitudes actuelles.

Le présent ouvrage est imprégné de la conviction que cette marche irrépressible et continue révèle une volonté divine mal sentie des peuples chrétiens. C'est pourquoi s'est imposée la nécessité d'une véritable science politique qui, en maîtrisant cette évolution, lui éviterait de sombrer dans l'idolâtrie. Mais les structures de notre pays n'ont pas su tirer profit de cette révolution.

Le peuple d'autrefois, dans sa misère, connaissait un relatif bonheur : un pouvoir souvent bienveillant le maintenait dans une résignation bienheureuse où n'entrait aucun sentiment de haine ou de révolte ; un manichéisme primaire garantissait la stabilité et même la grandeur. L'égalisation, aujourd'hui, supposerait une société fondée sur un pouvoir librement accepté par des citoyens conscients de leurs droits et de leurs devoirs, prêts à sacrifier le prestige à la justice, l'enthousiasme à la raison, la prouesse individuelle à l'intérêt collectif. Or nous n'avons pas su remplacer le pouvoir royal déchu ; l'autorité des possédants de jadis s'est dissoute dans un gouvernement faible ; dans la haine et la violence, la démocratie détruit sans reconstruire, avance dans l'excès et la confusion.

Récupérant le message démocratique plutôt que la révolution, les Américains ont su créer un Etat fondé sur l'égalité et la justice. Nous les suivrons sans doute — en définissant peut-être une forme de gouvernement originale. Ni éloge, ni modèle, ni jugement, ce livre est une observation au cours de laquelle je me suis intéressé moins à l'Amérique qu'à la démocratie et ses conséquences. *(400 mots)*

Texte n° 21

Concours H.E.C., 1978.
Résumez ce texte en 400 mots (+ ou - 5 %).
(Temps : 3 heures)

L'histoire

On a parlé des sciences humaines ; on a parlé de ces grandes régions que délimitent à peu près la psychologie, l'analyse des littératures et des mythologies. On n'a pas parlé de l'Histoire, bien qu'elle soit la première et comme la mère de toutes les sciences de l'homme, bien qu'elle soit aussi vieille peut-être que la mémoire humaine. Ou plutôt, c'est pour cette raison même qu'on l'a passé jusqu'à présent sous silence. Peut-être, en effet, n'a-t-elle pas place parmi les sciences humaines ni à côté d'elles : il est probable qu'elle entretient avec elles toutes un rapport étrange, ineffaçable, et plus fondamental que ne le serait un rapport de voisinage dans un espace commun.

Il est vrai que l'Histoire a existé bien avant la constitution des sciences humaines ; depuis le fond de l'âge grec, elle a exercé dans la culture occidentale un certain nombre de fonctions majeures : mémoire, mythe, transmission de la Parole et de l'Exemple, véhicule de la tradition, conscience critique du présent, déchiffrement du destin de l'humanité, anticipation sur le futur ou promesse d'un retour. Ce qui caractérisait cette Histoire — ce qui du moins peut la définir, en ses traits généraux, par opposition à la nôtre — c'est qu'en ordonnant le temps des humains au devenir du monde (dans une sorte de grande chronologie cosmique comme chez les stoïciens), ou inversement en étendant jusqu'aux moindres parcelles de la nature le principe et le mouvement d'une destination humaine (un peu à la manière de la Providence chrétienne), on concevait une grande histoire lisse, uniforme en chacun de ses points qui aurait entraîné dans une même dérive, une même chute ou une même ascension, un même cycle, tous les hommes et avec eux toutes les choses, les animaux, chaque être vivant ou inerte, et jusqu'aux visages les plus calmes de la terre. Or, c'est cette unité qui s'est trouvée fracturée au début du XIXe siècle, dans le grand bouleversement de l'*épistêmê* occidentale : on a découvert une historicité propre à la nature ; on a même défini pour chaque grand type du vivant des formes d'ajustement au milieu qui allaient permettre de définir par la suite son profil d'évolution ; bien plus on a pu montrer que des activités aussi singulièrement humaines que le travail ou le langage détenaient, en elles-mêmes, une historicité qui ne pouvait pas trouver sa place dans le grand récit commun aux choses et aux hommes : la production a des modes de développement, le capital des modes d'accumulation, les prix des lois d'oscillation et de changements qui ne peuvent ni se rabattre sur les lois naturelles ni se réduire à la marche générale de l'humanité ; de même le langage ne se modifie pas tellement avec les migrations, le commerce et les guerres, au gré de ce qui arrive à l'homme ou à la fantaisie de ce qu'il peut inventer, mais sous des conditions qui appartiennent en propre aux formes phonétiques et grammaticales dont il est constitué ; et si on a pu dire que les divers langages naissent, vivent, perdent de leur force en vieillissant et finissent par mourir, cette métaphore biologique n'est pas faite pour dissoudre leur histoire dans un temps qui serait celui de la vie, mais plutôt pour souligner qu'ils ont eux aussi des lois internes de fonctionnement et que leur chronologie se développe selon un temps qui relève d'abord de leur cohérence singulière.

On incline d'ordinaire à croire que le XIXe siècle pour des raisons en majeure partie politiques et sociales a porté une attention plus aiguë à l'histoire humaine, qu'on a abandonné l'idée d'un ordre ou d'un plan continu du temps celle également d'un progrès ininterrompu, et qu'en voulant raconter sa propre ascension, la bourgeoisie a rencontré, dans le calendrier de sa victoire, l'épaisseur historique des institutions, la pesanteur des habitudes et des croyances, la violence des luttes, l'alternance des succès et des échecs. Et on suppose qu'à partir de là on a étendu l'historicité découverte en l'homme aux objets qu'il avait fabriqués, au langage qu'il parlait, et plus loin encore à la vie. L'étude des économies, l'histoire des littératures et des grammaires, en fin de compte l'évolution du vivant ne seraient rien que l'effet de diffusion, sur des plages de la connaissance de plus en plus lointaines, d'une historicité découverte d'abord en l'homme. C'est en réalité le contraire qui s'est passé. Les choses ont reçu d'abord une historicité propre qui les a libérées de cet espace continu qui leur imposait la même chronologie qu'aux hommes. Si bien que l'homme s'est trouvé comme dépossédé de ce qui constituait les contenus les plus manifestes de son Histoire : la nature ne lui parle plus de la création ou de la fin du monde, de sa dépendance ou de son prochain jugement ; elle ne parle plus que des conditions de la production qui se modifient dans l'Histoire ; le langage ne porte plus les marques d'avant Babel ou des premiers cris qui ont pu retentir dans la forêt ; il porte les armes de sa propre filiation. L'être humain n'a plus d'histoire : ou plutôt, puisqu'il parle, travaille et vit, il se trouve, en son être propre, tout enchevêtré à des histoires qui ne lui sont ni subordonnées ni homogènes. Par la fragmentation de l'espace où s'étendait continûment le savoir classique, par l'enroulement de chaque domaine ainsi affranchi sur son propre devenir, l'homme qui apparaît au début du XIXe siècle est « déshistoricisé ».

Et les valeurs imaginaires qu'a pris alors le passé, tout le halo lyrique qui a entouré, à cette époque, la conscience de l'histoire, la vive curiosité pour les documents ou les traces que le temps a pu laisser derrière lui, — tout ceci manifeste en surface le fait nu que l'homme s'est trouvé vide d'histoire, mais qu'il était déjà à la tâche pour retrouver au fond de lui-même, et parmi toutes les choses qui pouvaient encore lui renvoyer son image (les autres s'étaient tues et repliées sur elles-mêmes), une historicité qui lui fût liée essentiellement. Mais cette historicité est tout de suite ambiguë. Puisque l'homme ne se donne au savoir positif que dans la mesure où il parle, travaille et vit, son histoire pourra-t-elle être autre chose que le nœud inextricable de temps différents, qui leur sont étrangers et qui sont hétérogènes les uns aux autres ? L'histoire de l'homme sera-t-elle plus qu'une sorte de modulation commune aux changements dans les conditions de vie (climats, fécondité du sol, modes de culture, exploitation des richesses), aux transformations de l'économie (et par voie de conséquence de la société et des institutions) et de la succession des formes et des usages de la langue ? Mais alors l'homme n'est pas lui-même historique : le temps lui venant d'ailleurs que de lui-même, il ne se constitue comme sujet d'Histoire que par la superposition de l'histoire des êtres, de l'histoire des choses, de l'histoire des mots.

Il est soumis à leurs purs événements. Mais aussitôt ce rapport de simple passivité se renverse : car ce qui parle dans le langage, ce qui consomme et travaille dans l'économie, ce qui vit dans la vie humaine, c'est l'homme lui-même ; et à ce titre, il a droit lui aussi à un devenir tout aussi positif que celui des êtres et des choses, non moins autonome, — et peut-être même plus fondamental : n'est-ce pas une historicité propre à l'homme et inscrite profondément dans son être, qui lui permet de s'adapter comme tout vivant et d'évoluer lui aussi (mais grâce à des outils, à des techniques, à des organisations qui n'appartiennent à aucun être vivant), qui lui permet d'inventer des formes de production, de stabiliser, de prolonger ou d'abréger la validité des lois économiques par la conscience qu'il en prend et par les institutions qu'il aménage à partir d'elles ou autour d'elles, qui lui permet enfin d'exercer sur le langage, en chacune des paroles qu'il prononce, une sorte de pression intérieure constante qui insensiblement le fait glisser sur lui-même en chaque instant du temps. Ainsi apparaît derrière l'histoire des positivités, celle, plus radicale, de l'homme lui-même. Histoire qui concerne maintenant l'être même de l'homme, puisqu'il s'avère que non seulement il « a » autour de lui « de l'Histoire », mais qu'il est lui-même en son historicité propre ce par quoi se dessine une histoire de la vie humaine, une histoire de l'économie, une histoire des langages. Il y aurait donc à un niveau très enfoncé une historicité de l'homme qui serait à elle-même sa propre histoire mais aussi la dispersion radicale qui fonde toutes les autres. C'est bien cette érosion première que le XIXe siècle a cherchée dans son souci de tout historiciser, d'écrire à propos de toute chose une histoire générale, de remonter sans cesse dans le temps, et de replacer les choses les plus stables dans la libération du temps. Là encore, il faut sans doute réviser la manière dont on écrit traditionnellement l'histoire de l'Histoire, on a l'habitude de dire qu'avec le XIXe siècle a cessé la pure chronique des événements, la simple mémoire d'un passé peuplé seulement d'individus et d'accidents, et qu'on a cherché les lois générales du devenir. En fait, nulle histoire ne fut plus « explicative », plus préoccupée des lois générales et des constantes que celles de l'âge classique, — lorsque le monde et l'homme, d'un seul tenant, faisaient corps en une histoire unique. A partir du XIXe siècle, ce qui vient à la lumière, c'est une forme nue de l'historicité humaine, — le fait que l'homme en tant que tel est exposé à l'événement. De là, le souci soit de trouver des lois à cette pure forme (et ce sont des philosophies comme celles de Spengler), soit de définir à partir du fait que l'homme vit, que l'homme travaille, que l'homme parle et pense : et ce sont les interprétations de l'Histoire à partir de l'homme envisagé comme espèce vivante, ou à partir des lois de l'économie, ou à partir des ensembles culturels.

En tous cas, cette disposition de l'Histoire dans l'espace épistémologique est d'une grande importance pour son rapport aux sciences humaines. Puisque l'homme historique, c'est l'homme vivant, travaillant et parlant, tout contenu de l'Histoire quel qu'il soit relève de la psychologie, de la sociologie ou des sciences du langage. Mais inversement, puisque l'être humain est devenu de part en part historique, aucun des contenus analysés par les sciences humaines ne peut rester stable en lui-même ni échapper au mouvement de l'Histoire. Et ceci pour deux raisons : parce que la psychologie, la sociologie, la philosophie, même quand on les applique à des objets — c'est-à-dire à des hommes — qui leur sont contemporains ne visent jamais que des découpes synchroniques à l'intérieur d'une historicité qui les constitue et les traverse ; parce que les formes prises successivement par les sciences humaines, le choix qu'elles font de leur objet, les méthodes qu'elles leur appliquent sont donnés par l'Histoire, sans cesse portés par elle et modifiés à son gré. Plus l'Histoire essaie de dépasser son propre enracinement historique, plus elle fait des efforts pour rejoindre, par-delà la relativité historique de son origine et de ses options, la sphère de l'universalité, plus clairement elle porte les stigmates de sa naissance historique, plus évidemment apparaît à travers elle l'histoire dont elle-même fait partie (et là encore, Spengler et tous les philosophes de l'histoire en portent témoignage) ; inversement, mieux elle accepte sa relativité, plus elle s'enfonce dans le mouvement qui lui est commun avec ce qu'elle raconte, plus alors elle tend à la minceur du récit, et tout le contenu positif qu'elle se donnait à travers les sciences humaines se dissipe.

L'Histoire forme donc pour les sciences humaines un milieu d'accueil à la fois privilégié et dangereux. A chaque science de l'homme elle donne un arrière fond qui l'établit, lui fixe un sol et comme une patrie : elle détermine la plage culturelle — l'épisode chronologique, l'insertion géographique — où on peut reconnaître à ce savoir sa validité ; mais elle les cerne d'une frontière qui les limite, et ruine d'entrée de jeu leur prétention à valoir dans l'élément de l'universalité. Elle révèle de cette manière que si l'homme — avant même de le savoir — a toujours été soumis aux déterminations que peuvent manifester la psychologie, la sociologie, l'analyse des langages, il n'est pas pour autant l'objet intemporel d'un savoir qui, au moins au niveau de ses droits, serait lui-même sans âge. Même lorsqu'elles évitent toute référence à l'histoire, les sciences humaines (et à ce titre on peut placer l'histoire parmi elles) ne font jamais que mettre en rapport un épisode culturel avec un autre (celui auquel elles s'appliquent comme à leur objet, et celui où elles s'enracinent quant à leur existence, leur mode d'être, leurs méthodes et leurs concepts) ; et si elles s'appliquent à leur propre synchronie, c'est à lui-même qu'elles rapportent l'épisode culturel dont elles sont issues. Si bien que l'homme n'apparaît jamais dans sa positivité sans que celle-ci soit aussitôt limitée par l'illimité de l'Histoire.

On voit se reconstituer ici un mouvement analogue à celui qui animait de l'intérieur tout le domaine des sciences de l'homme : tel qu'il a été analysé plus haut, ce mouvement rénovait perpétuellement des positivités qui déterminent l'être de l'homme à la finitude qui fait apparaître ces mêmes positivités ; de sorte que les sciences étaient prises elles-mêmes dans cette grande oscillation, mais qu'à leur tour elles la reprenaient dans la forme de leur propre positivité en cherchant à aller sans cesse du conscient à l'inconscient. Or, voilà qu'avec l'Histoire une oscillation semblable recommence ; mais cette fois, elle ne joue pas entre la positivité de l'homme pris comme objet (et manifesté empiriquement par le travail, la vie et le langage) et les limites radicales de son être ; elle joue entre les limites temporelles qui définissent les formes singulières du travail, de la vie et du langage, et la positivité historique du sujet qui, par la connaissance, trouve accès jusqu'à eux. Ici encore, le sujet et l'objet sont liés dans une mise en question réciproque ; mais alors que là-bas cette mise en question se faisait à l'intérieur même de la connaissance positive, et par le progressif dévoilement de l'inconscient par la conscience, ici elle se fait aux confins extérieurs de l'objet et du sujet ; elle désigne l'érosion à laquelle tous deux sont soumis, la dispersion qui les écarte l'un de l'autre, les arrachant à une positivité calme, enracinée et définitive. En dévoilant l'inconscient comme leur objet le plus fondamental, les sciences humaines montraient qu'il avait toujours à penser encore dans ce qui était déjà pensé au niveau manifeste ; en découvrant la loi du temps comme limite externe des sciences humaines, l'Histoire montre que tout ce qui est pensé le sera encore par une pensée qui n'a pas encore vu le jour. Mais peut-être, n'avons-nous là, sous les formes concrètes de l'inconscient et de l'Histoire, que les deux faces de cette finitude qui en découvrant qu'elle était à elle-même son propre fondement, a fait apparaître au XIXe siècle la figure de l'homme : une finitude sans infini, c'est sans doute une finitude qui n'a jamais fini, qui est toujours en retrait par rapport à elle-même, à qui il reste encore quelque chose à penser dans l'instant même où elle pense, à qui il reste toujours du temps pour penser de nouveau ce qu'elle a pensé.

Dans la pensée moderne, l'historicisme et l'analytique de la finitude se font face. L'historicisme est une manière de faire valoir pour lui-même le perpétuel rapport critique qui joue entre l'Histoire et les sciences humaines. Mais il l'instaure au seul niveau des positivités : la connaissance positive de l'homme est limitée par la positivité historique du sujet qui connaît, de sorte que le moment de la finitude est dissous dans le jeu d'une relativité à laquelle il n'est pas possible d'échapper et qui vaut elle-même comme un absolu. Être fini, ce serait tout simplement être pris par les lois d'une perspective qui à la fois permet une certaine saisie — du type de la perception ou de la compréhension — et empêche que celle-ci soit jamais intellection universelle et définitive. Toute connaissance s'enracine dans une vie, une société, un langage qui ont une histoire ; et dans cette histoire même elle trouve l'élément qui lui permet de communiquer avec d'autres formes de vie, d'autres types de société, d'autres significations : c'est pourquoi l'historicisme implique toujours une certaine philosophie ou du moins une certaine méthodologie de la compréhension vivante (dans l'élément de la *Lebenswelt*), de la communication interhumaine (sur fond des organisations sociales) et de l'herméneutique (comme ressaisie à travers le sens manifeste d'un discours d'un sens à la fois second et premier, c'est-à-dire plus caché mais plus fondamental). Par là, les différentes positivités formées par l'Histoire et déposées en elle peuvent entrer en contact les unes avec les autres, s'envelopper sur le mode de la connaissance, libérer le contenu qui sommeille en elles ; ce ne sont pas alors les limites elles-mêmes qui apparaissent dans leur rigueur impérieuse, mais des totalités partielles, des totalités qui se trouvent limitées de fait, des totalités dont on peut, jusqu'à un certain point, faire bouger les frontières, mais qui ne s'étendront jamais dans l'espace d'une analyse définitive, et ne s'élèveront jamais non plus jusqu'à la totalité absolue. C'est pourquoi l'analyse de la finitude ne cesse de revendiquer contre l'historicisme la part que celui-ci avait négligée : elle a pour projet de faire surgir, au fondement de toutes les positivités et avant elles, la finitude qui les rend possibles ; là où l'historicisme cherchait la possibilité et la justification de rapports concrets entre des totalités bornées, dont le mode d'être était donné à l'avance par la vie, ou les formes sociales, ou les significations du langage, l'analytique de la finitude veut interroger ce rapport de l'être humain à l'être qui en désignant la finitude rend possibles les positivités en leur mode d'être concret.

Michel Foucault, *Les Mots et les Choses*, © Gallimard, 1966.

☞ **Pour vous guider...**

Ce texte est plutôt difficile et ne conviendrait guère pour un début. La langue philosophique, la construction tournoyante, la profondeur de la pensée risquent de dérouter un pratiquant non averti. Michel Foucault (1926-1986) nous offre là un bon spécimen de sa réflexion sur les sciences humaines. La célébrité lui était venu avec sa thèse de doctorat publiée en 1961 : Histoire de la folie à l'âge classique. *L'ouvrage d'où est extrait ce texte a connu lui aussi un grand succès au moment de sa parution en 1966. On mettra ce texte en parallèle avec celui de Fernand Braudel sur les civilisations (cf. texte n° 26).*

Résumé

De l'abondant discours sur les sciences humaines, l'histoire semble être oubliée. Cette aînée, cette mère privilégiée mais contestée, chargée jadis de fonctions sociales essentielles, a longtemps recouvert uniformément l'ensemble du devenir du monde. Le XIXe siècle a substitué à cette unité une vision pluraliste qui attribuait une historicité propre au milieu naturel, aux activités humaines, au langage. Mais, alors qu'on estime qu'en partant de l'homme cette époque est progressivement remontée aux choses, puis aux mots, la réalité fut l'inverse et l'étude prioritaire des chronologies économiques, philologiques, biologiques a peu à peu dépossédé l'homme de son histoire.

Le goût quasi mythique de ce siècle pour le passé, témoigne de la conscience de ce vide et du désir de le combler par une histoire de l'homme intégrant celle de sa langue, de son travail, de sa vie. Mais cette conception passive se renverse puisque l'homme exerce une action sur sa manière de parler, de travailler, de vivre et revendique ainsi une historicité propre. L'obsession chronologique du XIXe siècle, loin de se détourner des voies « explicatives » de l'histoire, a alors conduit à formuler des définitions de cette historicité humaine.

L'histoire se trouva donc réinsérée dans les sciences humaines, mais elle les dépasse car celles-ci sont essentiellement synchroniques et relatives. Prise entre une universalité qui l'enferme et une relativité qui la réduit, elle fixe la toile de fond des sciences humaines où apparaît, dans divers épisodes culturels, la temporalité de l'homme.

Comme les autres sciences humaines elle connaît une oscillation, non entre l'homme objet positif et ses limites ontologiques, mais entre la temporalité économique, biologique, philologique et son appréhension par le sujet. Elle ne privilégie plus l'inconscient, elle borne le savoir humain.

Cette finitude est d'abord illustrée par l'attitude historiciste : puisque la connaissance de l'homme est limitée par le savoir du sujet, il n'y a plus de finitude, mais relativité ; les lois naturelles du fini sont remplacées par une connaissance historique fondée sur une démarche intellectuelle et philosophique. Par là sont atteintes certaines positivités de l'histoire qui, dans leur entremêlement, forment des totalités partielles mais non absolues. Plutôt que cette description limitée, l'attitude analytique, elle, tentera d'atteindre le fondement de la finitude qui rend possibles les positivités de l'homme. *(400 mots)*

Texte n° 22

Ecole Supérieure de Commerce de Lyon ; concours d'entrée 1989.
Résumez ce texte en QUATRE CENTS (400 mots).
(Temps : 3 heures)

Tocqueville décrit avec chaleur les bienfaits de la constitution américaine, louant la libre inspiration du mode de vie, l'équanimité des mœurs (plus que l'égalité des statuts), la suprématie d'une organisation morale (plutôt que politique) de la société. Puis il décrit avec une lucidité égale l'extermination des Indiens et la condition des Noirs, sans jamais confronter les deux réalités. Comme si le bien et le mal s'étaient développés séparément. Se peut-il qu'on puisse, tout en ressentant vivement l'un et l'autre, faire abstraction de leur rapport ? Certes, et le paradoxe est aujourd'hui le même : *nous ne résoudrons jamais l'énigme du rapport entre les fondements négatifs de la grandeur et cette grandeur elle-même.* L'Amérique est puissante et originale, l'Amérique est violente et abominable — il ne faut chercher ni à effacer l'un ou l'autre, ni à réconcilier les deux.

Mais qu'en est-il de cette grandeur paradoxale, de cette situation originale du Nouveau Monde telle que la décrivait Tocqueville ? Qu'en est-il de cette « révolution » américaine qui consistait dans la résolution dynamique d'un intérêt individuel bien compris et d'une moralité collective bien tempérée ? Problème non résolu en Europe, et qui pour cette raison alimentera pendant tout le XIXe siècle une problématique de l'histoire, de l'Etat et de la disparition de l'Etat que l'Amérique ne connaît pas. Qu'en est-il du défi qui se dessinait chez Tocqueville : une nation peut-elle conclure un pacte de grandeur sur la seule base de l'intérêt banal de tout un chacun ? Peut-il exister un pacte d'égalité et de banalité (dans l'intérêt, le droit et la richesse) qui garde une dimension héroïque et originale ? (car qu'est-ce qu'une société sans une dimension héroïque ?) Bref : le Nouveau Monde a-t-il tenu ses promesses ? Est-il allé au bout des bienfaits de la liberté, ou n'est-il allé qu'au bout des méfaits de l'égalité ?

On rapporte le plus souvent à la liberté et à son usage l'éclat de la puissance américaine. Mais la liberté en soi n'est pas génératrice de puissance. La liberté conçue comme action publique, comme discours collectif d'une société sur ses propres entreprises et ses propres valeurs, cette liberté là s'est plutôt perdue dans la libération individuelle des mœurs et dans l'agitation (l'agitation, comme on sait, est une des principales activité des Américains). C'est donc plutôt l'égalité et ses conséquences qui ont joué comme génératrices de puissance. C'est cette égalité dont Tocqueville disait dans une merveilleuse formule : « Ce que je reproche à l'égalité, ce n'est pas d'entraîner les hommes à la poursuite de jouissances défendues, c'est de les absorber entièrement dans la recherche des jouissances permises », c'est elle, l'égalisation moderne des statuts et de valeurs, c'est elle, l'indifférence des traits et des caractères, qui défraie et qui déchaîne la puissance. C'est autour d'elle que se redessine le paradoxe de Tocqueville, à savoir que l'univers américain tend à la fois vers l'insignifiance absolue (toutes choses tendant à s'y égaliser et à s'y annuler en puissance) et vers l'originalité absolue — aujourd'hui plus encore qu'il y a cent cinquante ans, les effets ayant été multipliés par l'extension géographique. *Un univers génial par le développement irrépressible de l'égalité, de la banalité et de l'indifférence.*

C'est ce dynamisme d'ensemble, cette dynamique de l'abolition des différences qui est passionnante et qui pose, comme le disait Tocqueville, un problème nouveau à l'intelligence des sociétés humaines. Il est d'ailleurs extraordinaire de voir combien les Américains ont peu changé depuis deux siècles, bien moins que les sociétés européennes prises dans les révolutions politiques du XIXe siècle, alors qu'eux ont gardé intacte, préservée par la distance océanique qui est l'équivalent d'une insularité dans le temps, la perspective utopique et morale des hommes du XVIIIe, ou même des sectes puritaines du XVIIe siècle, transplantée et perpétuée à l'abri des péripéties de l'histoire. Cette hystérésie puritaine et morale est celle de l'exil, c'est celle de l'utopie. Nous leur en faisons procès : pourquoi la révolution n'a-t-elle pas eu lieu ici, pays neuf, pays de liberté, bastion avancé du capitalisme ? pourquoi le « social », le « politique » nos catégories de prédilection, ont-ils si peu de prise ici ? C'est que le XIXe siècle social et philosophique n'a pas franchi l'Atlantique et que les choses vivent toujours ici de l'utopie et de la morale, de l'idée concrète du bonheur et des mœurs, toutes choses qu'en Europe l'idéologie politique a liquidées, Marx en tête, vers une conception « objective » de la transformation historique. C'est de ce point de vue que nous taxons les Américains de naïveté historique et d'hypocrisie morale. mais c'est simplement que, dans leur conscience collective, ils s'inscrivent plus près des modèles de pensée du XVIIIe siècle : utopique et pragmatique, que de ceux qu'imposera la Révolution française : idéologique et révolutionnaire.

Pourquoi les sectes sont-elles ici si puissantes et si dynamiques ? Le brassage des races, des institutions et des techniques aurait dû les balayer depuis longtemps. Mais c'est qu'ici elles ont gardé la forme vivante, l'illuminisme pratique de leurs origines, et leur obsession morale. De quelque façon, c'est leur micromodèle qui s'est élargi à l'Amérique entière. Dès l'origine, les sectes ont joué le plus grand rôle dans le passage à l'utopie réalisée, qui est l'équivalent d'un passage à l'acte. Ce sont elles qui vivent de l'utopie (l'Eglise la tient pour hérésie virtuelle) et qui s'emploient à précipiter le Royaume de Dieu sur la terre, alors que l'Eglise s'en tient à l'espérance du salut et aux vertus théologales.

Ce destin de la secte, c'est comme si l'Amérique l'avait épousé dans son ensemble : la concrétisation immédiate de toutes les perspectives de salut. La multiplication des sectes particulières ne doit pas nous leurrer : le fait important est que l'Amérique est concernée par l'institution morale de la secte, son exigence immédiate de béatification, son efficacité matérielle, sa compulsion de justification, et sans doute aussi par sa folie et son délire.

Si l'Amérique perd cette perspective morale sur elle-même, elle s'effondre. Ceci n'est peut-être pas évident pour des

Européens, pour qui l'Amérique est une puissance cynique et sa morale une idéologie hypocrite. Nous ne voulons pas croire à la vision morale qu'ont les Américains d'eux-mêmes, mais nous avons tort. Lorsqu'ils se demandent sérieusement pourquoi d'autres peuples les détestent, nous aurions tort de sourire, car c'est cette même interrogation qui permet les Watergate et la dénonciation impitoyable de la corruption et des tares de leur propre société au cinéma et dans les médias — une liberté que nous pouvons leur envier, nous sociétés véritablement hypocrites, où le secret et la respectabilité, l'affectation bourgeoise, couvrent toujours les affaires individuelles et publiques.

L'idée principale de Tocqueville est que l'esprit de l'Amérique est dans son mode de vie, dans la révolution des mœurs, dans la révolution morale. Celle-ci n'instaure pas une nouvelle légalité ni un nouvel Etat, mais une légitimité pratique : celle du mode de vie. Le salut ne relève plus du divin ou de l'Etat, mais de l'organisation pratique idéale. Faut-il remonter pour cela jusqu'au décret protestant de sécularisation de la conscience, d'introjection de la juridiction divine dans la discipline quotidienne ? Le fait est que la religion, par exemple, est entrée dans les mœurs, ce qui fait qu'elle ne peut plus être mise en cause ou interrogée sur ses fondements, puisqu'elle n'a plus de valeur transcendante. C'est la religion comme mode de vie. De même la politique est entrée dans les mœurs, comme machine pragmatique, comme jeu, comme interaction, comme spectacle, ce qui fait qu'elle ne peut plus être jugée d'un point de vue proprement politique. Il n'y a plus de principe idéologique ou philosophique de gouvernement, c'est à la fois plus naïf et plus conjoncturel. Cela ne signifie pas qu'il n'y ait pas de stratégies, mais ce sont des stratégies modales et non finales. La sexualité elle-même est entrée dans les mœurs, ce qui veut dire qu'elle non plus n'a plus de valeur transcendante, ni comme interdit, ni comme principe d'analyse, de jouissance ou de transgression. Elle s'est « écologisée », psychologisée, sécularisée à usage domestique. Elle est entrée dans le mode de vie.

La prééminence des mœurs, l'hégémonie du mode de vie signifie que l'universel abstrait de la loi le cède à la régulation concrète des échanges. La loi n'est pas consensuelle : vous êtes censé la connaître et lui obéir. Mais la désobéissance vous honore elle aussi, et l'histoire est faite simultanément de l'exaltation de la loi et de ceux qui ont désobéi à la loi. Ce qui frappe par contre dans le système américain, c'est qu'il n'y a pas d'honneur à désobéir, ni de prestige dans la transgression ou l'exception. C'est le fameux conformisme américain où nous voyons un signe de faiblesse sociale et politique. Mais c'est qu'ici l'accord se fait plutôt sur une régulation concrète que sur une législation abstraite, sur des modalités informelles que sur une instance formelle. Que signifierait de se désolidariser d'une règle, de s'inscrire en faux contre un dispositif ? Il faut comprendre cette solidarité conventionnelle, pragmatique, des mœurs américaines, qui repose sur une sorte de pacte moral et non de contrat social, et qu'on pourrait comparer non pas tellement au code de la route, auquel chacun peut désobéir, qu'au consensus qui règle la circulation automobile sur les autoroutes. Cette conformité rapproche la société américaine des sociétés primitives, où il serait absurde de se distinguer moralement en désobéissant au rituel collectif. Ce conformisme n'est donc pas « naïf » : il résulte d'un pacte au niveau des mœurs, d'un ensemble de règles et de modalités qui suppose, comme principe de fonctionnement, une adhésion quasi spontanée. Alors que nous vivons d'une désobéissance tout aussi rituelle à notre propre système de valeurs.

Ce « conformisme » est le reflet d'une certaine liberté : celle de l'absence de préjugés et de prétention. On pourrait avancer que l'absence de préjugés chez les Américains est liée à l'absence de jugement. Cela serait injuste, mais à tout prendre, pourquoi ne pas préférer cette solution légère à notre solution lourde et prétentieuse ? Voyez cette fille qui vous sert dans le *guestroom* : elle le fait *en toute liberté*, avec le sourire, sans préjugé ni prétention, comme si elle était assise en face de vous. Les choses ne sont pas égales, mais elle ne prétend pas à l'égalité, celle-ci est acquise dans les mœurs. Tout le contraire du garçon de café sartrien, complètement aliéné à sa représentation, et qui ne résout cette situation qu'en passant à un métalangage théâtral, en affectant par ses gestes une liberté ou une égalité qu'il n'a pas. D'où l'intellectualité malheureuse de son comportement, qui est celle, chez nous, de presque toutes les classes sociales. Cette question de l'égalité dans les mœurs, de la liberté des mœurs, n'a été ni résolue, ni même jamais vraiment posée dans notre culture, seule la question politique ou philosophique de l'égalité a été posée, et celle-là nous renvoie à une éternelle prétention. En Amérique — ceci est banal — on est étonné par l'oubli presque naturel des statuts, l'aisance et la liberté des relations. Cette aisance peut nous paraître banale ou vulgaire, elle n'est jamais ridicule. C'est *notre* affectation qui est ridicule.

Il n'est que de voir une famille française s'installer sur une plage californienne pour sentir le poids abominable de notre culture. Le groupe américain reste ouvert, la cellule française se crée immédiatement un espace fermé, l'enfant américain prend le large, le français tourne autour de ses parents. Les Américains veillent à avoir toujours de la glace et de la bière, les Français veillent aux préséances et au bien-être théâtral. On circule beaucoup sur les plages américaines, le Français campe sur son fief de sable. Le Français s'affiche en vacances, mais il garde la médiocrité de son espace petit-bourgeois. Or, on peut tout dire des Américains, sauf qu'ils sont médiocres ou petits-bourgeois. Ils n'ont certes pas de grâce aristocratique, mais ils ont l'aisance de l'espace, et ceci leur tient lieu de manière et de quartiers de noblesse. L'aisance corporelle que donne la disposition de l'espace compense aisément la faiblesse des traits et des caractères. Vulgaire, mais *easy*. Nous sommes une culture de la promiscuité, qui donne des manières et de l'affectation, eux ont une culture démocratique de l'espace. Nous sommes libres en esprit, mais eux sont libres de leurs gestes. L'Américain qui circule dans les déserts ou les parcs nationaux ne donne pas l'impression d'être en vacances. Circuler est son emploi naturel, la nature est une frontière et un lieu d'action. Rien du romantisme avachi et de la quiétude gallo-romaine qui peuplent notre temps libre. Rien du label vacances tel qu'il a été inventé chez nous par le Front populaire : cette atmosphère démoralisante du temps libre arraché à l'Etat, consommé avec le sentiment plébéien et le souci théâtral du loisir bien gagné. La liberté ici n'a pas de définition statique ou négative, elle a une définition spatiale et mobile.

La grande leçon de tout ceci, c'est que la liberté et l'égalité, comme l'aisance et la grâce, n'existent que données d'avance. Ça, c'est le coup de théâtre démocratique : l'égalité est au départ, et non pas à la fin. C'est ce qui fait la différence entre la démocratie et l'égalitarisme : la démocratie suppose l'égalité au départ, l'égalitarisme la suppose à la fin.

Cependant, quand nul n'est plus obsédé par le jugement ni par les préjugés, il s'ensuit une plus grande tolérance, mais aussi une plus grande indifférence. Ne cherchant plus le regard de l'autre, ils finissent aussi par ne plus se voir. Ainsi dans la rue, les gens se croisent sans se regarder, ce qui peut sembler une marque de discrétion et de civilité, mais qui est aussi une marque d'indifférence. Du moins celle-ci n'est pas affectée. C'est à la fois une qualité et une absence de qualité.

Quand je parle du « mode de vie » américain, c'est pour en souligner l'utopie, la banalité *mythique*, le rêve et la grandeur. Cette philosophie immanente non seulement au développement technique mais à l'outrepassement des techniques dans le jeu excessif de la technique, non seulement à la modernité mais à la démesure des normes modernes (que ce soit le réseau vertical de New York ou le réseau horizontal de Los Angeles), non seulement à la banalité mais aux formes apocalyptiques de la banalité, non seulement à la réalité de la vie quotidienne, mais à l'hyperréalité de cette vie qui, telle qu'elle est, présente toutes les caractéristiques de la fiction. C'est ce caractère fictionnel qui est passionnant. Or, la fiction n'est pas l'imaginaire. C'est ce qui anticipe sur l'imaginaire en le réalisant. au contraire de notre mouvement à nous, qui est d'anticiper sur la réalité en l'imaginant, ou de la fuir en l'idéalisant. C'est pourquoi nous ne serons jamais dans la vraie fiction, nous sommes voués à l'imaginaire et à la nostalgie du futur. Le mode de vie américain, lui, est spontanément fictionnel, puisqu'il est outrepassement de l'imaginaire dans la réalité.

La fiction n'est pas non plus l'abstraction, et s'il y a une sorte d'infirmité de l'Amérique vis-à-vis de l'abstraction, cette incapacité revêt une forme glorieuse dans la réalité sauvage de l'Amérique moyenne, dans l'apothéose de la vie quotidienne, dans le génie empirique qui nous étonne tellement. Peut-être cette révolution réussie ne l'est-elle plus tout à fait au sens où Tocqueville l'entendait, d'un mouvement spontané de l'esprit public, d'une forme spontanée et concrète d'agencement des mœurs aux valeurs modernes. Plus que dans le mouvement des institutions, c'est dans la libération des techniques et des images, dans l'orgie de biens et de services, orgie de puissance et d'énergie inutile (mais qui dira où s'arrête l'énergie inutile ?), où éclate beaucoup plus d'esprit publicitaire que l'esprit public. Mais enfin, ce sont des traits de libération, et l'obscénité même de cette société est le signe de sa libération. Libération de *tous les effets*, dont certains parfaitement excessifs et abjects, mais justement : le comble de la libération, sa conséquence logique, est dans l'orgie spectaculaire, dans la vitesse, dans l'instantanéité du changement, dans l'excentricité généralisée. La politique se *libère* dans le spectacle, dans l'effet publicitaire à tout prix, la sexualité se libère dans toutes ses anomalies et ses perversions, les mœurs, les coutumes, le corps et le langage se libèrent dans l'accélération de la mode. Libéré n'est pas l'homme dans sa réalité idéale, dans sa vérité intérieure ou dans sa transparence — libéré est l'homme qui change d'espace, qui circule, qui change de sexe, de vêtements, de mœurs selon la mode, *et non selon la morale*, qui change d'opinion selon les modèles d'opinion, et non selon sa conscience. C'est ça la libération pratique, qu'on le veuille ou non, qu'on déplore ou non le gaspillage et l'obscénité. D'ailleurs, les gens des pays « totalitaires » savent bien que c'est là la liberté vraie, ils ne rêvent que de cela : la mode, les modèles, les idoles, le jeu des images, pouvoir circuler pour circuler, la publicité, le déchaînement publicitaire. L'orgie, quoi. Or il faut bien dire que c'est l'Amérique qui a réalisé concrètement, techniquement cette orgie de libération, cette orgie de l'indifférence, de la déconnexion, de l'exhibition et de la circulation. Je ne sais pas ce qu'il reste de la révolution réussie dont parlait Tocqueville, celle de la liberté politique et de la qualité de l'esprit public (l'Amérique offre aujourd'hui dans ce domaine le meilleur et le pire), mais elle a certainement réussi *cette révolution-là*, alors que nous, après avoir raté nos révolutions historiques, nos révolutions abstraites, nous sommes en train de rater celle-ci aussi. Ces conséquences logiques de la modernité, de la révolution du mode de vie, jusque dans ses excès, nous les absorbons malgré nous à doses homéopathiques, dans un mélange de fascination et de ressentiment. Nous nous traînons en Europe dans le culte de la différence, nous sommes donc handicapés par rapport à la modernité radicale, qui repose sur l'indifférence. Nous devenons modernes et indifférents à contrecœur, d'où le peu d'éclat de notre modernité, d'où l'absence de génie moderne dans nos entreprises. Nous n'avons même pas le *malin génie* de la modernité, celui qui pousse l'innovation jusqu'à l'extravagance, et retrouve par là une sorte de liberté fantastique.

Tout ce qui s'est héroïquement joué et détruit en Europe sous le signe de la Terreur est allé se réaliser outre-Atlantique de la façon la plus simple et la plus empirique (l'utopie de la richesse, du droit, de la liberté, du contrat social et de la représentation). De même, tout ce dont nous avons rêvé sous le signe radical de l'anticulture, de la subversion du sens, de la destruction de la raison et de la fin de la représentation, toute cette anti-utopie qui a déchaîné en Europe tant de convulsions théoriques et politiques, esthétiques et sociales, sans jamais se réaliser vraiment (Mai 68 en est un dernier exemple), tout cela est réalisé ici, en Amérique, de la façon la plus simple et la plus radicale. *On y a réalisé l'utopie, on y réalise l'anti-utopie* : celle de la déraison, de la déterritorialisation, de l'indétermination du sujet et du langage, de la neutralisation de toutes les valeurs, de la mort de la culture. L'Amérique réalise tout, et elle procède pour cela de façon empirique et sauvage. Nous ne faisons que rêver et passer à l'acte de temps en temps — l'Amérique, elle, tire les conséquences logiques, pragmatiques, de tout ce qui est possible de concevoir. En ce sens, elle est naïve et primitive, elle ne connaît pas l'ironie du concept, elle ne connaît pas l'ironie de la séduction, elle n'ironise pas sur le futur ou le destin, elle opère, elle matérialise. A la radicalité utopique, elle oppose la radicalité empirique, qu'elle est seule à concrétiser dramatiquement. Nous philosophons sur la fin d'un tas de choses, mais c'est ici qu'elles prennent fin. C'est ici qu'il n'y a plus de territoire (mais justement un espace prodigieux), ici que le réel et l'imaginaire ont pris fin (ouvrant tous les espaces à la simulation). C'est donc ici qu'il faut chercher l'idéal type de la fin de notre culture. C'est le mode de vie américain, que nous jugeons naïf ou culturellement nul, c'est lui qui nous donnera le tableau analytique complet de la fin de nos valeurs — chez nous vainement prophétisée — avec l'envergure que lui donne la dimension géographique et mentale de l'utopie.

Mais alors, c'est ça une utopie réalisée, c'est ça une révolution réussie ? Eh oui, c'est ça ! Que voulez-vous que soit une révolution « réussie » ? C'est le paradis. Santa Barbara est un paradis, Disneyland est un paradis, les Etats-Unis sont un paradis. Le paradis est ce qu'il est, éventuellement funèbre, monotone et superficiel. Mais c'est le paradis. Il n'y en a pas d'autre. Si vous acceptez de tirer les conséquences de vos rêves, pas seulement politiques et sentimentaux, mais aussi théoriques et culturels, alors vous devez considérer l'Amérique, encore aujourd'hui, avec le même enthousiasme naïf que les générations qui ont découvert le Nouveau Monde. Celui même des Américains pour leur propre réussite, leur propre barbarie et leur propre puissance. Sinon, vous n'y comprenez rien, et vous ne comprendrez rien non plus à votre propre histoire, ou à la fin de votre histoire. Car l'Europe ne peut plus se comprendre à partir d'elle-même. Les Etats-Unis sont plus mystérieux : le *mystère de la réalité américaine* dépasse nos fictions et nos interprétations. Mystère d'une société qui ne cherche pas à se donner un sens ou une identité, qui ne se paie ni de transcendance ni d'esthétique et qui, *précisément à cause de cela*, invente la seule grande verticalité moderne dans ses buildings, qui sont ce qu'il y a de plus grandiose dans l'ordre vertical, et n'obéissent pourtant pas aux règles de la transcendance, qui sont l'architecture la plus prodigieuse et n'obéissent pourtant pas aux lois de l'esthétique, ultra-modernes, ultra-fonctionnels, mais avec quelque chose de non spéculatif, de primitif et de sauvage — une culture, ou une inculture, comme celle-ci est pour nous un mystère.

Jean Baudrillard, *Amérique*, © Grasset, 1986.

☞ Pour vous guider...

Ce texte — que les examinateurs de Sup. de Co. Lyon avaient jugé « particulièrement difficile, à la limite de ce qui peut être proposé à ce concours », appartient au registre de la sociologie (et non du simple récit de voyage). La difficulté tient essentiellement au langage métaphorique et recherché de l'auteur, à la syntaxe contournée et parlée. La structure n'est pas non plus immédiatement perceptible, mais les idées principales (ambiguïté de l'Amérique, référence à Tocqueville, force de l'égalité, rapport à l'utopie, refus des préjugés, invention d'un modèle de modernité sans limite, sens de la fiction, etc.) peuvent être dégagées dans un plan en trois grandes parties d'où l'on détachera une introduction (les deux premiers paragraphes) et une conclusion (le dernier). Jean Baudrillard, sociologue contemporain, s'est attaché à montrer l'importance des signes dans la société moderne. Ses principaux titres : Systèmes des objets *(1968),* L'Echange symbolique et la mort *(1978),* De la séduction *(1979),* Les Stratégies fatales *(1982)*

Résumé

L'Amérique, telle déjà que la montrait Tocqueville, offre l'image d'un composé de grandeur et de laideur. Grandeur bien hypothétique d'ailleurs, puisqu'elle repose sur la conciliation mal comprise des intérêts privés et du bien collectif, de la liberté et de l'égalité.

Or plus que la liberté — réduite ici à la stérile agitation — c'est l'égalité qui semble être, paradoxalement, la source de la puissance des Américains. En supprimant les différences, ils ont développé durablement, à l'abri des influences, un modèle utopique qui leur assure force et originalité. L'importance anachronique des sectes est révélatrice : leur promesse de salut et de réussite constitue la métaphore du pays, tendu vers la réalisation miraculeuse d'un destin et la défense naïve d'un idéal moral.

De cette révolution morale, que signalait Tocqueville, découlent les règles de conduite sociale. La vie spirituelle se fond en effet dans un quotidien vidé — y compris pour la sexualité — de toute dimension transcendantale. C'est pourquoi le respect de la loi ne relève pas chez eux du devoir imposé mais du conformisme accepté qui exclut et discrédite la transgression. Dans ce vide moral, les préjugés disparaissent. Chaque individu, dégagé de toute prétention sociale, assume sa tâche avec aisance et liberté. A l'opposé, le Français, victime de sa culture, est affecté — jusque dans ses activités de loisir exagérément guindées et étriquées, quand l'Américain s'approprie naturellement l'espace. Vrai exemple de démocratie que cette forme d'égalité originelle, même si elle entraîne une regrettable indifférence réciproque.

Cette « utopie » du mode de vie américain, née du dépassement des réalités contingentes, consacre la suprématie fictionnelle du pays. Peu à l'aise dans l'imaginaire ou dans l'abstraction — nos territoires privilégiés — l'Amérique triomphe dans l'exploitation euphorique de la technique. Au risque de verser dans l'ostentation choquante, elle choisit, en tout, d'abolir les limites et d'autoriser les excès. De politique, la liberté devient orgiaque. Alors que l'Europe, honteusement attachée à camoufler ses succès et à préserver ses valeurs, rate le train de la modernité et de la libération, l'Amérique réalise glorieusement les rêves inassouvis du vieux continent. S'appropriant sans complexe toutes les formes du possible, elle les transforme en réalité, nous livrant, dans ce syncrétisme baroque, la prophétie de notre déclin culturel.

Figure peut-être décevante d'un paradis annoncé qui s'épuise dans le mystère de ses contradictions. *(400 mots)*

Pour les textes suivants, pour lesquels nous souhaitons vous placer dans les exactes conditions des concours, nous nous abstiendrons de fournir toute indication à propos du texte ou de l'auteur.

Texte n° 23

Concours H.E.C. 1991.
Résumer ce texte en 400 mots maximum.
(Temps : 3 heures)

De la souveraineté personnelle

Tout homme est maître absolu de lui-même. En aucun moment, à aucun titre, nul n'a droit sur lui s'il n'y consent. Nulle loi n'est légitime pour lui si sa volonté ne l'a sanctionnée. En d'autres termes, et c'est ici la forme populaire du principe, nul n'est tenu d'obéir aux lois qu'il n'a pas consenties.

Partant de ce principe, Rousseau a proscrit tout gouvernement fondé sur la représentation. « La volonté, dit-il, ne se représente point : elle est la même ou elle est autre ; elle n'a point de milieu. » Dès que la volonté est la seule source, la seule raison légitime du pouvoir de l'homme sur lui-même, comment l'homme transmettrait-il ce pouvoir à un autre ? Peut-il faire que sa volonté aille résider hors de lui ? Cette translation lui donnerait, non un représentant, mais un maître. Toute représentation est donc mensongère, et tout pouvoir fondé sur la représentation tyrannique, car la liberté c'est la souveraineté de soi-même, et l'homme n'est libre qu'autant qu'il n'obéit qu'à sa propre volonté.

La conséquence est rigoureuse. Rousseau n'a eu qu'un tort, c'est de ne pas la pousser plus loin. Allant jusqu'au bout, il eût proclamé l'illégitimité de toute loi durable, de tout pouvoir permanent. Qu'importe qu'une loi soit émanée hier de ma volonté si aujourd'hui ma volonté change ? Ne puis-je vouloir qu'une fois ? Ma volonté épuise-t-elle son droit dans un seul acte ? Et parce qu'elle est le seul maître à qui je doive obéissance, faut-il que je tombe, pour ma vie, en servitude sous des lois dont ce maître, qui les a faites, m'ordonne lui-même de m'affranchir ?

Voilà la conséquence du principe dans toute son étendue. Rousseau ne l'a pas vue ou n'a pas osé la voir. Elle est destructive de tout gouvernement, que dis-je ? de toute société. Elle impose à l'homme l'isolement le plus absolu, ne lui permet de contracter aucune obligation, aucun lien, de s'engager à aucune loi, et porte la dissolution dans le sein même de l'individu qui ne peut pas plus se lier envers lui-même qu'envers un autre, car sa volonté passée, c'est-à-dire qui n'est plus, n'a pas plus de droits sur lui qu'une volonté étrangère. « Il est absurde, dit encore Rousseau, que la volonté se donne des chaînes pour l'avenir. »

Moins conséquents que Rousseau, qui n'a pu l'être, d'autres ont adopté le principe sans entrevoir aucune des perplexités où il jette la raison Affirmant toujours que nul n'est tenu d'obéir au pouvoir qu'il n'a pas reconnu, aux lois qu'il n'a pas consenties, ils se sont vantés que, sur ce fondement, ils construiraient le gouvernement tout entier, un gouvernement absolument légitime et à qui ne manqueraient aucun des droits, aucune des forces nécessaires au maintien de la société. Ils ont mis la main à l'œuvre. Une première impossibilité s'est soudain déclarée. Comment n'imposer aux hommes aucune loi que de leur aveu ? Comment recueillir, sur chaque loi, toutes les volontés individuelles ? Rousseau n'avait pas hésité ; il avait condamné les grands peuples, les grands Etats, la force de tout pouvoir central, et proclamé la nécessité de contenir la société dans les murs de petites républiques municipales, sauf à les lier ensuite par un système fédératif qu'il n'a point expliqué, et qu'en repoussant toute représentation, il eût été hors d'état de légitimer. Il s'en fallait bien que, dans cette hypothèse, le principe fût intact et le problème résolu. Cependant une impossibilité, une conséquence semblait sauvées. D'autres ont eu moins de scrupule. Pressés par l'impossibilité, ils lui ont accordé une inconséquence nouvelle. Ils ont retiré aux individus le droit de n'obéir, selon le principe, qu'à des lois directement émanées de leur volonté, pour y substituer le droit de n'obéir qu'à des lois émanées d'un pouvoir émané de leur volonté. Alors, en dépit de Rousseau, a reparu la représentation. On a essayé d'en déguiser la nature ; ce n'est point, a-t-on dit, la représentation des volontés, mais celle des intérêts ou des opinions. Vains efforts ; si la volonté des individus est leur seul souverain légitime, pour fonder, par la représentation, la légitimité du pouvoir, ce sont les volontés qu'il faut représenter.

On est allé plus loin. Après avoir annulé, quant à la loi même, tant de volontés individuelles, au moins devait-on les appeler toutes à créer le pouvoir chargé de leur donner des lois. Le suffrage universel était l'impérieuse conséquence du principe déjà si cruellement violé. En fait, on ne l'a jamais vraiment admis. ; en théorie, il n'est pas vrai qu'on l'ait jamais pleinement professé. Presque partout, quelques conditions de fortune, plus ou moins élevées, ont restreint le droit de concourir à l'élection du pouvoir législatif. Deux philosophes seuls, à ma connaissance et en hésitant, l'ont réclamé en faveur des femmes. Partout, les mineurs, les serviteurs, d'autres encore ont été exclus. A quel titre ? La volonté ne leur manque point, ni le droit d'obéir à un pouvoir légitime. Ainsi on reconnaît dans la volonté de l'individu, l'unique source de la légitimité de son souverain ; et une foule d'individus, la majorité peut-être, ne sont pas même admis à prendre quelque part dans la création de ce souverain factice que la représentation doit donner à tous !

Je pourrais poursuivre ; et en assistant à la naissance du gouvernement, je verrais succomber, à chaque pas, le principe qui, dit-on, doit le produire, et l'inconséquence toujours chargée de surmonter l'impossibilité ou de rétablir la raison.

Je suppose l'œuvre consommée, le gouvernement fondé ; je cherche quelle sera maintenant l'autorité du principe, quels droits possédera, sur les individus, ce pouvoir dont leur volonté seule fait, dit-on, la légitimité.

Selon les uns, les volontés individuelles qui ont créé le pouvoir législatif, n'ont rien perdu par là de leur propre souveraineté ; elle leur appartient, libre et absolue, comme auparavant. Ce pouvoir n'est lui-même qu'un sujet chargé de déclarer des lois qu'il a reçues, constamment subordonné à cet autre pouvoir qui demeure dispersé dans les individus et qui, n'ayant ni forme ni voix, n'en est pas moins seul et toujours légitime, toujours maître de révoquer, de changer, à son gré, son serviteur.

Selon d'autres, les volontés individuelles, en créant le pouvoir général, se sont, pour ainsi dire, abîmées en lui ; elles se renoncent elles-mêmes au profit de leur représentant ; et il les représente avec toute leur énergie, dans toute l'étendue de leur propre souveraineté.

Ceci, comme on le voit, est le despotisme pur et simple ; despotisme conclu avec rigueur du principe de la représentation des volontés, que combattait Rousseau en repoussant la représentation quoiqu'il l'ait consacrée ailleurs sous le nom du souverain, et que se sont arrogé plus d'une fois les gouvernements nés sous l'influence de cette idée. A coup sûr, ce n'est pas là ce que demandent, à la représentation, et à la démocratie, les amis de la liberté.

Plus spécieux et moins redoutable parce que les faits ne s'en laissent jamais dominer, le premier système n'est pas plus solide. Et d'abord, si les volontés individuelles qui ont créé le pouvoir législatif sont tenues d'obéir à ses lois, c'en est fait de leur souveraineté. Tout homme, dites-vous, est maître absolu de lui-même et ne demeure libre qu'autant qu'il accepte le pouvoir ou la loi qui réclame sa soumission. Ceux-là donc seront seuls libres qui approuveront les lois comme s'ils les eussent faites eux-mêmes, et les approuveront aussi souvent qu'il faudra leur obéir. Quiconque sera tenu d'obéir aux lois bien qu'il les désapprouve et ne les eût pas faites, ou voulût les changer, perd aussitôt la souveraineté de lui-même, c'est-à-dire la liberté. Et s'il en est autrement, si la volonté du pouvoir législatif ne lie pas les volontés individuelles qui l'ont créé, que devient ce pouvoir ? Que devient le gouvernement ? Que devient la société ?

La vérité n'impose point aux hommes tant de confusion, d'impossibilités et d'incohérences. Il ne se peut que le droit des peuples à un gouvernement légitime et des citoyens à la liberté repose sur un principe condamné à cette alternative de fonder la tyrannie ou détruire la société. Le mal est dans le principe lui-même. Il n'est pas vrai que l'homme soit maître absolu de lui-même, que sa volonté soit son souverain légitime, qu'en aucun moment à aucun titre, nul n'ait droit sur lui s'il n'y consent.

Quand les philosophes ont considéré l'homme en lui-même, dans le seul rapport de son activité avec son intelligence, nul n'a prétendu que sa volonté fût, pour lui, la seule loi légitime, c'est-à-dire que toute action fût raisonnable ou juste dès qu'elle est libre et volontaire. Tous ont reconnu qu'au-dessus de la volonté de l'individu plane une certaine loi appelée raison, sagesse, morale ou vérité, et à laquelle il ne peut soustraire sa conduite sans faire, de sa liberté, un emploi absurde ou coupable. dans tous les systèmes, qu'on parle d'intérêt, de sens intime, de convention humaine ou de devoir, spiritualistes et matérialistes, sceptiques et dogmatiques, tous admettent qu'il y a des actes raisonnables ou déraisonnables, justes ou injustes ; tous conviennent que si l'homme possède la liberté d'agir selon ou contre la raison et la vérité, cette liberté, qui est une puissance, ne constitue point un droit, ne fait point qu'un acte absurde ou criminel en soi, cesse de l'être parce qu'il est volontaire, que son auteur ait eu raison et droit de le commettre parce qu'il l'a voulu.

Quand l'individu, consultant son intelligence avant d'user de la liberté, reconnaît la règle que prescrit à sa conduite la morale ou la raison, il reconnaît en même temps que cette règle, ce n'est point lui qui l'a faite, qu'elle n'est point l'œuvre arbitraire de sa volonté, et qu'il ne dépend de lui ni de l'abolir ni de la changer. Sa volonté demeure libre d'obéir ou de désobéir à sa raison ; mais sa raison, à son tour, demeure indépendante de sa volonté, et juge forcément, d'après la règle qu'elle a reconnue, la volonté qui ne s'y soumet point.

Considéré isolément et en lui-même, l'individu ne dispose donc point de lui-même arbitrairement et selon sa seule volonté. Sa volonté n'est point son souverain légitime. Ce n'est point elle qui créé et impose à l'homme ces lois obligatoires dont il ne saurait nier l'existence. Il les reçoit de plus haut. Elles lui viennent d'une sphère supérieure à celle de la liberté, d'une sphère où la liberté n'est point, où le débat s'élève non entre ce que veut ou ne veut pas l'homme, mais entre ce qui est vrai ou faux, juste ou injuste, conforme ou contraire à la raison. En descendant de cette sphère sublime pour entrer dans celle de l'action et de la vie, ces lois sont contraintes de traverser le domaine de la liberté qui est aux confins de deux mondes ; et là s'agite la question de savoir si la volonté libre de l'individu se conformera, ou non, aux lois de sa raison souveraine. Mais de quelque façon que cette question se décide, le droit de donner la loi, c'est-à-dire la souveraineté, ne quitte point la raison pour s'attribuer à la volonté. En aucun cas la volonté n'a cette vertu de conférer aux actes qu'elle détermine, le caractère de la légitimité. Ils ont ou n'ont pas ce caractère selon qu'ils sont, ou non, d'accord avec les lois de la raison, seule source du pouvoir légitime.

En d'autres termes, l'homme n'a point, en vertu de sa liberté, la pleine souveraineté de lui-même. Comme être raisonnable et moral, il est sujet, sujet de lois qu'il ne fait point et qui l'obligent en droit, bien que, comme être libre, il possède le pouvoir de leur refuser, non pas son assentiment, mais son obéissance.

Comment se fait-il donc que, sortant de l'homme, vu isolément et en lui-même pour le considérer dans ses rapports avec d'autres hommes, des philosophes aient repris un principe qu'ils n'eussent pu adopter comme fondement de leurs doctrines morales, et en aient fait le fondement de leurs doctrines politiques ? Comment la volonté qui, dans l'existence personnelle de l'individu, n'a jamais occupé le rang de souverain légitime, s'est-elle vue tout à coup investie de ce titre et de ces droits, quand l'individu est entré dans l'existence sociale, quand il s'est trouvé en présence d'autres êtres de même nature que lui ?

Le fait est indubitable. En voici la cause.

Dans ce rapprochement et cette collision des individus qu'on appelle la société, les philosophes ont été surtout frappés de ce qui en effet se présente d'abord, le rapprochement et la collision des volontés individuelles. L'instinct du vrai les a soudains avertis que la volonté n'est point, en elle-même et par sa propre vertu, le souverain légitime de l'homme. Si elle ne tient point ce rang dans l'individu et quant à sa conduite personnelle, comment y serait-elle élevée à l'égard d'un autre ? Comment l'homme, au nom de sa seule volonté, s'arrogerait-il, sur autrui, ce pouvoir légitime que sa volonté ne possède point sur lui-même ? Nulle volonté, en tant que volonté, n'a droit sur une volonté étrangère. Cela est clair ; la prétention contraire est révoltante. C'est la force pure, le despotisme.

Comment prévenir le despotisme ? Comment repousser les prétentions de la force ? Si les relations sociales ne mettaient en présence que des volontés, le problème serait insoluble. Les philosophes ont paru le croire ; ils ont oublié que la volonté n'était pas tout l'homme, que dans ses rapports avec ses semblables, il apportait aussi son intelligence, sa nature morale, sa raison, image plus ou moins complète de l'intelligence éternelle, de la raison absolue. Ne voyant dès lors, dans l'état social, d'autre relation que celle des volontés, ils n'ont pu trouver, à leur liberté légitime, d'autre garantie que leur complète indépendance ; et pour établir leur droit à l'indépendance, ils ont proclamé leur souveraineté, accordant ainsi, à la volonté de chaque individu contre celle de tout autre, une plénitude de droit et de pouvoir qu'elle ne possède point sur lui-même, déclarant pour affranchir l'homme du caprice d'autrui, que son propre caprice est sa seule loi.

A coup sûr, un principe qui, dans les rapports de l'homme avec lui-même, est évidemment faux et détruirait toute moralité comme toute loi, n'a pas plus de valeur dans les rapports de l'homme avec l'homme. Dans l'un comme dans l'autre cas, la légitimité de la loi et du pouvoir dépend des mêmes conditions, émane de la même source, et cette source est placée plus haut que la volonté tant de celui qui commande que de celui qui obéit.

Deux faits me tiendront lieu d'arguments.

Qui a jamais nié la légitimité du pouvoir paternel ? Il a ses bornes et peut avoir ses excès comme tout pouvoir humain. Mais a-t-on jamais prétendu qu'il fût illégitime aussi souvent que l'obéissance de l'enfant n'est pas volontaire ? Cependant la volonté subsiste dans l'enfant, et elle est en lui de même nature que celle de l'homme fait, et tout aussi chère à l'individu. Voici donc un pouvoir légitime bien que l'obéissance ne soit pas toujours volontaire. D'où lui vient sa légitimité ? Est-ce de la force supérieure du père ? Non, c'est de la supériorité de sa raison. L'empire légitime n'appartient ni à la volonté de l'enfant à qui la raison manque, ni même à la volonté du père ; car la volonté, jeune ou vieille, faible ou forte, ne saurait, en aucun cas, puiser en elle-même aucun droit. Il appartient à la raison et à celui qui la possède. Le père a capacité et mission d'enseigner la raison à l'enfant, de plier sa volonté à la raison, en attendant que la raison de l'enfant soit capable de régler elle-même sa volonté. De cette mission dérive la légitimité du pouvoir paternel. De là aussi les règles et les procédés de la bonne éducation, c'est-à-dire de l'exercice légitime de ce pouvoir. Le droit se fonde sur la raison supérieure du père. Ni sa volonté ni celle de l'enfant n'en sont le principe et n'en gouvernent arbitrairement l'application.

Autre fait. Quand la folie ou l'imbécillité d'un homme est constatée, la société n'eût-elle rien à en redouter, on lui retire sa liberté. De quel droit ? La volonté a-t-elle péri en lui ? Si elle est la source du pouvoir légitime, n'est-elle pas toujours là pour l'exercer ? mais le vrai souverain de l'homme, le maître de la volonté elle-même, la raison, s'est éteinte dans l'individu. Il faut que la loi lui vienne d'ailleurs et qu'une raison étrangère le gouverne puisque la sienne est devenue incapable de présider sa volonté.

Ce qui est vrai de l'enfant et du fou est vrai de l'homme en général. Dans toutes les relations sociales comme dans celles-ci, dans l'action de l'homme sur l'homme comme dans son action sur lui-même, nul n'a droit de donner la loi, parce qu'il veut, de se refuser à la loi parce qu'il ne veut pas. Qu'il s'agisse de commandement ou de résistance, de gouvernement ou de liberté, la volonté ne confère aucun droit, aucun pouvoir légitime ; la raison a droit sur toutes les volontés.

Au lieu donc d'élever toutes les volontés individuelles au rang de souverains, et de souverains rivaux, il fallait les abaisser toutes à la condition de sujets d'un même souverain. Au lieu de dire que tout homme est maître absolu de lui-même et que nul n'a droit sur lui s'il n'y consent, il fallait proclamer que nul homme n'est maître absolu de lui-même ni d'aucun autre, mais que nul n'a droit de refuser son obéissance à la justice et à la vérité. Il fallait, en un mot proscrire partout le pouvoir absolu au lieu de lui ouvrir un refuge dans chaque volonté individuelle, et reconnaître à chaque homme le droit, qui lui appartient en effet, de n'obéir qu'à la raison, au lieu de lui attribuer le droit, qu'il n'a point, de n'obéir qu'à sa volonté.

François Guizot, *Histoire de la civilisation en Europe*, 1828.

Résumé

Si l'on convient que l'homme ne doit légitimement obéissance qu'à lui-même, on comprend la position de Rousseau qui refuse la représentation, forme cachée d'une soumission inacceptable. Sauf qu'une telle logique conduit à contester toute loi durable, jugée incompatible avec les caprices de la volonté. Cette conséquence contient en germe la fin de toute société puisqu'elle pousse le citoyen aux excès de l'individualisme.

D'autres philosophes, pourtant, ont prétendu concilier la souveraineté individuelle et l'organisation politique. Ils y parviennent au prix d'une double inconséquence : substituer la délégation de pouvoir à l'exercice de la volonté personnelle, réintroduire une représentation fondée sur une communauté d'intérêts. En chemin ils oublient — autre inconséquence — de défendre l'ultime condition de l'expression des volontés populaires : le suffrage universel, rarement revendiqué.

Les mêmes incohérences se retrouvent au niveau de l'exercice du pouvoir. Certains affirment que la souveraineté individuelle se maintient dans l'exercice législatif. D'autres se résignent à une abdication de la volonté personnelle sans y percevoir la menace du despotisme. La première formule aussi entame la liberté individuelle, puisqu'elle suppose l'obéissance à une loi dont on n'approuve pas forcément le contenu.

La seule façon de résoudre l'aporie est de remettre en cause le principe de la souveraineté personnelle. La philosophie, d'ailleurs, nous apprend que la liberté anthropologique s'arrête aux limites fixées par la raison, que la règle morale s'oppose à la libre volonté. Pris individuellement, l'homme doit se soumettre à une force supérieure, transcendante, fondée en raison et seule légitime, même s'il garde la liberté de la refuser.

Comment expliquer alors que cette limite à la souveraineté individuelle, acceptée pour l'homme isolé, soit écartée pour l'être social ? La mise en commun de volontés faillibles est incapable, sauf par la force, de créer une légitimité. En revanche, l'intelligence, la raison, qualités de l'homme social, permettent de dépasser le conflit né de volontés contraires.

En définitive, l'homme — pris individuellement ou collectivement — dépend d'une loi identique. On le voit dans le pouvoir paternel qui, opposant une autorité légitime à une volonté personnelle, se justifie par l'intervention d'une raison supérieure ; ou dans le cas du fou qu'une loi supérieure décide d'interner. Le primat de la raison contient donc la condamnation de la souveraineté personnelle et son remplacement par un devoir de sagesse. *(400 mots)*

Texte n° 24

Concours IFAM (Ecole Supérieure de Commerce), 1990.
Résumez ce texte en 400 mots (+ ou - 5 %).
(Temps : 3 heures)

Les rites d'institution

Avec la notion de rite de passage, Arnold Van Gennep a nommé, voire décrit, un phénomène social de grande importance : je ne crois pas qu'il ait fait beaucoup plus, non plus que ceux qui, comme Victor Turner, ont réactivé sa théorie et proposé une description plus explicite et plus systématique des phases du rituel. En fait, il me semble que, pour aller plus loin, il faut poser à la théorie du rite de passage des questions qu'elle ne pose pas, et en particulier, celles de la fonction sociale du rituel et de la signification sociale de la ligne, de la limite dont le rituel licite le passage, la transgression. On peut en effet se demander si, en mettant l'accent sur le passage temporel — de l'enfance à l'âge adulte par exemple —, cette théorie ne masque pas un des effets essentiels du rite, à savoir de séparer ceux qui l'ont subi non de ceux qui ne l'ont pas encore subi, mais de ceux qui ne le subiront en aucune façon et d'instituer ainsi une différence durable entre ceux que ce rite concerne et ceux qu'il ne concerne pas. C'est pourquoi, plutôt que rites de passage, je dirais volontiers rites de consécration, ou rites de légitimation ou, tout simplement, rites d'institution — en donnant à ce mot le sens actif qu'il a par exemple dans l'expression « institution d'un héritier ». Pourquoi mettre ainsi un mot pour un autre ? J'invoquerai Poincaré qui définissait la généralisation mathématique comme « l'art de donner le même nom à des choses différentes ». Et qui insistait sur l'importance décisive du choix des mots : quand le langage a été bien choisi, disait-il, les démonstrations faites pour un objet connu s'appliquent à toutes sortes d'objets nouveaux. Les analyses que je vais avancer sont produites par *généralisation* de ce qui se dégage de l'analyse du fonctionnement des écoles d'élite (cf. Epreuve scolaire et consécration sociale. *Actes de la recherche en sciences sociales*, 39, septembre 1981, p. 3-70). Par un exercice un peu périlleux, je voudrais tenter de dégager les propriétés invariantes des rituels sociaux entendus comme rites d'institution.

Parler de rite d'institution, c'est indiquer que tout rite tend à consacrer ou à légitimer, c'est-à-dire à faire méconnaître en tant qu'arbitraire et reconnaître en tant que légitime, naturelle, *une limite arbitraire*, ou ce qui revient au même, à opérer solennellement, c'est-à-dire de manière licite et extra-ordinaire, une transgression des limites constitutives de l'ordre social et de l'ordre mental qu'il s'agit de sauvegarder à tout prix — comme la division entre les sexes s'agissant des rituels de mariage. En marquant solennellement le passage d'une ligne qui instaure une division fondamentale de l'ordre social, le rite attire l'attention de l'observateur vers le passage (d'où l'expression rite de passage), alors que l'important est la ligne. Cette ligne, en effet, que sépare-t-elle ? Un avant et un après, bien sûr : l'enfant non circoncis et l'enfant circoncis ; ou même l'ensemble des enfants non circoncis et l'ensemble des adultes circoncis. En réalité, le plus important, et qui passe inaperçu, c'est la division qu'elle opère entre l'ensemble de ceux qui sont justiciables de la circoncision, les garçons, les hommes, enfants ou adultes, de ceux qui ne le sont pas, c'est-à-dire les fillettes et les femmes. Il y a donc un ensemble caché par rapport auquel se définit le groupe institué. L'effet majeur du rite est celui qui passe le plus complètement inaperçu : en traitant différemment les hommes et les femmes, le rite consacre la différence, il l'institue, instituant du même coup l'homme en tant qu'homme, c'est-à-dire circoncis, et la femme en tant que femme, c'est-à-dire non justiciable de cette opération rituelle. Et l'analyse du rituel kabyle le montre clairement : la circoncision sépare le jeune garçon non pas tant de son enfance, des garçons encore en enfance, mais des femmes et du monde féminin, c'est-à-dire de la mère et de tout ce qui lui est associé, l'humide, le vert, le cru, le printemps, le lait, le fade, etc. On voit en passant que, comme l'institution consiste à assigner des propriétés de nature sociale de manière qu'elles apparaissent comme des propriétés de nature naturelle, le rite d'institution tend logiquement, comme l'ont observé Pierre Centlivres et Luc de Heusch, à intégrer les oppositions proprement sociales, telles que masculin/féminin, dans des séries d'oppositions cosmologiques — avec des relations comme l'homme est à la femme ce que le soleil est à la lune —, ce qui représente une manière très efficace de les naturaliser. Ainsi, des rites différenciés sexuellement consacrent la différence entre les sexes : ils constituent en distinction légitime, en institution, une simple différence de fait. La séparation accomplie dans le rituel (qui opère lui-même une séparation) exerce un effet de consécration.

Mais sait-on vraiment ce que signifie consacrer, et consacrer une différence : comment s'opère la consécration que j'appellerai magique d'une différence et quels en sont les effets techniques ? Est-ce que le fait d'instituer socialement par un acte de constitution, une différence préexistante — comme celle qui sépare les sexes — n'a d'effets que symboliques, au sens que l'on donne à ce terme lorsqu'on parle de don symbolique, c'est-à-dire nuls ? Le Latin disait : tu enseignes la nage au poisson. C'est bien ce que fait le rituel d'institution. Il dit : cet homme est un homme — sous-entendu, ce qui ne va pas de soi, un vrai homme. Il tend à faire de l'homme le plus petit, le plus faible, bref le plus efféminé, un homme pleinement homme, séparé par une différence de nature, d'essence, de la femme la plus masculine, la plus grande, la plus forte, etc. Instituer, en ce cas, c'est consacrer, c'est-à-dire sanctionner et sanctifier un état de choses, un ordre établi, comme fait, précisément, une constitution au sens juridico-politique du terme. L'investiture (du chevalier, du député, du président de la République, etc.) consiste à sanctionner, à sanctifier, en la faisant connaître et reconnaître, une différence sociale, connue et reconnue par l'agent investi et par les autres. Bref, sous peine de s'interdire de comprendre les phénomènes sociaux les plus fondamentaux, et aussi bien dans les sociétés précapitalistes que dans notre propre monde (le diplôme appartient tout autant à la magie que les amulettes), la science sociale doit prendre en compte le fait de l'efficacité symbolique des rites d'institution : c'est-à-dire le pouvoir qui leur appartient d'agir sur le réel en agissant sur la représentation du réel. Par exemple, l'investiture exerce une efficacité symbolique tout à fait réelle en ce qu'elle transforme réellement la personne consacrée : d'abord parce qu'elle transforme la représentation que s'en font les autres agents et surtout peut-être les comportements qu'ils adoptent à son égard (le plus visible de ces changements étant le fait qu'on lui donne des titres de respect et le respect réellement associé à cette énonciation) ; et ensuite parce qu'elle transforme du même coup la représentation que la personne investie se fait d'elle-même et les comportements qu'elle se croit tenue d'adopter pour se conformer à cette représentation. On peut comprendre dans cette logique l'effet de tous les titres sociaux de crédit ou de croyance — les Anglais les appellent *credentials* — qui comme le titre de noblesse ou le titre scolaire, multiplient, et durablement, la valeur de leur porteur en multipliant l'étendue et l'intensité de la croyance en leur valeur.

L'institution est un acte de magie sociale qui peut créer la différence *ex nihilo* ou bien, et c'est le cas le plus fréquent, exploiter en quelque sorte des différences préexistantes, comme les différences biologiques entre les sexes ou dans le cas par exemple de l'institution de l'héritier selon le droit d'aînesse, les différences entre les âges. En ce sens, comme la religion selon Durkheim, elle est « un délire bien fondé », un coup de force symbolique mais *cum fundamento in re*. Les distinctions les plus efficaces socialement sont celles qui donnent l'apparence de se fonder sur des différences objectives (je pense par exemple à la notion de « frontière naturelle »). Il reste que, comme on le voit bien dans le cas des classes sociales, on a presque toujours affaire à des continuums, des distributions continues, du fait que différents principes de différenciation produisent des divisions qui ne sont jamais complètement superposables. Pourtant la magie sociale parvient toujours à produire du discontinu avec le continu. L'exemple par excellence est celui du concours, point de départ de ma réflexion : entre le dernier reçu et le premier collé, le concours crée des différences du tout au rien, et pour la vie. L'un sera polytechnicien, avec tous les avantages afférents, l'autre ne sera rien. Aucun des critères que l'on peut prendre en compte pour justifier techniquement la distinction (comme différence légitime) de la noblesse ne convient parfaitement. Par exemple le plus piètre escrimeur noble reste noble (même si son image s'en trouve ternie, à des degrés différents selon les traditions nationales et selon les époques) ; inversement, le meilleur escrimeur roturier reste roturier (même s'il peut tirer de son excellence dans une pratique typiquement « noble » une forme de « noblesse »). Et l'on peut en dire autant de chacun des critères qui définissent la noblesse à un moment donné du temps, maintien, élégance, etc. L'institution d'une identité, qui peut être un titre de noblesse ou un stigmate (« tu n'est qu'un... ») est l'imposition d'un nom, c'est-à-dire d'une essence sociale. Instituer, assigner une essence, une compétence, c'est imposer un droit d'être qui est un devoir être (ou d'être). C'est *signifier* à quelqu'un ce qu'il est et lui signifier qu'il a à se conduire en conséquence. L'indicatif en ce cas est un impératif. La morale de l'honneur n'est qu'une forme développée de la formule consistant à dire d'un homme : « c'est un homme ». Instituer, donner une définition sociale, une identité, c'est aussi imposer des limites et « noblesse oblige » pourrait traduire le *ta heautou prattein* de Platon, faire ce qu'il est de son essence de faire, et pas autre chose — en un mot, s'agissant d'un noble, ne pas déroger, tenir son rang. Il appartient aux nobles d'agir noblement et l'on peut aussi bien voir dans l'action noble le principe de la noblesse que dans la noblesse le principe des actions nobles. Je lisais ce matin dans le journal : « Il appartenait au président de la Confédération Kurt Furgler, d'exprimer mardi soir les condoléances du Conseil fédéral au peuple égyptien après le décès du président Anouar Sadate. » Le porte-parole autorisé est celui à qui il appartient, à qui il incombe de parler au nom de la collectivité : c'est à la fois son privilège et son devoir, sa fonction propre, en un mot sa compétence (au sens juridique du terme). L'essence sociale est l'ensemble de ces attributs et des attributions sociales que produit l'acte d'institution comme acte solennel de catégorisation qui tend à produire ce qu'il désigne.

Ainsi, l'acte d'institution est un acte de communication mais d'une espèce particulière : il *signifie* à quelqu'un son identité, mais au sens à la fois où il la lui exprime et la lui impose en l'exprimant à la face de tous (*kategoresthai*, c'est, à l'origine, accuser publiquement) et en lui notifiant ainsi avec autorité ce qu'il est et ce qu'il a à être. Cela se voit bien dans l'injure, sorte de malédiction (*sacer* signifie aussi maudit) qui tente d'enfermer sa victime dans une accusation fonctionnant comme un destin. Mais c'est encore plus vrai de l'investiture ou de la nomination, jugement d'attribution proprement social qui assigne à celui qui en est l'objet tout ce qui est inscrit dans une définition sociale. C'est par l'intermédiaire de l'effet d'assignation statutaire (« noblesse oblige ») que le rituel d'institution produit ses effets les plus « réels » : celui qui est institué se sent sommé d'être conforme à sa définition, à la hauteur de sa fonction. L'héritier désigné (selon un critère plus ou moins arbitraire) est reconnu et traité comme tel par tout le groupe, et d'abord par sa famille, et ce traitement différent et distinctif ne peut que l'encourager à réaliser son essence, à vivre conformément à sa nature sociale. Les sociologues de la science ont établi que les plus hautes réussites scientifiques étaient le fait de chercheurs issus des institutions scolaires les plus prestigieuses : ce qui s'explique pour une grande part par l'élévation du niveau des aspirations subjectives que déterminent la reconnaissance collective, c'est-à-dire objective et l'assignation à une classe d'agents (les hommes, les élèves des grandes écoles, les écrivains consacrés, etc.) à qui ces aspirations sont non seulement accordées et reconnues comme des droits ou des privilèges (par opposition aux prétentions prétentieuses des prétendants), mais assignées, imposées, comme des devoirs à travers des renforcements, des encouragements et des rappels à l'ordre incessants. Je pense à ce dessin de Schulz où l'on voit Snoopy, perché sur le toit de sa niche, dire : « Comment être modeste quand on est le meilleur ? » Il faudrait dire simplement quand il est de notoriété publique — c'est l'effet d'officialisation — que l'on est le meilleur, *aristos*.

« Deviens ce que tu es ». Telle est la formule qui sous-tend la magie performative de tous les actes d'institution. L'essence assignée par la nomination, l'investiture, est au sens vrai, un *fatum* (ceci vaut aussi et surtout des *injonctions*) parfois tacites, parfois explicites que les membres du groupe familial adressent continûment au jeune enfant et qui varient dans leur intention et leur intensité selon la classe sociale et, à l'intérieur de celle-ci, selon le sexe et le rang dans la fratrie). Tous les destins sociaux, positifs ou négatifs, consécration ou stigmate, sont également *fatals* — je veux dire mortes — parce qu'ils enferment ceux qu'ils distinguent dans les limites qui leur sont assignées et qu'ils leur font reconnaître. L'héritier qui se respecte se comportera en héritier et il sera hérité par l'héritage, selon la formule de Marx : c'est-à-dire investi dans les choses, approprié par les choses qu'il s'est approprié. Sauf accident, bien sûr : il y a l'héritier indigne, le prêtre qui jette le froc aux orties, le noble qui déroge ou le bourgeois qui s'encanaille. On retrouve la limite, la frontière sacrée. De la muraille de Chine, Owen Lattimore disait qu'elle n'avait pas seulement pour fonction d'empêcher les étrangers d'entrer en Chine, mais d'empêcher les Chinois d'en sortir : c'est aussi la fonction de toutes les frontières magiques — qu'il s'agisse de la frontière entre le masculin et le féminin, ou entre les élus et les exclus du système scolaire — que d'empêcher ceux qui sont à l'intérieur, du bon côté de la ligne, d'en sortir, de déroger, de se déclasser. Les élites, disait Pareto, sont vouées au « dépérissement » lorsqu'elles cessent d'y croire, lorsqu'elle perdent leur moral et leur morale, et se mettent à passer la ligne dans le mauvais sens. C'est aussi une des fonctions de l'acte d'institution : décourager durablement la tentation du passage, de la transgression, de la désertion, de la *démission*.

Toutes les aristocraties doivent dépenser une énergie considérable pour faire accepter aux élus les sacrifices qui sont impliqués dans le privilège ou dans l'acquisition des dispositions durables qui sont la condition de la conservation du privilège. Quand le parti des dominants est celui de la culture, c'est-à-dire à peu près toujours de l'ascèse, de la tension, de la contention, le travail d'institution doit compter avec la tentation de la nature, ou de la contre-culture. (Je voudrais indiquer entre parenthèses, qu'en parlant de travail d'institution et en faisant de l'inculcation plus ou moins douloureuse de dispositions durables une composante essentielle de l'opération sociale d'institution, je n'ai fait que donner son plein sens au mot d'institution. Ayant rappelé, avec Poincaré, l'importance du choix des mots, je ne crois pas inutile d'indiquer qu'il suffit de rassembler les différents sens de *instituere* et de *institutio* pour obtenir l'idée d'un acte inaugural de constitution, de fondation, voire d'invention conduisant par l'éducation à des dispositions durables, des habitudes, des usages). La stratégie universellement adoptée pour récuser durablement la tentation de déroger consiste à naturaliser la différence, à en faire une seconde nature par l'inculcation et l'incorporation sous forme d'habitus. Ainsi s'explique le rôle qui est imparti aux pratiques ascétiques, voire à la souffrance corporelle dans tous les rites négatifs, destinés, comme dit Durkheim, à produire des gens hors du commun, distingués en un mot, et aussi dans tous les apprentissages qui sont universellement imposés aux futurs membres de l'« élite ». (apprentissage de langue morte, enfermement prolongé, etc.). Tous les groupes confient au corps, traité comme une mémoire, leurs dépôts les plus précieux, et l'utilisation que les rites d'initiation font, en toute société, de la souffrance infligée au corps se comprend si l'on sait que, comme nombre d'expériences psychologiques l'ont montré, les gens adhèrent d'autant plus fortement à une institution que les rites initiatiques qu'elle leur a imposés ont été plus sévères et plus douloureux. Le travail d'inculcation à travers lequel se réalise l'imposition durable de la limité arbitraire peut viser à naturaliser les coupures décisoires qui sont constitutives d'un arbitraire culturel — celles qui s'expriment dans les couples d'oppositions fondamentales masculins/féminin, etc. — sous la forme du *sens des limites*, qui incline les uns à tenir leur rang et à garder les distances et les autres à se tenir à leur place et à se contenter de ce qu'ils sont, à être ce qu'ils ont à être, les privant ainsi de la privation elle-même. Il peut aussi tendre à inculquer des dispositions durables comme les goûts de classe qui, étant au principe du « choix » des signes extérieurs où s'expriment la position sociale, comme les vêtements, mais aussi l'hexis corporelle, ou le langage, font que tous les agents sociaux sont des porteurs de signes distinctifs, dont les signes de distinction ne sont qu'une sous-classe, propres à réunir et à séparer aussi sûrement que des barrières et des interdits explicites — je pense à l'homogamie de classe. Mieux que les signes extérieurs du corps, comme les décorations, les uniformes, les galons, les insignes, etc., les signes incorporés, comme tout ce qu'on appelle les manières, manière de parler — les accents —, manière de marcher ou de se tenir, — la démarche, la tenue, le maintien —, manière de manger, etc., et le goût, comme principe de la production de toutes les pratiques destinées, avec ou sans intention, à signifier et à signifier la position sociale, par le jeu des différences distinctives, sont destinés à fonctionner comme autant de rappels à l'ordre, par où se rappelle à ceux qui l'oublieraient, la place que leur assigne l'institution.

La puissance du jugement catégorique d'attribution que réalise l'institution est si grande qu'elle est capable de résister à tous les démentis pratiques. On connaît l'analyse de Kantorowicz à propos des « deux corps du roi » : le roi investi survit au roi biologique, mortel, exposé à la maladie, à l'imbécillité ou à la mort. De même, si le polytechnicien se révèle nul en mathématiques, on pensera qu'il le fait exprès ou qu'il a investi son intelligence dans des choses plus importantes. Mais la meilleure illustration de l'autonomie de l'*ascription* par rapport à l'*achievement* — on peut bien évoquer, pour une fois, Talcott Parsons —, de l'être social par rapport au faire, est sans doute fournie par la possibilité de recourir à des stratégies de condescendance qui permettent de pousser très loin le démenti de la définition sociale sans cesser pour autant d'être perçu à travers elle. J'appelle stratégies de condescendance ces transgressions symboliques de la limite qui permettent d'avoir à la fois les profits de la conformité à la définition et les profits de la transgression : c'est le cas de l'aristocrate qui tape sur la croupe du palefrenier et dont on dira « Il est simple », sous-entendu, pour un aristocrate, c'est-à-dire un homme d'essence supérieure, dont l'essence ne comporte pas en principe une telle conduite. En fait ce n'est pas si simple et il faudrait introduire une distinction : Schopenhauer parle quelque part du « comique pédant », c'est-à-dire du rire que provoque un personnage lorsqu'il produit une action qui n'est pas inscrite dans les limites de son concept, à la façon, dit-il, d'un cheval de théâtre qui se mettrait à faire du crottin, et il pense aux professeurs, aux professeurs allemands, du style du professeur Unrat de l'*Ange bleu*, dont le concept est si fortement et si étroitement défini, que la transgression des limites se voit clairement. A la différence du professeur Unrat qui, emporté par la passion, perd tout sens du ridicule ou, ce qui revient au même, de la dignité, le consacré condescendant choisit délibérément de passer la ligne : il a le privilège des privilèges, celui qui consiste à prendre des libertés avec son privilège. C'est ainsi qu'en matière d'usage de la langue, les bourgeois et surtout les intellectuels peuvent se permettre des formes d'hypocorrection, de relâchement qui sont interdites au petit-bourgeois condamné à l'hypercorrection. Bref, un des privilèges de la consécration réside dans le fait qu'en conférant aux consacrés une essence indiscutable et indélébile, elle autorise des transgressions autrement interdites : celui qui est sûr de son identité culturelle peut jouer avec la règle du jeu culturel, il peut jouer avec le feu, il peut dire qu'il aime Tchaïkovski ou Gerschwin, ou même, question de « culot », Aznavour ou les films de série B.

Des actes de magie sociale aussi différents que le mariage ou la circoncision, la collation de grades ou de titres, l'adoubement du chevalier, la nomination à des postes, des charges, des honneurs, l'imposition d'une griffe, l'apposition d'une signature ou d'un paraphe, ne peuvent réussir que si l'institution, au sens actif d'acte tendant à instituer quelqu'un ou quelque chose en tant que dotés de tel ou tel statut et de telle ou telle propriété, est garantie par tout le groupe ou par une institution reconnue : lors même que cet acte est accompli par un agent singulier, dûment mandaté pour l'accomplir et pour l'accomplir dans les formes reconnues, c'est-à-dire selon les conventions tenues pour convenable en matière de lieu, de moment, d'instrument, etc., dont l'ensemble constitue le rituel conforme, c'est-à-dire socialement valide, donc efficient, il trouve son fondement dans la croyance de tout un groupe (qui peut être physiquement présent), c'est-à-dire dans les dispositions socialement façonnées à connaître et à reconnaître les conditions institutionnelles d'un rituel valide (ce qui implique que l'efficacité symbolique du rituel variera — simultanément ou successivement — selon le degré auquel les destinataires seront plus ou moins préparés, plus ou moins disposés à l'accueillir). C'est ce qu'oublient les linguistes qui, dans la lignée d'Austin, cherchent dans les mots eux-mêmes la « force illocutionnaire » qu'ils détiennent parfois en tant que performatifs. Par opposition à l'imposteur qui n'est pas ce que l'on croit qu'il est, qui, autrement dit, usurpe le nom, le titre, les droits ou les honneurs d'un autre, par opposition aussi au simple « faisant fonction », suppléant ou auxiliaire qui joue le rôle du directeur ou du professeur sans en avoir les titres, le mandataire légitime, par exemple le porte-parole autorisé, est un objet de croyance garanti, certifié conforme : il a la réalité de son apparence, il est réellement ce que chacun croit qu'il est parce que sa réalité — de prêtre ou de professeur ou de ministre — est fondée non dans sa croyance ou sa prétention singulière (toujours exposée à être rabrouée ou rabattue : pour qui se prend-il ? Qu'est-ce qu'il croit ? etc.) mais dans la croyance collective, garantie par l'institution et matérialisée par le titre ou les symboles tels que galons, uniforme et autres attributs. les témoignages de respect, ceux qui consistent par exemple à donner à quelqu'un ses titres (Monsieur le président, Excellence, etc.) sont autant de répétitions de l'acte inaugural d'institution accompli par une autorité universellement reconnue, donc fondée dans le *consensus omnium* : ils ont valeur de serment d'allégeance, de témoignage de reconnaissance à l'égard de la personne particulière à qui ils s'adressent mais surtout à l'égard de l'institution qui l'a instituée (c'est pourquoi le respect des formes et des formes de respect qui définit la politesse est si profondément politique). La croyance de tous, qui préexiste au rituel, est la condition de l'efficacité du rituel. On ne prêche que des convertis. Et le miracle de l'efficacité symbolique disparaît si l'on voit que la magie des mots ne fait que déclencher des ressorts -les dispositions- préalablement montés.

Je voudrais, pour finir, poser une dernière question dont je crains qu'elle ne paraisse un peu métaphysique : est-ce que les rites d'institution, quels qu'ils soient, pourraient exercer le pouvoir qui leur appartient (je pense au cas le plus évident, celui des « hochets » comme disait Napoléon, que sont les décorations et autres distinctions) s'ils n'étaient capables de donner au moins l'apparence d'un sens, d'une raison d'être, à ces êtres sans raison d'être que sont les êtres humains, de leur donner le sentiment d'avoir une fonction ou, tout simplement, une importance, de l'importance, et de les arracher ainsi à l'insignifiance ? Le véritable miracle que produisent les actes d'institution réside sans doute dans le fait qu'ils parviennent à faire croire aux individus consacrés qu'ils sont justifiés d'exister, que leur existence sert à quelque chose. Mais, par une sorte de malédiction, la nature essentiellement diacritique, différentielle, distinctive, du pouvoir symbolique fait que l'accès de la classe distinguée de l'Être a pour contrepartie inévitable la chute de la classe complémentaire dans le Néant ou dans le moindre Être.

Pierre Bourdieu, *Ce que parler veut dire*, © Fayard, 1982.

Résumé

A l'expression « rite de passage », familiarisée par divers théoriciens, il convient de préférer celle de « rite d'institution », qui a le mérite de souligner la valeur simultanée de rupture et de légitimation contenue dans tout rite.

Le rite, en effet, abolit l'arbitraire des classifications en les présentant comme naturelles. Il postule l'existence d'une ligne de partage étanche entre les groupes sociaux ou les catégories humaines et, par là, reconnaît et consacre une *différence*. Ainsi reçoit-il une valeur symbolique comme l'illustrerait le *titre* — social ou universitaire — qui valorise son détenteur par le crédit qu'il lui procure.

Plus encore : en sacralisant la différence, le rite remplit une fonction *magique*, car il instaure une nouvelle et stricte hiérarchie génératrice elle-même de devoirs. On voit donc que l'institution fonde l'identité. Être institué dans une position s'interprète comme un double message : la nouvelle qualité signale à autrui une compétence ou un statut, mais elle suppose chez l'intéressé un comportement en conformité avec son grade.

Distingué par les autres, l'héritier est alors tenu de justifier son rang et d'assumer son élection comme une forme de véritable fatalité. Condamné à être ce qu'il est, il transforme ses devoirs — parfois douloureux — en habitudes de vie, indexant son élévation personnelle sur l'importance des sacrifices consentis. Cette soumission, dont on mesure la teneur proprement initiatique, accentue la légitimité de l'arbitraire accepté des règles sociales ou des « goûts de classe ». Les différentes manières de se comporter contribuent à *signifier* — aux autres et à soi — un rang social.

Même si l'élu déroge, manque à son institution, on lui conservera le crédit attaché à son titre et l'on mettra son manquement sur le compte d'une volonté de modestie. Une telle « stratégie de condescendance », loin de discréditer l'aristocrate, lui apporte une gratification, car la transgression s'interprète comme un renoncement à des prérogatives.

Toutefois, cette force magique a besoin, pour opérer, de la reconnaissance unanime du groupe. L'autorité de l'« institué » doit en effet s'accompagner d'une certitude sociale, garante de son efficacité. Le consensus dépend toujours d'un respect généralisé.

En définitive, le rite d'institution semblerait donner à l'individu une justification de son existence — à proportion de ses responsabilités sociales. On peut regretter que l'édification métaphysique des dominants s'accompagne de la néantisation des dominés. *(400 mots)*

Texte n° 25

Concours H.E.C., 1993.
Résumez ce texte en 400 mots maximum.
(Temps : 3 heures)

Il est possible de séparer la littérature de consentement qui coïncide, en gros, avec les siècles anciens et les siècles classiques, et la littérature de dissidence qui commence avec les temps modernes. On remarquera alors la rareté du roman dans la première. Quand il existe, sauf rares exceptions, il ne concerne pas l'histoire, mais la fantaisie *(Théagène et Chariclée, ou l'Astrée)*. Ce sont des contes, non des romans. Avec la seconde, au contraire, se développe vraiment le genre romanesque qui n'a pas cessé de s'enrichir et de s'étendre jusqu'à nos jours, en même temps que le mouvement critique et révolutionnaire. Le roman naît en même temps que l'esprit de révolte et il traduit, sur le plan esthétique, la même ambition.

« Histoire feinte, écrite en prose », dit Littré du roman. N'est-ce que cela ? Un critique catholique a écrit pourtant : « L'art, quel que soit son but, fait toujours une coupable concurrence à Dieu. » Il est plus juste, en effet, de parler d'une concurrence à Dieu, à propos du roman, que d'une concurrence à l'état civil. Thibaudet exprimait une idée semblable lorsqu'il disait à propos de Balzac : « *La Comédie humaine*, c'est *l'Imitation* de Dieu le père. » L'effort de la grande littérature semble être de créer des univers clos ou des types achevés. L'Occident, dans ses grandes créations, ne se borne pas à retracer sa vie quotidienne. Il se propose sans arrêt de grandes images qui l'enfièvrent et se jette à leur poursuite.

Après tout, écrire ou lire un roman sont actions insolites. Bâtir une histoire par un arrangement nouveau de faits vrais n'a rien d'inévitable, ni de nécessaire. Si même l'explication vulgaire, par le plaisir du créateur et du lecteur, était vraie, il faudrait alors se demander par quelle nécessité la plupart des hommes prennent justement du plaisir et de l'intérêt à des histoires feintes. La critique révolutionnaire condamne le roman pur comme l'évasion d'une imagination oisive. Le langage commun, à son tour, appelle « roman » le récit mensonger du journaliste maladroit. Il y a quelques lustres, l'usage voulait aussi, contre la vraisemblance, que les jeunes filles fussent « romanesques ». On entendait par là que ces créatures idéales ne tenaient pas compte des réalités de l'existence. D'une façon générale, on a toujours considéré que le romanesque se séparait de la vie et qu'il l'embellissait en même temps qu'il la trahissait. La façon la plus simple et la plus commune d'envisager l'expression romanesque consiste donc à y voir un exercice d'évasion. Le sens commun rejoint la critique révolutionnaire.

Mais de quoi s'évade-t-on par le roman ? D'une réalité jugée trop écrasante ? Les gens heureux lisent aussi des romans et il est constant que l'extrême souffrance ôte le goût de la lecture. D'un autre côté, l'univers romanesque a certainement moins de poids et de présence que cet autre univers où des êtres de chair font notre siège sans répit. Par quel mystère, cependant, Adolphe nous apparaît-il comme un personnage bien plus familier que Benjamin Constant, le comte Mosca que nos moralistes professionnels ? Balzac termina un jour une longue conversation sur la politique et le sort du monde en disant : « Et maintenant revenons aux choses sérieuses », voulant parler de ses romans. La gravité indiscutable du monde romanesque, notre obstination à prendre au sérieux, en effet, les mythes innombrables que nous propose depuis deux siècles le génie romanesque, le goût de l'évasion ne suffit pas à l'expliquer. Certainement, l'activité romanesque suppose une sorte de refus du réel. Mais ce refus n'est pas une simple fuite. Doit-on y voir le mouvement de retraite de la belle âme qui, selon Hegel, se crée à elle-même, dans sa déception, un monde factice où la morale règne seule ? Le roman d'édification, pourtant, reste assez loin de la grande littérature ; et le meilleur des romans roses, *Paul et Virginie*, ouvrage proprement affligeant, n'offre rien à la consolation.

La contradiction est celle-ci : l'homme refuse le monde tel qu'il est, sans accepter de lui échapper. En fait, les hommes tiennent au monde et, dans leur immense majorité, ils ne désirent pas le quitter. Loin de vouloir toujours l'oublier, ils souffrent au contraire de ne point le posséder assez, étranges citoyens du monde, exilés dans leur propre patrie. Sauf aux instants fulgurants de la plénitude, toute réalité est pour eux inachevée. Leurs actes leur échappent dans d'autres actes, reviennent les juger sous des visages inattendus, fuient comme l'eau de Tantale vers une embouchure encore ignorée. Connaître l'embouchure, dominer le cours du fleuve, saisir enfin la vie comme destin, voilà leur vraie nostalgie, au plus épais de leur patrie. Mais cette vision qui, dans la connaissance au moins, les réconcilierait enfin avec eux-mêmes, ne peut apparaître, si elle apparaît, qu'à ce moment fugitif qu'est la mort : tout s'y achève. Pour être, une fois, au monde, il faut à jamais ne plus être.

Ici naît cette malheureuse envie que tant d'hommes portent à la vie des autres. Apercevant ces existences du dehors, on leur prête une cohérence et une unité qu'elles ne peuvent avoir, en vérité, mais qui paraissent évidentes à l'observateur. Il ne voit que la ligne de faîte de ces vies, sans prendre conscience du détail qui les ronge. Nous faisons alors de l'art sur ces existences. De façon élémentaire, nous les romançons. Chacun, dans ce sens, cherche à faire de sa vie une œuvre d'art. Nous désirons que l'amour dure et nous savons qu'il ne dure pas ; si même, par miracle, il devait durer toute une vie, il serait encore inachevé. Peut-être, dans cet insatiable besoin de durer, comprendrions-nous mieux la souffrance terrestre. si nous la savions éternelle. Il semble que les grandes âmes, parfois, soient moins épouvantées par la douleur que par le fait qu'elle ne dure pas. A défaut d'un bonheur inlassable, une longue souffrance ferait au moins un destin. Mais non, et nos pires tortures cesseront un jour. Un matin, après tant de désespoirs, une irrépressible envie de vivre nous annoncera que tout est fini et que la souffrance n'a pas plus de sens que le bonheur.

Le goût de la possession n'est qu'une autre forme du désir de durer ; c'est lui qui fait le délire impuissant de l'amour. Aucun être, même le plus aimé, et qui nous le rende le mieux, n'est jamais en notre possession. Sur la terre cruelle où les amants meurent parfois séparés, naissent toujours divisés, la possession totale d'un être, la communion absolue dans le temps entier de la vie est une impossible exigence. Le goût de la possession est à ce point insatiable qu'il peut survivre à l'amour même. Aimer, alors, c'est stériliser l'aimé. La honteuse souffrance de l'amant, désormais solitaire, n'est point tant de ne plus être aimé que de savoir que l'autre peut et doit aimer encore. A la limite, tout homme dévoré par le désir éperdu de durer et de posséder souhaite aux êtres qu'il a aimés la stérilité ou la mort. Ceci est la vraie révolte. Ceux qui n'ont pas exigé, un jour au moins, la virginité absolue des êtres et du monde, tremblé de nostalgie et d'impuissance devant son impossibilité, ceux qui, alors, sans cesse renvoyés à leur nostalgie d'absolu, ne se sont pas détruits à essayer d'aimer à mi-hauteur, ceux-là ne peuvent comprendre la réalité de la révolte et sa fureur de destruction. Mais les êtres s'échappent toujours et nous leur échappons aussi ; ils sont sans contours fermes. La vie de ce point de vue est sans style. Elle n'est qu'un mouvement qui court après sa forme sans la trouver jamais. L'homme, ainsi déchiré, cherche en vain cette forme qui lui donnerait les limites entre lesquelles il serait roi. Qu'une seule chose vivante ait sa forme en ce monde et il sera réconcilié !

Il n'est pas d'être enfin qui, à partir d'un niveau élémentaire de conscience, ne s'épuise à chercher les formules ou les attitudes qui donneraient à son existence l'unité qui lui manque. Paraître ou faire, le dandy ou le révolutionnaire exigent l'unité, pour être, et pour être dans ce monde. Comme dans ces pathétiques et misérables liaisons qui se survivent quelquefois longtemps parce que l'un des partenaires attend de trouver le mot, le geste ou la situation qui feront de son aventure une histoire terminée, et formulée, dans le ton juste, chacun se crée ou se propose le mot de la fin. Il ne suffit pas de vivre, il faut une destinée, et sans attendre la mort. Il est donc juste de dire que l'homme a l'idée d'un monde meilleur que celui-ci. Mais meilleur ne veut pas dire alors différent, meilleur veut dire unifié. Cette fièvre qui soulève le cœur au-dessus d'un monde éparpillé, dont il ne peut cependant se déprendre, est la fièvre de l'unité. Elle ne débouche pas dans une médiocre évasion, mais dans la revendication la plus obstinée. Religion ou crime, tout effort humain obéit, finalement, à ce désir déraisonnable et prétend donner à la vie la forme qu'elle n'a pas. Le même mouvement, qui peut porter à l'adoration du ciel ou à la destruction de l'homme, mène aussi bien à la création romanesque, qui en reçoit alors son sérieux.

Qu'est-ce que le roman, en effet, sinon cet univers où l'action trouve sa forme, où les mots de la fin sont prononcés, les êtres livrés aux êtres, où toute vie prend le visage du destin. Le monde romanesque n'est que la correction de ce monde-ci, suivant le désir profond de l'homme. Car il s'agit bien du même monde. La souffrance est la même, le mensonge et l'amour. Les héros ont notre langage, nos faiblesses, nos forces. Leur univers n'est ni plus beau ni plus édifiant que le nôtre. Mais eux, du moins, courent jusqu'au bout de leur destin et il n'est même jamais de si bouleversants héros que ceux qui vont jusqu'à l'extrémité de leur passion, Kirilov et Stavroguine, Mme Graslin, Julien Sorel ou le prince de Clèves. C'est ici que nous perdons leur mesure, car ils finissent alors ce que nous n'achevons jamais.

Mme de La Fayette a tiré la *Princesse de Clèves* de la plus frémissante des expériences. Elle est sans doute Mme de Clèves, et pourtant elle ne l'est point. Où est la différence ? La différence est que Mme de La Fayette n'est pas entrée au couvent et que personne autour d'elle ne s'est éteint de désespoir. Nul doute qu'elle ait connu au moins les instants déchirants de cet amour sans égal. Mais il n'a pas eu de point final, elle lui a survécu, elle l'a prolongé en cessant de le vivre, et enfin personne, ni elle-même, n'en aurait connu le dessin si elle ne lui avait donné la courbe nue d'un langage sans défaut. Il n'est pas non plus d'histoire plus romanesque et plus belle que celle de Sophie Tonska et de Casimir dans *Les Pléiades* de Gobineau. Sophie, femme sensible et belle, qui fait comprendre la confession de Stendhal, « il n'y a que les femmes à grand caractère qui puissent me rendre heureux », force Casimir à lui avouer son amour. Habituée à être aimée, elle s'impatiente devant celui-ci qui la voit tous les jours et qui ne s'est pourtant jamais départi d'un calme irritant. Casimir avoue son amour, en effet, mais sur le ton d'un exposé juridique. Il l'a étudiée, la connaît autant qu'il se connaît, est assuré que cet amour, sans lequel il ne peut vivre, n'a pas d'avenir. Il a donc décidé de lui dire à la fois cet amour et sa vanité, de lui faire donation de sa fortune — elle est riche et ce geste est sans conséquences — à charge pour elle de lui servir une très modeste pension, qui lui permette de s'installer dans le faubourg d'une ville choisie au hasard (ce sera Vilna), et d'y attendre la mort. dans la pauvreté. Casimir reconnaît, du reste, que l'idée de recevoir de Sophie ce qui lui sera nécessaire pour vivre représente une concession à la faiblesse humaine, la seule qu'il se permettra, avec, de loin en loin, renvoi d'une page blanche sous une enveloppe où il écrira le nom de Sophie. Après s'être montrée indignée, puis troublée, puis mélancolique, Sophie acceptera ; tout se déroulera comme Casimir l'avait prévu. Il mourra, à Vilna, de sa passion triste. Le romanesque a ainsi sa logique. Une belle histoire ne va pas sans cette continuité imperturbable qui n'est jamais dans les situations vécues. mais qu'on trouve dans la démarche de la rêverie, à partir de la réalité. Si Gobineau était allé à Vilna, il s'y serait ennuyé et en serait revenu, ou y aurait trouvé ses aises. Mais Casimir ne connaît pas les envies de changer et les matins de guérison. Il va jusqu'au bout, comme Heathcliff, qui souhaitera dépasser encore la mort pour parvenir jusqu'à l'enfer.

Voici donc un monde imaginaire, mais créé par la correction de celui-ci, un monde où la douleur peut, si elle le veut, durer jusqu'à la mort, où les passions ne sont jamais distraites, où les êtres sont livrés à l'idée fixe et toujours présents les uns aux autres. L'homme s'y donne enfin à lui-même la forme et la limite apaisante qu'il poursuit en vain dans sa condition. Le roman fabrique du destin sur mesure. C'est ainsi qu'il concurrence la création et qu'il triomphe, provisoirement, de la mort. Une analyse détaillée des romans les plus célèbres montrerait. dans des perspectives chaque fois différentes, que l'essence du roman est dans celte correction perpétuelle, toujours dirigée dans le même sens, que l'artiste effectue sur son expérience. Loin d'être morale ou purement formelle, cette correction vise d'abord à l'unité et traduit par là un besoin métaphysique. Le roman, à ce niveau. est d'abord un exercice de l'intelligence au service d'une sensibilité nostalgique ou révoltée. On pourrait étudier cette recherche de l'unité dans le roman français d'analyse, et chez Melville, Balzac, Dostoïevski ou Tolstoï. Mais une courte confrontation entre deux tentatives qui se situent aux extrémités opposées du monde romanesque, la création proustienne et le roman américain de ces dernières années, suffira à notre propos.

Le roman américain prétend trouver son unité en réduisant l'homme, soit à l'élémentaire, soit à ses réactions extérieures et à son comportement. Il ne choisit pas un sentiment ou une passion dont il donnera une image privilégiée, comme dans nos romans classiques. Il refuse l'analyse, la recherche d'un ressort psychologique fondamental qui expliquerait et résumerait la conduite d'un personnage. C'est pourquoi l'unité de ce roman n'est qu une unité d'éclairage. Sa technique consiste à décrire les hommes par l'extérieur, dans les plus indifférents de leurs gestes, à reproduire sans commentaires les discours jusque dans leurs répétitions, à faire enfin comme si les hommes se définissaient entièrement par leurs automatismes quotidiens. A ce niveau machinal, en effet, les hommes se ressemblent et on s'explique ainsi ce curieux univers où tous les personnages paraissent interchangeables, même dans leurs particularités physiques. Cette technique n'est appelée réaliste que par un malentendu. Outre que le réalisme en art est, comme nous le verrons, une notion incompréhensible, il est bien évident que ce monde romanesque ne vise pas à la reproduction pure et simple de la réalité mais à sa stylisation la plus arbitraire. Il naît d'une mutilation, et d'une mutilation volontaire, opérée sur le réel. L'unité ainsi obtenue est une unité dégradée, un nivellement des êtres et du monde. Il semble que, pour ces romanciers, ce soit la vie intérieure qui prive les actions humaines de l'unité et qui ravisse les êtres les uns aux autres. Ce soupçon est en partie légitime. Mais la révolte, qui est à la source de cet art, ne peut trouver sa satisfaction qu'en fabriquant l'unité à partir de cette réalité intérieure, et non pas en la niant. La nier totalement, c'est se référer à un homme imaginaire. Le roman noir est aussi un roman rose dont il a la vanité formelle. Il édifie, à sa manière. La vie des corps, réduite à elle-même, produit paradoxalement un univers abstrait et gratuit, constamment nié à son tour par la réalité. Ce roman, purgé de vie intérieure, où les hommes semblent observés derrière une vitre, finit logiquement, en se donnant, comme sujet unique, l'homme supposé moyen, par mettre en scène le pathologique. On s'explique ainsi le nombre considérable d'« innocents » utilisés dans cet univers. L'innocent est le sujet idéal d'une telle entreprise puisqu'il n'est défini, et tout entier, que par son comportement. Il est le symbole de ce monde désespérant, où des automates malheureux vivent dans la plus machinale des cohérences, et que les romanciers américains ont élevé en face du monde moderne comme une protestation pathétique, mais stérile.

Quant à Proust, son effort a été de créer à partir de la réalité, obstinément contemplée, un monde fermé, irremplaçable, qui n'appartînt qu'à lui et marquât sa victoire sur la fuite des choses et sur la mort. Mais ses moyens sont opposés. Ils tiennent avant tout dans un choix concerté, une méticuleuse collection d'instants privilégiés que le romancier choisira au plus secret de son passé. D'immenses espaces morts sont ainsi rejetés de la vie parce qu'ils n'ont rien laissé dans le souvenir. Si le monde du roman américain est celui des hommes sans mémoire, le monde de Proust n'est à lui seul qu'une mémoire. Il s'agit seulement de la plus difficile et de la plus exigeante des mémoires, celle qui refuse la dispersion du monde tel qu'il est et qui tire d'un parfum retrouvé le secret d'un nouvel et ancien univers. Proust choisit la vie intérieure et, dans la vie intérieure, ce qui est plus intérieur qu'elle-même, contre ce qui dans le réel s'oublie, c'est-à-dire le machinal, le monde aveugle. Mais de ce refus du réel, il ne tire pas la négation du réel. Il ne commet pas l'erreur, symétrique à celle du roman américain, de supprimer le machinal. Il réunit, au contraire, dans une unité supérieure, le souvenir perdu et la sensation présente le pied qui se tord et les jours heureux d'autrefois.

Il est difficile de revenir sur les lieux du bonheur et de la jeunesse. Les jeunes filles en fleur rient et jacassent éternellement devant la mer, mais celui qui les contemple perd peu à peu le droit de les aimer, comme celles qu'il a aimées perdent le pouvoir de l'être. Celle mélancolie est celle de Proust. Elle a été assez puissante en lui pour faire jaillir un refus de tout l'être. Mais le goût des visages et de la lumière l'attachait en même temps à ce monde. Il n'a pas consenti à ce que les vacances heureuses soient à jamais perdues. Il a pris sur lui de les recréer à nouveau et de montrer, contre la mort, que le passé se retrouvait au bout du temps dans un présent impérissable, plus vrai et plus riche encore qu'à l'origine. L'analyse psychologique du *Temps perdu* n'est alors qu'un puissant moyen. La grandeur réelle de Proust est d'avoir écrit le *Temps retrouvé*, qui rassemble un monde dispersé et lui donne une signification au niveau même du déchirement. Sa victoire difficile, à la veille de la mort, est d'avoir pu extraire de la fuite incessante des formes, par les seules voies du souvenir et de l'intelligence, les symboles frémissants de l'unité humaine. Le plus sûr défi qu'une œuvre de cette sorte puisse porter à la création est de se présenter comme un tout, un monde clos et unifié. Ceci définit les œuvres sans repentirs.

On a pu dire que le monde de Proust était un monde sans dieu. Si cela est vrai, ce n'est point parce qu'on n'y parle jamais de Dieu, mais parce que ce monde a l'ambition d'être une perfection close et de donner à l'éternité le visage de l'homme. Le *Temps retrouvé*, dans son ambition au moins, est l'éternité sans dieu. L'œuvre de Proust, à cet égard, apparaît comme l'une des entreprises les plus démesurées et les plus significatives de l'homme contre sa condition mortelle. Il a démontré que l'art romanesque refait la création elle-même, telle qu'elle nous est imposée et telle qu'elle est refusée. Sous l'un de ses aspects au moins, cet art consiste à choisir la créature contre son créateur. Mais, plus profondément encore, il s'allie à la beauté du monde ou des êtres contre les puissances de la mort et de l'oubli. C'est ainsi que sa révolte est créatrice.

Albert Camus, *L'Homme révolté*, © Gallimard, 1951.

Résumé

Le développement foisonnant du roman coïncide avec l'ère de contestation qu'inaugurent les temps modernes. Le roman, en effet, plus qu'une simple narration, est, par son ambition créatrice, rêve démiurgique. Entrer dans l'univers romanesque, c'est toujours — qu'on s'en alarme ou qu'on s'en moque — déserter la réalité.

Mais l'évasion procurée par ces lectures n'est pas simple arrachement aux soucis, refuge dans le mensonge ou fuite pusillanime. Elle atteste plutôt le déchirement intime de l'homme tiraillé entre refus et acceptation du monde, soucieux de conquérir, fût-ce dans la mort, une unité menacée. Or le regard posé sur l'existence d'autrui renvoie l'image de l'incomplétude de la vie et de sa dramatique issue. L'amour aussi est lutte contre la mort, et les fallacieux mirages de la passion résistent mal aux forces de l'absolu. Les multiples comportements d'une vie sont toujours, en définitive, tendus vers une unité qui, en transformant le désordre en destin, lui donnent sens. Ce que fait le roman.

Le roman, mieux que la création d'un univers factice, n'est ainsi que la sublimation du monde réel. Les passions y sont exaspérées, poussées à leur extrême, comme celle de Madame de Clèves ou des personnages de Gobineau — alors que ni Mme de La Fayette ni l'auteur des *Pléiades* n'ont expérimenté eux-mêmes la tragique destinée de leurs héros. C'est en corrigeant notre monde dans le sens de l'absolu que le roman peut prétendre rivaliser avec Dieu et transcender la mort.

Deux exemples illustreraient cette tendance. Le roman américain d'abord, roman de la sobriété et de la froideur qui substitue à l'analyse psychologique une description neutre du quotidien. Le résultat n'est pas, comme on l'a dit, un illusoire réalisme, mais une simplification stylisée qui présente des êtres privés de vie intérieure et réduits à une médiocrité abstraite et mécanique.

Proust ensuite, qui restitue le monde par des voies opposées, puisqu'il sélectionne arbitrairement les instants forts de sa mémoire. Le réel n'est pas nié, il est reconstruit à partir d'un souvenir furtif qui affleure à la conscience. Le passé ainsi ressuscité annule le temps, stabilise les formes et donne sa cohérence à l'humanité. L'immanence proustienne s'installe dans l'éternité et, par la réhabilitation de l'homme, proclame sa révolte. *(400 mots)*

Texte n° 26

Concours H.E.C., 1996.
Résumez ce texte en 400 mots maximum.
(Temps : 3 heures)

Les civilisations sont des continuités

Dans un débat compliqué et qu'elle compliquera encore, mais auquel elle va *donner un sens*, reste à introduire l'histoire, ses mesures, ses explications évidemment essentielles. En effet, il n'y a pas de civilisation actuelle qui soit vraiment compréhensible sans une connaissance d'itinéraires déjà parcourus, de valeurs anciennes, d'expériences vécues. Une civilisation est toujours un passé, un certain passé vivant.

L'histoire d'une civilisation, par suite, est la recherche, parmi des coordonnées anciennes, de celles qui restent valables aujourd'hui encore. Il ne s'agit pas de nous dire tout ce que l'on peut savoir a propos ou de la civilisation grecque, ou du Moyen Age chinois, mais tout ce qui, de cette vie de jadis, reste efficace aujourd'hui même, dans l'Europe occidentale ou la Chine de Mao Tse-toung. Tout ce par quoi passé et présent se court-circuitent, souvent à des siècles et des siècles de distance.

Mais commençons par le commencement. Toute civilisation, hier comme aujourd'hui, se révèle en premier lieu par une série de manifestations faciles à saisir : une pièce de théâtre, une exposition de peinture, le succès d'un livre, une philosophie, une mode vestimentaire, une découverte scientifique, une mise au point technique..., tous événements en apparence indépendants les uns des autres (il n'y a aucun lien, à première vue, entre la philosophie de Merleau-Ponty et une toute dernière toile de Picasso).

Ces faits de civilisation, notons-le, ont toujours une existence assez brève. Comment nous conduiront-ils vers ces coordonnées à découvrir, à la fois anciennes et actuelles, alors qu'ils semblent se remplacer et se détruire à l'occasion les uns les autres plutôt qu'il ne se continuent ?

Cette variabilité se traduit dans la succession même des époques littéraires, ou artistiques, ou philosophiques. Autant d'épisodes fermés sur eux-mêmes. Il est loisible de dire, en empruntant le langage des économistes, qu'il y a des *conjonctures* culturelles comme il y a des conjonctures économiques, c'est-à-dire des fluctuations, plus ou moins longues ou précipitées, et qui le plus souvent se succèdent en se contredisant violemment.

D'une époque à l'autre tout change, ou paraît changer, comme au théâtre, un projecteur, sans modifier décors ou visages, les colore différemment et les précipite dans un autre univers.

De ces « époques », la Renaissance est le plus bel exemple. Elle a ses thèmes, ses couleurs, ses préférences, ses tics même. Elle est sous le signe de la passion intellectuelle, de l'amour du beau, des discussions libres et tolérantes où les jeux de l'esprit sont une forme supplémentaire de la joie de vivre. Sous le signe aussi d'une découverte, ou d'une redécouverte des œuvres de l'Antiquité, à laquelle toute l'Europe cultivée participe passionnément.

De même, il y a une conjoncture romantique (en gros de 1800 à 1850 bien qu'il y ait eu naturellement un pré-romantisme et un romantisme attardé) ; elle marquera les sensibilités et les intelligences, au long d'une époque troublée, difficile, au lendemain sans joie de la Révolution et de l'Empire, durant une période de reflux économique de l'Europe entière (entre 1817 et 1852). Nous ne dirons certes pas que ce reflux, à lui seul, explique, ou à plus forte raison crée l'inquiétude romantique ; rien ne dit qu'il n'y ait pas aussi des cycles particuliers de la sensibilité, des arts de vivre et de penser, indépendants ou semi-indépendants de tout contexte... Chaque génération, en tout cas, a le goût de nier celle qui l'a précédée, celle qui la suit le lui rendra avec usure. Il y aurait ainsi oscillation sans fin entre romantisme (ou baroque disait Eugenio d'Ors) et classicisme, entre intelligence sèche et cœur inquiet, avec de spectaculaires renversements.

L'image qui s'impose est donc celle d'un constant va-et-vient. Une civilisation, comme une économie, a ses rythmes. Elle se présente comme une histoire à éclipses qu'on n'hésitera pas à découper en morceaux successifs, en tranches quasi étrangères l'une à l'autre. Ne dit-on pas *le Siècle de Louis XIV*, *le Siècle des Lumières* ? Et même : la « civilisation classique », la « civilisation du XVIIIe siècle » ? Ce sont là « civilisations d'époque », « diaboliques inventions », soutient un économiste philosophe, Joseph Chappey. Cette façon de parler lui semble contredire, en fait, l'idée même de civilisation, laquelle, nous le verrons, suppose une *continuité*. Mais, pour l'instant, laissons cette contradiction. D'ailleurs unité et diversité ne cessent de s'affronter, de vivre ensemble. Et nous devons en prendre notre parti.

Chaque épisode, vu de près, se décompose en une série d'actes, de gestes, de rôles. Les civilisations, après tout, ce sont des hommes, et donc, sans fin, les démarches, les actions, les enthousiasmes, les « engagements » de ces hommes, leurs virevoltes aussi. Cependant, dans cette série d'actes, d'œuvres, de biographies, un choix s'impose : se détachent d'eux-mêmes les événements ou les hommes qui signalent un « tournant », une phase nouvelle. Plus l'annonce est importante, plus le signal s'impose.

C'est un très grand événement (c'est-à-dire gros de conséquences) que la découverte de la gravitation universelle par Newton, en 1687. C'est un événement marquant que la représentation du *Cid* (1636) ou celle d'*Hernani* (1830).

De même les hommes émergent dans la mesure où leur œuvre annonce une saison de l'histoire, ou résume un épisode. C'est aussi bien le Joachim du Bellay (1522-1566) de *la Défense et Illustration de la langue française* que Leibnitz (1646-1716), le père du calcul infinitésimal, ou Denis Papin (1647-1714), l'inventeur de la machine à vapeur.

Mais les noms qui vraiment dominent l'histoire des civilisations sont ceux qui franchissent une série de conjonctures comme un navire peut traverser plusieurs tempêtes. A la jointure de vastes périodes se dressent souvent des esprits privilégiés, en qui plusieurs générations s'incarnent d'un seul coup : Dante (1265-1321) à la fin du Moyen Age « latin » ; Goethe (1749-1832) à la fin de la première modernité de l'Europe ; ajoutons Newton, au seuil de la physique classique, ou encore, mais agrandi aux dimensions monstrueuses de la science nouvelle d'aujourd'hui, le prestigieux Albert Einstein (1879-1955).

Les fondateurs de grands systèmes de pensée appartiennent à cette classe exceptionnelle : Socrate ou Platon, Confucius, Descartes ou Karl Marx dominent plusieurs siècles à la fois. Ils sont des fondateurs de civilisation, à peine moins importants que ces astres de première grandeur, les fondateurs de religion : Bouddha, le Christ, Mahomet, tous dans une lumière encore vivante, est-il besoin de le dire ?

Bref, la mesure d'après laquelle se jugent et se classent, par ordre d'importance, la masse confuse des événements et la masse non moins confuse des hommes, est bien le temps qu'ils mettent a s'effacer de la scène du monde. Ceux à qui appartient *la durée* et qui se confondent avec une réalité longuement vécue comptent seuls dans la grande histoire de la civilisation. Ainsi se retrouvent, au-delà d'une histoire familière, comme en transparence, les coordonnées secrètes du temps long vers lequel il faut maintenant nous diriger.

Ce langage des époques n'a livré que des images changeantes : sur la scène des civilisations elles apparaissent, puis disparaissent. Si nous essayons de saisir ce qui, pendant que se déroule le spectacle, ne varie guère au fond de la scène, alors émergent d'autres réalités, plus simples, d'un intérêt nouveau. Les unes durent le temps de deux ou trois spectacles, d'autres traversent quelques siècles, d'autres, enfin, durent si longtemps qu'on les croirait immuables. A tort bien entendu, car elles bougent, elles aussi, mais lentement, imperceptiblement.

L'historien lui-même ne les voit pas apparaître aussitôt dans son récit chronologique habituel, trop précipité. Aussi bien, on ne peut ni comprendre ni surtout suivre ces réalités dans leur très lente évolution qu'en parcourant, qu'en gaspillant de vastes espaces de temps. Les mouvements de surface dont nous parlions tout à l'heure, les événements et les hommes eux-mêmes s'effacent alors devant nos yeux tandis que se dégagent de grandes permanences ou semi-permanences, à la fois conscientes et inconscientes. Ce sont là les « fondements », ou mieux les « structures » des civilisations : les sentiments religieux par exemple, ou les immobilités paysannes, ou les attitudes devant la mort, devant le travail, le plaisir, la vie familiale...

Ces réalités, ces *structures* sont en général *anciennes*, de longue durée, et toujours des *traits distinctifs et originaux*. Elles donnent aux civilisations leur visage particulier, leur être. Et celles-ci ne les échangent guère, chacune les considérant comme des valeurs irremplaçables. Bien entendu, ces permanences, ces choix hérités ou ces refus vis-à-vis des autres civilisations, sont généralement inconscients pour la grande masse des hommes. Et il importe, pour les dégager clairement, de s'éloigner, mentalement au moins, de la civilisation où l'on est soi-même plongé.

Soit, exemple simple et qui touche à des structures profondes, le rôle de la femme, au XXe siècle, dans une société donnée, disons la nôtre, la société européenne. Ses particularités ne nous apparaîtront guère (tant nous les trouvons « naturelles ») que grâce à des comparaisons, avec le rôle de la femme musulmane, ou, pour aller à l'autre bout de la chaîne, celui de l'Américaine des Etats-Unis. Si nous voulions comprendre le *pourquoi* de cette situation sociale, nous devrions remonter loin dans le passé, au moins jusqu'au XIIe siècle, à l'âge de l'« amour courtois », pour ébaucher ce qu'a été la conception de l'amour et du couple en Occident. Ensuite recourir à une série d'explications : au christianisme ; à l'accès des femmes dans les écoles et les universités ; à l'idée que se fait l'Européen de l'éducation des enfants ; aux conditions économiques : niveaux de vie, travail de la femme au foyer ou hors de la maison, etc.

Le rôle de la femme s'affirme toujours une structure de civilisation, un test, parce qu'il est, dans chaque civilisation, réalité de *longue durée, résistante* aux chocs extérieurs, *difficilement modifiable* du jour au lendemain.

Tous les jours, une civilisation emprunte à ses voisines, quitte à « réinterpréter », à assimiler ce qu'elle vient de leur prendre. A première vue, chaque civilisation ressemble à une gare de marchandises, qui ne cesserait de recevoir, d'expédier des bagages hétéroclites.

Cependant, sollicitée, une civilisation peut rejeter avec entêtement tel ou tel apport extérieur. Marcel Mauss l'aura signalé : pas de civilisation digne de ce nom qui n'ait ses répugnances, ses refus. Chaque fois, le refus arrive en conclusion d'une longue suite d'hésitations et d'expériences. Médité, décidé avec lenteur, il revêt toujours une importance extrême.

Le cas classique, n'est-ce pas la prise de Constantinople par les Turcs, en 1453 ? Un historien turc d'aujourd'hui a soutenu que la ville s'était donnée, qu'elle avait été conquise du dedans avant l'assaut turc. Excessive, la thèse n'est pas inexacte. En fait, l'Eglise orthodoxe (mais nous pourrions dire la civilisation byzantine) a préféré à l'union avec les Latins, qui seule pouvait la sauver, la soumission aux Turcs. Ne parlons pas d'une « décision », prise vite sur le terrain, face à l'événement. Il s'est agi de l'aboutissement naturel d'un long processus, aussi long que la décadence même de Byzance et qui, de jour en jour, a accentué la répugnance des Grecs à se rapprocher des Latins dont les séparaient des divergences théologiques.

L'union était possible. L'empereur Michel Paléologue l'avait acceptée au concile de Lyon, en 1274. L'empereur Jean V, en 1369, avait fait à Rome profession de foi catholique. En 1439, le concile mixte de Florence montrait, à nouveau, la possibilité de l'union. Les plus éminents théologiens grecs, Jean Beccos, Démétrios Lydonès, Bessarion avaient écrit en faveur de l'union avec un talent auquel leurs adversaires n'opposèrent rien d'égal. Cependant, entre le Turc et le Latin, les Grecs préféreront le Turc. « L'Eglise byzantine par jalousie d'indépendance appela l'ennemi ; lui livra l'Empire et la Chrétienté », parce que, comme l'écrivait déjà en 1385 le patriarche (de Constantinople) au pape Urbain VI, il laissait à l'Eglise grecque « pleine liberté d'action », et c'est le mot décisif. Fernand Grenard à qui nous empruntons ces explications, ajoute : « L'asservissement de Constantinople par Mahomet II fut le triomphe du patriarche anti-unioniste ». L'Occident connaissait d'ailleurs fort bien cette antipathie de l'Orient à son endroit. « Ces schismatiques, écrivait Pétrarque, nous ont craints et haïs de toutes leurs entrailles. »

Autre refus lent à se formuler (en France où l'hésitation sera la plus grande, il y faudra presque un siècle) celui qui ferme a la Réforme l'Italie et la péninsule Ibérique, puis la France, champ de bataille longtemps indécis entre les deux manières de croire dans le Christ.

Refus encore, et pas seulement politique, s'il n'est pas unanime, celui qui écarte un Occident évolué et une Amérique anglo-saxonne (y compris le Canada) du marxisme et des solutions totalitaires des Républiques socialistes : le non est catégorique de la part des pays germaniques et anglo-saxons ; mitigé et beaucoup plus nuancé de la part de la France et de l'Italie, et même des pays ibériques. Il s'agit là, probablement, d'un refus de civilisation à civilisation.

Nous dirions, dans cette même ligne de réflexion, qu'une Europe occidentale, adoptant le communisme, l'organiserait probablement à sa manière, l'aménagerait comme elle aménage actuellement le capitalisme, dans une voie assurément différente de celle des Etats-Unis.

Dans la masse de biens ou d'attitudes que son passé et ses développements poussent vers elle et lui proposent, elle trie peu à peu, écarte ou favorise, et par ses choix recompose un visage jamais entièrement nouveau, jamais le même.

Ces *refus internes* peuvent être francs, mitigés, durables ou passagers. Seuls les refus durables sont essentiels en ces domaines qu'éclairent progressivement des études d'histoire psychologique, étendues aux dimensions ou d'un pays ou d'une civilisation. Ainsi, d'Alberto Tenenti, deux travaux pionniers sur la vie et la mort aux XVe et XVIe siècles ; de R. Mauzi, une mise en cause de *L'Idée de bonheur en France au XVIIIe siècle ;* de Michel Foucault, un livre passionné et passionnant, sur *L'Histoire de la folie à l'âge classique* (1961).

Dans ces trois cas, il s'agit du travail de soi sur soi d'une civilisation aux prises avec elle-même, travail qui ne se signale que rarement en pleine lumière. Tout tourne à un tel ralenti que les contemporains n'y prennent jamais garde. Chaque fois, les éliminations — et les ajouts complémentaires qui parfois en découlent — s'opèrent à longueur de siècles, avec des interdits, des barricades, des cicatrisations difficiles, imparfaites souvent, fort longues toujours.

C'est ce que Michel Foucault appelle, dans son langage particulier, se « partager », c'est-à-dire pour une civilisation, rejeter au-delà de ses frontières et du droit fil de sa vie telle ou telle valeur reniée. « On pourrait, écrit-il, faire une histoire des *limites*, de ces gestes obscurs, nécessairement oubliés dès qu'accomplis, par lesquels une civilisation rejette quelque chose qui sera pour elle l'Extérieur ; et tout au long de son histoire, ce vide creusé, cet espace blanc par lequel elle s'isole, la désigne tout autant que ses valeurs. Car ses valeurs, elle les reçoit et les maintient dans la continuité de l'histoire ; mais en cette région dont nous voulons parler, elle exerce ses choix essentiels, elle fait le *partage* (c'est nous qui soulignons) qui lui donne le visage de sa positivité ; là se trouve l'épaisseur originaire où elle se forme. »

Ce beau texte mérite d'être lu, relu. Une civilisation atteint sa vérité personnelle en rejetant ce qui la gêne dans l'obscurité de terres limitrophes et déjà étrangères. Son histoire, c'est la décantation, à longueur de siècles, d'une personnalité collective, prise, comme toute personnalité individuelle, entre un destin conscient et clair et un destin obscur et inconscient, lequel sert de base et de motivation essentielle à l'autre, mais sans toujours s'en faire connaître. On voit que ces études de psychologie rétrospective ont été marquées au passage par les découvertes de la psychanalyse.

Le livre de Michel Foucault étudie un cas particulier : la séparation entre raison et folie, entre fous et sensés, que n'avait pas connue le Moyen Age européen pour qui le fol, comme tout misérable, était plus ou moins mystérieusement l'envoyé de Dieu. Les déments seront enfermés, durement, brutalement d'abord, par un XVIIe siècle épris d'ordre social pour qui ils sont seulement des épaves à rejeter du monde, comme on en rejette les délinquants et les paresseux invétérés ; puis avec douceur, avec un certain amour par le XIXe siècle qui les reconnaîtra comme des malades. D'une attitude à l'autre, le problème central n'a cependant pas changé : à partir de l'âge classique et jusqu'à nos jours, l'Occident s'est « partagé » de la folie, il a proscrit son langage et refusé sa présence. Ainsi le triomphe de la raison s'accompagne en profondeur d'une tempête longue et silencieuse, d'une démarche quasi inconsciente, quasi ignorée, et qui est pourtant d'une certaine manière la sœur de cette victoire qu'a été, en pleine lumière, la conquête du rationalisme et de la science classique.

On pourrait, bien entendu, donner d'autres exemples de ces partages ou semi-partages. Le livre d'Alberto Tenenti suit patiemment le processus par lequel l'Occident s'est « séparé » de la mort chrétienne telle que l'avait conçue le Moyen Age, simple passage de la créature, exilée sur la terre, à la vie véritable de l'au-delà. Au XVe siècle, la mort devient « humaine », épreuve suprême de l'homme, dans l'horreur de la décomposition du corps. Mais dans cette conception nouvelle de la mort, l'homme trouve la conception nouvelle d'une vie qui, à ses yeux, retrouve son prix, sa valeur humaine. Une certaine hantise de la mort disparaît avec le siècle suivant — le XVIe — qui, au moins à ses débuts, est celui de la joie de vivre.

Des réussites comme la romanisation de la Gaule et d'une large partie de l'Occident européen conquis ne s'expliquent que par la longueur de l'épreuve et aussi, quoi qu'on en ait dit, par le bas niveau, au départ, des peuples romanisés, par l'admiration qu'ils ont eue pour le vainqueur, par une certaine connivence en somme. Mais ces réussites ont été rares ; exceptions, elles confirment la règle.

Les échecs ont été, lors de ces contacts violents, plus fréquents que les succès. Le « colonialisme » a pu triompher hier, son fiasco aujourd'hui ne fait plus aucun doute. Or le colonialisme, c'est par excellence la submersion d'une civilisation par une autre. Les vaincus cèdent toujours au plus fort, mais leur soumission reste provisoire, dès qu'il y a conflit de civilisations.

Ces longues périodes de coexistence forcée ne vont pas sans concessions ou sans ententes, sans emprunts culturels importants, parfois fructueux. Jamais, cependant, au-delà de certaines limites.

Le plus bel exemple d'interpénétration culturelle, sous le signe de la violence, est fourni par le beau livre de Roger Bastide sur

Les Religions africaines au Brésil(1960). C'est l'histoire tragique des esclaves noirs arrachés des diverses Afrique, puis jetés dans la société patriarcale et chrétienne du Brésil colonial. Ils réagiront contre celle-ci tout en adoptant le christianisme. Beaucoup de nègres « marrons » formeront des républiques indépendantes, des *quilombos :* celui de Palmeiras, en arrière de Bahia, ne succombera que devant une guerre en règle. Que ces Noirs, dépouillés de tout, aient reconstitué les anciennes pratiques religieuses de l'Afrique et les danses de possession, qu'ils aient en outre amalgamé, dans leurs *candomblés* ou *macumbas*, pratiques africaines et pratiques chrétiennes et que ce « syncrétisme » soit aujourd'hui culturellement vivant, conquérant même, n'est-ce pas un exemple étonnant ? Le vaincu a cédé, il s'est en même temps préservé.

Ces voyages à travers les résistances, les acquiescements, les permanences, les lentes déformations des civilisations permettent de formuler une dernière définition, celle qui restitue aux civilisations leur visage particulier, unique : elles sont des continuités, d'interminables continuités historiques.

La civilisation est ainsi la plus longue des longues histoires. Mais l'historien n'accède pas d'entrée de jeu à cette vérité : elle ne se dégage qu'au terme d'observations successives. Ainsi, dans une ascension, la vue s'élargit-elle progressivement.

Chaque fois, le paysage variera avec la mesure utilisée. Les contradictions entre ces réalités observées, entre ces temps de longueur différente, nourrissent la dialectique propre à l'histoire.

Pour simplifier l'explication, disons que l'historien travaille sur trois plans au moins.

Un plan A, celui de l'histoire traditionnelle, de l'habituel récit qui se hâte d'un événement à l'événement suivant, comme le chroniqueur d'hier ou le reporter d'aujourd'hui. Mille images sont ainsi saisies sur le vif et composent aussitôt une histoire multicolore, aussi riche de péripéties qu'un roman toujours à suivre. Cependant, effacée aussitôt que lue, cette histoire nous laisse trop souvent sur notre faim, incapables de juger ou de comprendre.

Un plan B reflète les épisodes, pris chacun en bloc : le romantisme, la Révolution française, la Révolution industrielle, la Seconde Guerre mondiale. L'unité de mesure, cette fois, est la dizaine, la vingtaine, voire la cinquantaine d'années. Et c'est en raison de ces ensembles — qu'on les dénomme périodes, phases, épisodes ou conjonctures — que les faits sont rapprochés, interprétés, et avancées des explications. Ce sont là, si l'on veut, des événements longs, débarrassés déjà de leurs détails superflus.

Un plan C enfin dépasse encore ces événements longs et ne retient que les mouvements séculaires, ou pluri-séculaires. Il met en cause une histoire où chaque mouvement est lent et enjambe de grands espaces de temps, une histoire que l'on ne peut traverser qu'avec des bottes de sept lieues. La Révolution française n'y est plus qu'un moment, assurément essentiel, de la longue histoire du destin révolutionnaire libéral et violent de l'Occident. Voltaire une simple étape de l'évolution de la libre pensée...

A ce dernier stade — les sociologues qui ont aussi leurs images diraient à cet ultime « palier en profondeur » — les civilisations apparaissent, hors des accidents, des péripéties qui ont coloré et marqué leur destin, dans leur longévité, ou si vous préférez dans leurs permanences, leurs structures, leurs schémas quasi abstraits et cependant essentiels.

On n'atteint donc une civilisation que dans le temps long, la longue durée, en saisissant un fil qu'on ne finit plus de dérouler ; en fait, ce qu'au cours d'une histoire tumultueuse, souvent orageuse, un groupe d'hommes aura conservé et transmis, de génération en génération, comme son bien le plus précieux.

Dans ces conditions, n'acceptons pas trop vite que l'histoire des civilisations soit « toute l'histoire », comme disait le grand historien espagnol Rafaël Altamira (1951) et, bien avant lui, François Guizot (1855). C'est toute l'histoire, sans doute, mais vue dans une certaine perspective, saisie dans ce maximum d'espace chronologique possible, compatible avec une certaine cohésion historique et humaine. Non pas, pour reprendre l'image si connue de Fontenelle, l'histoire des roses, si belles soient-elles, mais celle du jardinier que les roses croient immortel. Pour les sociétés, les économies et les mille incidents à la vie brève de l'histoire, les civilisations, elles aussi, semblent immortelles.

Cette histoire au long souffle, cette télé-histoire, cette navigation hauturière conduite à travers la pleine mer du temps, et non plus comme le sage cabotage au long des côtes jamais perdues de vue -cette démarche historique, quel que soit le nom ou l'image dont on l'affuble, a ses avantages et ses inconvénients. Ses avantages : elle oblige à penser, à expliquer en termes inhabituels et à se servir de l'explication historique pour comprendre son propre temps. Ses inconvénients, voire ses dangers : elle peut tomber dans les généralisations faciles d'une philosophie de l'histoire, en somme d'une histoire plus imaginée que reconnue ou prouvée.

Les historiens ont sûrement raison de se méfier de voyageurs trop enthousiastes, comme Spengler ou Toynbee. Toute histoire poussée jusqu'à l'explication générale exige des retours constants à la réalité concrète, aux chiffres, aux cartes, aux chronologies précises, bref aux vérifications.

Fernand Braudel, *Grammaire des civilisations*, © Flammarion, 1993.

Résumé

Une civilisation s'explique par un passé dans lequel on choisit des survivances significatives. Par exemple, des faits artistiques, scientifiques ou philosophiques, bien que fugitifs, constituent des « conjonctures » d'époque — comme celles de la Renaissance ou du Romantisme — qui délimitent les périodes historiques. A l'intérieur de ces périodes, des noms ou des actes fixent les ruptures épistémologiques et, pour les plus importants, assurent, en s'inscrivant dans la durée, la continuité de la tradition.

Les vraies marques d'une civilisation appartiennent donc au temps long et se perçoivent difficilement car elles semblent immobiles, permanentes, éternelles. Seuls le recul, la confrontation dans le temps et dans l'espace permettent d'identifier ces structures profondes.

De plus, les civilisations se façonnent au gré des influences, des emprunts et des refus. Ainsi, c'est un rejet du modèle latin qui semble expliquer le choix, quasi délibéré, de Constantinople de se livrer aux Turcs, alors que l'union avec les chrétiens paraissait possible, voire souhaitable. D'autres résistances de ce type — les freins à l'expansion protestante en Europe du Sud ou à l'idéologie marxiste en Amérique du nord — illustrent ces fluctuations de tendance.

Le refus peut également être interne et, quand il est durable, orienter secrètement le destin d'une civilisation. Celle-ci, comme l'écrit Foucault, conquiert sa vérité au moyen de l'abandon de ce qui lui répugne ; l'exemple de la folie, étudiée par le philosophe, est révélateur de cette aptitude à se séparer d'une réalité indésirable. Même attitude face à la mort que l'Occident du XVIe siècle, contrairement au moyen âge, choisit de refuser. Pensons encore à l'expérience de la colonisation qui, parce que violente, s'est toujours soldée par un rejet, même si les traces d'une acculturation du colonisé sont inévitables.

Une civilisation peut ainsi se définir comme une continuité historique. Aussi se livre-t-elle lentement et sa connaissance dépend-elle du regard de l'historien. Entre la pulvérulence fragile de l'histoire événementielle, l'ampleur relative des grandes périodes historiques ou l'enjambement pluriséculaire des faits de civilisation, l'historien a le choix. Seule la dernière méthode, liée au temps long, peut espérer rendre la réalité d'une civilisation. Mais cette pratique, qu'on ne confondra pas, comme on l'a fait, avec « toute l'histoire », a ses qualités et ses limites. A chacun de l'utiliser avec discernement. *(400 mots)*

Aubin Imprimeur
LIGUGÉ, POITIERS

Achevé d'imprimer en mars 1998
N° d'impression L 55681
Dépôt légal mars 1998
Imprimé en France